MW01627601

La Vía del Conocimiento

Yeshua Ben Joseph
En comunión con Jayem

La Vía de la Conocimiento
© by Jayem

Autor: Jayem

The Way of Knowing:
Cuarta edición de 2013
Traducción: Iván Domingo Martínez
Traducción terminada en el año 2018

Diseño del libro: Damián Gil y Nuria Bernal

Diseño de portada: Nuria Bernal

Correción ortotipográfica: Damián Gil

Primera edición en Castellano
Noviembre 2020

Impreso en España
Primera edición impresa en Castellano

Depósito Legal: MU 109-2021
ISBN: 978-84-122409-4-8

MG DIGITAL S.L. (Ediciones Yeshua)
Camino de Cabecicos, 21, 30161, Llano de Brujas, Murcia
+34 968 076 159 - www.edicionesyeshua.com

Índice

Sugerencias para el estudio, de Yeshua

Yeshua también ha dado las siguientes sugerencias de estudio sobre cómo "escuchar" las grabaciones o leer las transcripciones de estas *Lecciones* y de las demás obras:

1. Selecciona un cuaderno aparte para "La vía" con una cubierta que tenga sentido para ti, y un bolígrafo que aprecies; úsalos solo para este trabajo. Mantén tu cuaderno en un espacio sagrado (tal como el de un altar, si lo tienes), dondequiera que vivas.

2. Siempre acomódate bien, relájate, y permite que la respiración fluya profunda y plenamente antes de comenzar a leer o a escuchar.

3. Permite que las palabras simplemente aterricen en ti, sin hacer ningún esfuerzo para comprender toda la información de una vez.

4. Observa qué pasajes te conmueven.

5. Haz notas selectivas, e identifica en tu cuaderno aquellos pasajes que toquen tu sensibilidad.

6. Más tarde (o en un día diferente) copia aquellos pasajes de tu cuaderno que te hayan provocado un fuerte sentimiento. Escríbelos varias veces en una hoja separada de papel, en un estado de inocencia y diversión.

7. Es útil detenerte ante cualquier pregunta que escuches o leas, y parar y reflexionar sobre ella antes de seguir.

Estas lecciones fueron dadas primeramente con la intención de que cada ser las viviera, las absorbiera profundamente, durante al menos 30 días. En realidad, te encontrarás con que cada Lección sigue siempre enseñándote cosas, ¡y sigue llevándote cada vez más allá, en tu propio despertar espiritual!

Escucha cada grabación de la Lección —o lee el capítulo correspondiente— varias veces, en diferentes lugares y en diferentes momentos del día. Sigue con cada Lección hasta que te sientas tan a gusto con ella que sientas que la has completado. Es muy importante hacer los ejercicios tal y como se indica. Muchos de ellos son iguales a los que le fueron dados a Yeshua por los esenios más ancianos hace unos 2000 años.

Prefacio

Te escribo en parte desde una extraña posición. Por un lado, he sido el canal a través del cual estas Enseñanzas tan ricas, tan excepcionales y transformadoras, han fluido para bendecirnos a todos. También he sido un estudiante incansable de las mismas y de ese Ser, Quien nos las ha dado a todos: Yeshua ben Joseph, más conocido en Occidente como 'Jesús', que no es más que una transliteración de su nombre original en arameo (que se puede pronunciar 'Yeshua', o Y'shua).

Cuando Yeshua se me apareció por primera vez en un campo de luz brillante, blanco dorado, en agosto de 1987, fui propulsado por un camino radical al despertar. Pero primero tuve que atravesar un miedo que hacía que se me retorcieran tanto las tripas, que estaba seguro que iba a perder la cabeza. Narré mi primer año de contacto con Él en mi libro *Las Cartas de Yeshua.* Le exigí que me diera pruebas de que Él era algo realmente separado de cualquier proyección de mi propia mente, y —en un periodo de nueve años— Él hizo precisamente eso, derrotando finalmente mi escepticismo tan firmemente mantenido (y probablemente fundado en el miedo).

A posteriori, ¡la simple magnificencia y profundidad de la sabiduría de esas Enseñanzas debería haberme bastado para aceptar que mi mente no las estaba fabricando, obviamente! Cuando comenzaron, ya había tenido una cierta experiencia enseñando principalmente yoga y meditación. Las clases y los talleres que yo daba eran algo que estaba bien preparado de antemano. Pero, en contraste, en ningún momento supe lo que Yeshua iba a decir.

Cuando comenzó la primera grabación de *La Vía del Corazón* en 1994, no me avisó del hecho de que iba a darnos el primer capítulo de un curso de entrenamiento de tres años para el despertar de la Mente de Cristo (inicialmente enviado por correo en forma de cintas de audio a cientos de personas en EEUU). Entonces, simplemente hice lo que estaba acostumbrado a hacer…

Me sentaba, cerraba los ojos, comenzaba repitiendo una breve oración que me había dado para cuando me unía con Él, y así yo permitía que los patrones vibratorios, los colores y la sensación de abandonar mi cuerpo sucedieran. Entonces Él comunicaba Su mensaje y decía 'Amén'. Y así es como me daba cuenta de que Él estaba diciéndome que ya se había terminado. Y yo volvía a sentir mi cuerpo y 'aterrizaba' en él, a menudo para sentirme radicalmente lleno de energía durante horas.

Recuerdo una noche que tenía fiebre, la garganta hinchada, sin nada de voz. ¡Dijo que no sería ningún problema hablar a través de mí, porque Él (a diferencia de mí) no creía en límites o enfermedad! Mientras hablaba esa vez, no hubo traza alguna de mis síntomas y me sentí liberado de ellos durante varias horas después. Pero cuando regresaron, le reclamé: "¿Cómo evito esto?". Su respuesta fue,

Eso, hermano mío, es lo que debes conocer en ti y para ti.

Desde el comienzo de su contacto conmigo, él me había señalado que estaba creando conmigo y a través de mí una Vía "nunca antes realizada en la tierra" y que era entregada para el florecimiento de un millón de almas en la Mente de Cristo como parte de la inminente y radical transformación de la Humanidad que tan intensamente estamos sintiendo acercarse hoy.

La Vía del Corazón es el primer libro de esta Trilogía (que comprende también *La Vía de la Transformación* y *La Vía del Conocimiento*), conocida cariñosamente por miles de personas como las enseñanzas de 'La Vía', o 'El Camino'. Solo recientemente (2005) descubrí en un documental académico que los primeros cristianos se referían a Sus enseñanzas como 'La Vía', 'El camino'. ¿Una mera coincidencia? No lo creo, porque algo que he descubierto en mis ahora 24 años de aprendizaje con Él y a su servicio, es esto: nada deja de tener Plan y Propósito.

La propia Trilogía es simplemente una de las más exquisitas y magistrales enseñanzas que jamás he conocido y esto incluye todos mis estudios sobre yoga, sobre religiones mundiales y filosofía. Aún me llena de humildad y me deja estupefacto pensar cómo Él pudo 'plantar las semillas' en *La Vía del Corazón* y luego tejerlas magistralmente hacia niveles más profundos a medida que el estudiante se prepara para recoger frutos más maduros en las siguientes obras: *La Vía de la Transformación* y *La Vía del Conocimiento*. Sin embargo, esto es solo una parte del Camino que Él ha estado desarrollando a través de mí durante muchos años. Hay otros textos clave como *Las Cartas de Yeshua* y *La Vía del Servidor*. También hay otro paso a dar en el viaje del estudiante, que es el de experimentar las energías transformadoras de la *Padrenuestro en arameo* y especialmente las *Bienaventuranzas*, que son la base para la profunda sanación y el trabajo para el despertar utilizado en retiros, entrenamientos intensivos y peregrinaciones. Junto a las enseñanzas esenciales en arameo, están las prácticas de apoyo como son la de *RespiraAmor*, *Indagación Radical* y la singular meditación titulada *En el Nombre*.

Es importante que el estudiante sepa que esas enseñanzas formales, las de los tres libros de 'La Vía', son un importante sustrato para los niveles más profundos de alquimia hacia una transformación radical. Puedes darte cuenta de cómo, en esas enseñanzas, Él a menudo se refiere a la *respiración*, así como al *sentimiento*, al *sentir*. Desde antes de que fueran dadas, Él ya estaba guiándome hacia una comprensión más profunda y plena —en el laboratorio de mi propio ser— sobre la importancia de la Respiración (que Él llama la presencia del Espíritu Santo) y sobre cómo penetrar plenamente en las capas de 'sentimiento congelado' que se albergan en el inconsciente y en el alma; también sobre cómo el alma cae en lo que Él llama el sueño de separación, y sobre cómo esos patrones son recapitulados en el útero y el nacimiento, e incluso en nuestras elecciones de los padres y de los marcos temporales para la encarnación; sin esos viajes experimentales profundos y personales, la 'Palabra' no hubiera encarnado y 'aterrizado en las células', que es precisamente el único lugar donde podemos reconocer que nuestra sanación está completa: aquí, en este mundo, ahora, en este momento.

Por tanto, el volumen que ahora tienes en tus manos, junto con las otras 'partes' mencionadas, conforman una de las más exquisitas y abarcadoras Vías espirituales que bendicen nuestro mundo. Tal y como lo dijo años atrás:

Nuestra única meta es la de establecer una Vía completa que pueda transportar a un alma desde sus primeras llamadas a despertar, hasta ser una manifestación madura de la Mente de Cristo.

Los lectores interesados pueden aprender más sobre la Vía en el sitio web: www.wayofmastery.com.

Una nota más: estas son las únicas versiones autorizadas de estas Enseñanzas; aquí están dadas justo tal y como fueron ofrecidas en aquel primer momento, incluyendo la sección original de preguntas y respuestas, algunas de las cuales son Enseñanzas preciosas dirigidas a todos nosotros. Se ha trabajado duro para asegurarse de que los editores no alteraran nada en el traslado desde el audio al texto. No aparece ningún título para los capítulos, ni hay subsecciones, porque no dio ninguna. Las palabras que Él originalmente enfatizaba han sido escritas en cursiva.

Lo que tienes entre tus manos es una Llave Maestra, pero una llave solo es útil en la medida en que la tomemos, la insertemos en las cerraduras de nuestros corazones y nuestra mente y la 'giremos' para así comprometernos plenamente en lo que nos ha dado uno de los mayores Maestros que alguna vez nos haya enviado el Amor para hacer que el Amor se vuelva a conocer en nuestras almas durmientes.

Está ahora entre tus manos, y no por accidente. Se ha dicho que nadie llegará a conocer este Trabajo 'si no está preparado completamente para ello'. Si estás leyendo estas palabras, la gracia ha desposado el secreto anhelo de tu alma, te ha llevado aquí, y ha puesto estas Enseñanzas en tus manos.

Ahora, depende de ti. Que Dios te bendiga y que puedas conocer el resplandor de la Gracia que te ama más allá de toda comprensión y llegar a conocer la Realización del Alma a medida que trabaja a través de ti para cubrir este mundo en Amor.

Oleadas de Gozo, Jayem.
Mayo del 2011

La Vía del Conocimiento

Yeshua Ben Joseph
En comunión con Jayem

Lección 1

Ahora, comenzamos.

Y efectivamente, una vez más, saludos para vosotros, queridos y santos amigos. Venimos a morar con vosotros ahora, conforme comenzamos con el tercer año y el final de esta *información esencial*[1] que hemos tratado de compartir con vosotros. En un futuro, esta información va a ser compartida con millones de seres. Hemos elegido titular las lecciones de este año *La Vía del Conocimiento.*

¿Qué es preciso, pues, para que se dé el *Verdadero Conocimiento*? ¿Qué se requiere entonces para que exista el Verdadero Conocimiento? ¿Cómo se vive –en cualquier dimensión de la Creación– cuando se mora en un Conocimiento Verdadero? Queridos amigos, lo que se requiere para que el *Conocimiento Verdadero* impregne la totalidad de la propia consciencia es simplemente esto: *Ni siquiera por un solo momento* has sido *tú* quien ha vivido la vida. Más bien, en Verdad, y en Realidad, la Vida, que no es sino Amor brotando de la Fuente de toda Creación, ha *tratado de*[2] vivir en tanto *que* tú. En Verdad nunca ha existido ni por un momento un yo falso. Nunca ha habido un momento en el que haya existido eso que se llama "ego".

Nos has oído decir muchas veces que lo que es verdad sobre ti es verdad siempre y que permaneces siendo tal como fuiste creado para ser: el Pensamiento de Amor Perfecto en la forma. Emanas de la Mente del Creador tal como una ola emana del océano. Y el gran secreto de tu existencia humana y de hecho de las muchas travesías que has emprendido, es que estas travesías no han existido en *ningún lugar* salvo *dentro* de la pantalla de cine[3] de tu propia mente.

¿Significa esto que tus sueños no han tenido ningún efecto? En el sueño en sí, siempre y cuando elijas identificarte con él, *experimentarás* los efectos de las elecciones que hayas hecho. Y no obstante, ahora, conforme el corazón ha sido tocado por la purificación y conforme has estado verdaderamente dispuesto a permitir que la transformación ocurra, todo lo que importa y todo lo que debe ser recordado es que *tú*, el tú que *creías* ser, en realidad no ha existido nunca. Ha sido una pantalla de humo. Ha sido una quimera, una ilusión.

El conocimiento consiste pues en el discernimiento cristalino de que, mientras que la Creación brota de la Mente de Dios, *tú* no puedes encontrar el lugar donde el yo separado empezó. Y no tienes absolutamente ningún conocimiento de dónde estará tu final[4]. En Verdad, no sabes lo que se va a desplegar justo en el momento siguiente de tu experiencia. Y esto solo puede significar que, como *efectivamente* existe el momento siguiente, *algo más te está viviendo* [5].

En el comienzo del viaje debe haber *deseo*, pues nadie puede llegar al Padre sin deseo. Ya que igual que empleaste la energía del deseo para soñar el sueño de separación que cerró tu corazón, que te metió en miles de viajes inútiles, que te impulsó y te compelió mediante el miedo, el juicio, la duda... del mismo modo... ha sido necesario el deseo para que estés dispuesto a afrontar tus ilusiones, a examinar con más profundidad tus juicios, y para entender que no pueden tener ningún valor salvo aquel que tú les brindes. De hecho el deseo ha sido preciso para que tú *quieras* despertar.

Tal como has empleado el poder de la *intención* para grabar continuamente en la mente[6] las creencias y las percepciones que son el fundamento mismo del sueño de separación, así mismo has aprendido también a emplear la intención a través del tiempo, que es tu creación, para poder despertar del tiempo y del miedo.

Tal como en un momento dado empleaste el poder de *permitir* para hacer que las creaciones albergadas dentro de tu mente cobraran aparentemente forma ante tus ojos, y tal como permitiste que su "realidad" se consolidara tanto que literalmente nacieran mundos a partir de ello... así mismo has necesitado también emplear el permiso en el proceso de transformación, *permitiéndote* sentir lo que antes no querías sentir, *permitiéndote* ver de una forma diferente aquello que una vez insistías en creer que solo podías ver de una cierta manera. El campo del permiso ha sido el campo mismo del cual ha brotado todo perdón que hayas aprendido[7] . Permitir ha sido la clave más esencial en el proceso de tu sanación y tu despertar. Pues cuando realmente comienzas a tocar el poder del *auténtico permiso*, empiezas a *saborear* los primeros niveles de la *verdadera libertad.* Has entendido que, así como has permitido que se den nuevos comienzos, has descubierto que también tienes el poder de permitir que los finales tengan lugar dentro del campo de fenómenos que consideráis como el mundo.

Y no obstante te aseguro que la *rendición*[8] es la consumación[9] de las Llaves[10] del Reino. Al igual que en un momento dado has necesitado entregarte a tus ilusiones para poder identificar la energía fundamental de tu ser *con* ellas, al igual que has tenido que vivir esa rendición precisamente para poder dar paso al permiso[11] , al igual que has aprendido a permanecer en la rendición precisamente para permitir la intención, al igual que has aprendido a permanecer en la entrega o rendición precisamente para poder permitir que el deseo sea renovado dentro de ti... conforme entras ahora en *La Vía del Conocimiento* llegas a la *rendición final*: Esa rendición que está más allá de la comprensión de todo lenguaje y de toda teología, más allá de todo lo que pueda ser dicho o expresado, ¡pero no de lo que puede ser *comprendido, sentido, constatado*[12] *y vivido*!

Pues en la rendición contemplas un mundo perfectamente inofensivo, ya sea que parezca estar fuera del cuerpo-mente, o bien dentro del mismo cuerpo-mente, en sí[13]. Contemplas el ir y venir del mundo y descubres que todas las cosas están, de por sí, perfectamente vacías. Miras en tu interior y descubres que ya no necesitas *bloquear*, ante la mente consciente, ante tu discernimiento, aquello que el cuerpo-mente ha experimentado desde el momento de su concepción. Ya no hay un *bloqueo* frente al *fluir de la experiencia.* Ya no hay un *yo en busca de Dios.* Y allá donde ese yo ha sido entregado... en ese lugar y en ese momento en el que ese yo se ha rendido... la mente despierta a la simple Realidad de que *solamente* hay Dios. Y de que *tú eres* Aquel[14].

Sí... conforme buscas las palabras para poder comunicarte a ti mismo o quizás a otros la gran maravilla, el gran misterio, la gran Verdad, la gran simplicidad del despertar en el Conocimiento Verdadero... tratas por todos los medios[15] de encontrar esa manera de comunicar, tal como yo he tratado de encontrar las vías de comunicarme contigo. Buscarás comunicarles, a tus hermanos y hermanas, que solo hay Dios, y no obstante... y no obstante... que existe el poder de la mente para percibirte como el Creado: Lo que en Verdad tú eres. Pues Dios da surgimiento a Dios, volviendo la mirada hacia Sí Mismo. El Misterio del puro contenido hace surgir la forma transitoria para que ese Puro Misterio pueda ser aprehendido.

Tú eres pues el mismísimo proceso por el cual Aquel que es el único que no tiene un doble[16], crea la forma transitoria a través de la cual Aquel se aprehende y se conoce a Sí Mismo[17]. Tú eres Aquel que es el perfecto *efecto* del Misterio, que quiere brotar de Sí Mismo y hacer visible lo que era invisible; para dar nacimiento a través[18] del tiempo y de la forma a lo que no puede ser contenido en él[19] . Pues el Amor es insondable. No puedes cntrolarlo. El Amor es inmenso más allá de toda medida. No puedes contenerlo. No puede ser poseído. Solo puede ser permitido.

Por lo tanto, efectivamente, queridos amigos, las mismísimas Llaves por las que una vez empleaste el poder de tu propia mente para crear la ilusión de un yo separado, son las mismísimas Claves utilizadas por tu propia mente para despertarte a la verdad de que tú nunca has existido, de que siempre existe solamente *este* momento misterioso. Todas las cosas han sido concebidas a partir del Misterio Perfecto.

La Mente Despierta... despierta de la falsa arrogancia... contempla todas las cosas y dice...

Yo soy Aquel.

Y no obstante no existe ningún rastro de separación ni de dualidad, pues no estás apartado de todo lo que está surgiendo: El viento que sopla a través de los árboles, los fríos hilillos del agua de lluvia invernal, la calidez del sol sobre la piel del cuerpo, el abrazo de un amante, la risa de un niño. La Mente Despierta que mora en el Conocimiento Perfecto ya no *obstruye* el flujo del pensamiento, el flujo de la experiencia. Ya no trata de ver cómo hacer para que las cosas sean *diferentes* de lo que son. Solamente busca y vive a partir de lo que verdaderamente más quiere: Simplemente morar en su propia naturaleza y permitir que la vida fluya desde esa naturaleza, danzando en las miríadas infinitas de despliegues de la forma.

¿Qué se requiere entonces para que exista el Verdadero Conocimiento? ¿Qué se requiere de hecho para morar en *La Vía del Conocimiento*? *Aceptar completamente* que *ni un solo rastro de tu búsqueda* te ha llevado nunca más cerca de la Realidad; que ni *una sola modalidad religiosa*[20] ha tenido nunca el *poder* de acercarte más a Dios; que *nunca* te podría haber sido realmente posible hacer avances hacia la consciencia de Dios. Pues todo el tiempo has sido Aquel que estás buscando, *fingiendo* ser un buscador. ¿Y por qué razón has albergado el pensamiento de la separación?

La razón es simplemente esta: *Para hacerlo*. Pues la Mente de Dios no rechaza *ninguna* posibilidad, ya que Ella no ve nada que pueda obstruir la pureza de Su naturaleza verdadera. Y el Padre mora para siempre dentro de Sí Mismo: Infinito, vasto, radiante, silente... el Campo Infinito del Puro Conocimiento, de la Pura Inteligencia, a partir del cual surgen *todas* las cosas y *todas* las posibilidades. Por eso os dije una vez...

Nunca habéis contemplado a otro, pues solo os veis a vosotros mismos.

Eres libre de juzgarte a ti mismo al juzgar a tu hermano y de esa manera crear una forma de experiencia. Pero incluso esa forma de experiencia es *solamente* la Realidad Perfecta de Dios. ¡Y *Eso* es lo que tú eres!

¿Qué es lo que se requiere entonces para el Verdadero Conocimiento? Dios. Y desde el mismo momento en el que primero tuviste el pensamiento que dice,

Quiero a Dios.

...incluso ese pensamiento ha aparecido dentro del campo de lo que tú crees que es tu discernimiento limitado en tanto que cuerpo-mente limitado, atormentado por el miedo, por la duda, por la culpa y por todo lo demás –todo lo cual es ilusión–. Ese pensamiento de querer Dios, en el momento en el que comenzó tu viaje al hogar, *ese pensamiento...* es la presencia de Dios despertando a lo que nunca se ha perdido[21] .

Dios es aquello que requiere Verdadero Conocimiento. La sed que has sentido de Dios es la sed de Dios por Sí Misma[22] . Tú literalmente eres el Campo de Discernimiento de Dios en el cual Dios tiene discernimiento de Sí Mismo, pues tú eres el Poder de Dios y *solamente* mediante ese Poder has sido alguna vez capaz de ser consciente de *algo* que ha aparentado ser distinto de Dios. Pues *incluso el miedo descansa en el Amor*[23].

Incluso el miedo, la contracción y el sueño de separación *requieren Amor*, pues el Amor *permite* todas las cosas, *confía* en todas las cosas, *acoge* todas las cosas y por lo tanto *trasciende* todas las cosas. Y por tu cuenta[24], lo que aún puede que desees percibir como tu "experiencia propia", como si esa experiencia estuviera separada y aparte de tus hermanos y hermanas... como si estuviera separada y aparte del titilar de las estrellas, y de la danza de la luz del sol sobre el agua, y del pensamiento en la mente brillante de un científico, y del llanto de un recién nacido... incluso si deseas, no obstante, mantener que tienes eso que llamas experiencia privada... esa experiencia privada ha requerido la presencia de Dios. ¡Todo pensamiento que hayas tenido alguna vez solamente ha existido porque *el Amor lo ha permitido*!

¿Has sufrido, entonces, porque Dios lo haya elegido así? Para nada. Pues en Verdad –y por favor presta atención– el *sufrimiento no existe.* Solamente puede existir la Realidad del Amor. Tú eres Aquel con el *poder* de ser despertado a tu verdadera naturaleza –¡justo aquí y ahora!–. Efectivamente, solo cuando has renunciado al apego a las modalidades de religiosidad, a las meditaciones, a las oraciones, a las teologías, a los libros de texto... solo cuando *tú* has renunciado al apego a toda forma y tomas simplemente la decisión de morar en el Simple Conocimiento de que tú eres Aquel, *solo entonces...* el Conocimiento impregna realmente tu discernimiento.

Si hubiera algo que tuvieras que *hacer* para *llegar* a Dios, entonces Dios está apartado de donde tú estás. No obstante, el mismísimo Amor de la Consciencia Pura es lo que te da el poder de percibir que hay algo que debes hacer para alcanzar a Dios, y por lo tanto Dios está siempre presente. Si realmente existiera alguna forma de meditación que pudiera iluminarte eso significaría que *tú* estarías *verdaderamente* en algún sentido[25] apartado de Dios. Pero a Aquel no le es posible estar separado de Sí Mismo. Permite entonces que la mente descanse en la mera simplicidad de que lo que es verdad ha sido verdad siempre, y de que allá donde mores eres simplemente la manifestación de Aquel, mostrándose como hombre o mujer.

En el Verdadero Conocimiento, *en el auténtico Verdadero Conocimiento*, que existe AQUÍ Y AHORA, que no puede ser conseguido[26] mañana, solamente existe la pura simplicidad del momento que está surgiendo, contemplado con perfecta inocencia. En el Verdadero Conocimiento hay paz perfecta. En el Verdadero Conocimiento uno simplemente permanece despierto, presenciando el transcurrir y el despliegue de los fenómenos que de hecho están surgiendo solamente dentro de esa Mente que es la Filiación.

Te he dicho a menudo que realmente no puedes hacer un movimiento[27] equivocado y nadie ha hecho eso en su caminar. ¿Cómo podría ser eso posible en el Campo de Amor Puro que Dios es? Y solo el Amor es Real. Tú simplemente te has permitido a ti mismo –en tanto que Dios– desarrollar formas de experimentar[28] para simplemente experimentarlo[29]. Cada lágrima que has derramado, cada pérdida que has sentido, es, no obstante, solamente *Dios*, eligiendo tener la experiencia. Tú, en cada momento, has permanecido eternamente libre para elegir de nuevo y efectivamente *elegirás* de nuevo sin cesar. Pues no hay un "momento" en el que Dios deje de ser[30]. Pues si Dios *pudiera* dejar de ser, entonces Dios no sería Dios, pues habría necesidad de un campo de energía donde pudiera existir el *no-ser*[31].

La Mente despierta, sigue solamente al Espíritu Santo, y el Espíritu Santo es simplemente Mentalidad Recta. ¿Y qué es esa Mentalidad sino Verdadero Conocimiento?

La Vía del Conocimiento es pues una manera de sentir sin obstrucciones, y no solo lo que está alrededor de ti, sino lo que está surgiendo desde tu interior. La obra que realizo a través de este mi querido hermano no se hace porque alguien requiera que la haga. Surge dentro del Campo de la Mente de Dios, que *es* la esencia de todo lo que soy en tanto que Cristo. Surge, es atestiguado, y es permitido por mí. Por lo tanto, la obra se realiza. Esto no es diferente de lo que experimentas en tu experiencia momento a momento. Cuando ves caer una gota de lluvia y tocas la ventana por la que miras, has utilizado... y efectivamente eres... la presencia del Poder del Discernimiento que no es diferente de aquello que me impregna y a través de lo cual este trabajo de comunicación se manifiesta. Todo lo que está teniendo lugar en todo intento de despertar a la Filiación es que Aquel está hablándose a Sí Mismo. Habla del despertar porque hay otro aspecto de Sí Mismo, otra ola del océano, que todavía está *fingiendo* que verdaderamente se ha causado a Sí Misma una pérdida de discernimiento.

Mira entonces alrededor de ti, querido amigo. Pues una vez os pedí que considerarais que no sabéis lo que es ninguna cosa, ni para qué sirve, ni para qué es. E hice esto porque *creíais* ser un yo separado, y *creíais* que vuestros juicios, percepciones y definiciones de las cosas tenían una realidad *fuera* de vuestra mente. Por lo tanto, os pedí,

> *Mirad a vuestro alrededor con perfecta humildad, pues no sabéis lo que es ninguna cosa ni para qué sirve.*

Pues si contemplas a un hermano o hermana y lo ves como separado de ti o como algo o alguien de quien puedes obtener algo que ganar en tu camino[32], entonces, realmente no has reconocido para qué es tu hermano o hermana. Y esto es lo único para lo que tu hermano o hermana *puede* existir: Para ser aquello que Dios contempla y en lo que solamente se ve a Sí Mismo. Si un hermano o hermana está en ese campo de discernimiento que has aprendido a considerar como el tuyo propio es por una sola razón: *Para ser amado, para ser celebrado, para reunirse con él o ella y crear y extender lo bueno, lo santo y lo bello.*

¿Significa esto que, si contemplas a otro, él o ella *debería* conseguir esto[33]? Para nada. Pues Aquel que tú eres, manifestándose a través de ellos, bien podría elegir en su infinita y perfecta libertad permanecer completamente loco. ¿Y qué? Nada puede evitar que mires con Amor y que permitas el transcurrir y el despliegue de la forma para que continúe con su danza: nacimiento y muerte, reunión y distanciamiento, creación y disolución. Todo lo que pueda ser experimentado debe finalmente permitirse que fluya sin obstrucciones en tu mente. El nacimiento da lugar a la muerte y esta da lugar al nacimiento en un despliegue incesante: no como algo que lucha *por* la vida, sino *como* Vida en sí misma.

La Realidad de todo lo que eres permanece completamente inmutable y pura. Tú eres como el Cielo a través del cual toda nube danza y transcurre. Tu experiencia, literalmente, momento a momento, incluso en el momento en el que eres solamente un yo separado debido a las decisiones que tomaste ayer... incluso eso... puede ser permitido, se puede confiar en ello, eso puede ser apreciado, puede ser atestiguado... desde la espaciosidad del cielo[34] que puede acoger cada nube desde un lugar de Perfecto Conocimiento.

No puede haber mayor gozo que llegar a cada instante con nada que obtener, nada que lograr, *nada ante lo que resistirse.* Cuando la resistencia ha sido soltada gracias a la simple elección de hacerlo... descubres y reconoces que todo el tiempo, en Realidad, solo ha existido Dios.

¿Cómo se vive entonces como si se morara en el Verdadero Conocimiento? Se podría responder, simplemente,

De la manera que se desee.

Pues en una Vida sin obstrucciones se permite que Aquel *in*forme tus elecciones. Ya no hay nada que creas que necesites, nada que creas que podría añadirte algo. ¿Pues quién, al tener un pensamiento... al emprender una acción... quién al creer en teologías ha añadido alguna vez siquiera un centímetro a su estatura? Pues aunque el cuerpo surja y desaparezca, como una breve nube de ilusión, en el Campo de la creación... tú permaneces vasto y sin obstrucciones. ¿Cómo se le puede sumar algo a la eternidad? Tú eres Puro Discernimiento. Y nada de lo que hayas hecho alguna vez te ha aumentado, así como nada que te hayan hecho alguna vez te ha quitado nada.

Cada instante es pues perfectamente prístino, honesto e inocente. Cada instante, acogido y permitido sin bloqueos... *es* literalmente el estado presente[35] del Cielo. Por eso dije una vez,

> *El Cielo se extiende por toda la faz de la Tierra, pero la humanidad no lo ve.*

Y no obstante, se precisa el Cielo para poder elegir ver otra cosa. Este es el punto resbaladizo sobre el que descansa nuestro año final juntos. Y es así de resbaladizo solo porque no requiere de ningún esfuerzo. No puedes ser sino Aquel[36] que se muestra como danza de un despliegue transitorio de energía que *aparenta* estar separado de todos los demás despliegues de energía. Y no obstante, la Filiación es Una Sola. Cada árbol, cada gota de lluvia, cada molécula, cada pensamiento o consideración, cada desconsideración... esas cosas... son la Filiación. ¿No es acaso ya el momento de despertar de cualquier lenguaje particular que hable solamente a la *humanidad*?

Recuerda que tu sufrimiento ha procedido solamente de la ilusión de que eres un cuerpo-mente separado, sujeto a las devastaciones del tiempo, a las inseguridades del tiempo... con certeza de ser la víctima de la muerte. Y en Realidad, todo el tiempo ¡eres el *poder* mediante el cual elegiste esa creencia! ¿Significa esto que puedes decir, simplemente...

> *Ya estoy despierto, y no necesito sentir esa sensación que está surgiendo.*

¡De ningún modo! Pues el Amor no se resiste a *nada*. El Amor *acoge* todo. El Amor *desea* todo. El Amor *despierta* a la Verdad de que solo Dios es, y Dios acogería la totalidad de Su creación *a través de* ti, *en tanto que* tú, *en* ti, *para* ti, ¡*y para Sí Mismo*! Pues no hay diferencia entre Dios y tú. *Tú eres Aquel.*

¿Cómo vive entonces Un Despierto? Ya te di antes la respuesta: ¡De la manera en que ese Despierto lo desee! Y ahora llegamos a la *esencia* de lo que haremos durante este año pues ya no entraremos en las cuestiones de lo que *deberíamos*[37] hacer, ya no te pediremos que vivas en planteamientos sobre lo que salió mal, sino que vivas más bien en la pureza del poder de la única pregunta en la que Dios habita constantemente:

¿QUÉ DESEO?

Pues ahí es donde, en perfecta rendición, la mente regresa al puro deseo –no al deseo de obtener algo para un yo separado, sino al que expresa la totalidad de Dios–.

¿Qué deseo?

...esa es la pregunta que Dios se plantea a Sí Mismo *en tanto que tú.*

Sí... esto significa realmente que eres perfectamente libre de disfrutar el campo del deseo. ¿Eres capaz de saber qué es lo que realmente deseas? Absolutamente. Una vez que decides que tú no eres lo que una vez creíste que eras. Y esto solamente requiere la decisión de admitir que nada puede existir salvo Dios, y que por lo tanto tú eres Aquel. Tú eres pleno y libre –¡AHORA!–.

A menudo te he señalado que la totalidad de mi vida fue *mi travesía* de vuelta a Dios. La elegí libremente, y no porque yo estuviera separado de Dios sino porque ya había despertado a la verdad de que,

¿Qué otra cosa podría existir, excepto el Amor de Dios?

Y elegí entonces contemplar el cuerpo-mente y vivir solamente en la pregunta...

¿Qué deseo?

Y una de las cosas que elegí fue demostrar la *irrealidad* de la muerte.

¿Qué elegirás *tú* demostrar? Pues no veas mi demostración como algo magnífico[38] y que está más allá de ti. Entiende más bien que todo lo que demuestras es *igual* que ese poder. Pues *fluye* desde ese poder, *mora* en ese poder, y *manifiesta* ese poder, ¡y *es* el Aliento Viviente y la Realidad de Dios!

Y, por lo tanto, conforme continuamos este año, comenzaremos a enfocar la atención en la *libertad perfecta* de explorar lo que se desea. Pues la mente despierta entiende que en el vivir auténtico, en el egoísmo divino, no puedes sino danzar perfectamente con tu hermano o hermana, sin importar cómo estén eligiendo responderte *ellos*. Es imposible estar separado del otro. Es imposible hacer que otro sufra. Es imposible no ser Uno con aquel[39] que está ante ti. Solo existe la danza y el juego de la Creación. Solamente existe la celebración de la Realidad Eterna de Dios. Solo existe el reconocimiento de que Dios es Gozo y no depresión. Toda depresión proviene de la resistencia, de la obstrucción del flujo del discernimiento mediante el intento de limitar lo ilimitado.

La mente que permite todo, que confía en todo, que acoge todo... *es* todo. Y sin embargo[40], ciertamente, aunque parezca que vives, no eres tú, sino solamente Aquel[41] quien vive en tanto que tú. Eres libre. Eres vasto. Existes sin nacimiento ni muerte. Tú eres como yo soy. Tú eres Aquel que está Despierto, el Ungido, el Mesías. Eres el suave toque del Amor, en una ilusión transitoria, intentando ser distinto del Amor. ¿Y por qué no? Es simplemente un juego, una distracción –una inocente ilusión–.

Y por lo tanto, de hecho, vamos a acabar ya con esta única pregunta que os pediremos que viváis en vuestro interior a partir de este momento y hasta el siguiente en el que nos vayamos a comunicar con vosotros:

Querido amigo, Oh Santo: ¿QUÉ DESEAS?

Y ese querer... ¿está generado por la libertad del Amor o por la ridícula creación de un miedo inútil? Desea solo libertad y tendrás tu deseo[42] .

Y así, la paz sea con vosotros, siempre. Con toda certeza vamos a disfrutar de este año con vosotros.

Id pues en paz.

Amén.

Lección 2

Ahora comenzamos.

Y efectivamente, una vez más, saludos para vosotros, queridos y santos amigos. Como siempre, venimos a morar con vosotros en esta hora y de esta manera con gran alegría. Pues las formas de comunicación son virtualmente ilimitadas. La comunicación solamente requiere la disposición de dos mentes cualesquiera para *unirse en comunión*. La comunión requiere la voluntad de renunciar[43] a invertir en tener razón. Renunciar a[44] eso requiere reconocer que ninguna de las dos mentes sabe qué *es* ni *para* qué es ninguna cosa.

Pues en esa travesía que comenzó en *La Vía del Corazón*, que continuó con *La Vía de la Transformación* y que comienza a culminar con *La Vía del Conocimiento,* ciertamente me habéis oído decir reiteradas veces y de innumerables maneras que para despertar el recuerdo es absolutamente necesario que os decidáis a querer *pensar*, por encima de todo, *con la Mente de Dios*. Y pensar con la Mente de Dios requiere *aprender de nuevo*. Ser enseñado conlleva una *disposición* a *aprender*. Y la disposición a aprender conlleva estar dispuesto a crear un *espacio de vacío interior* que puede ser llenado con una nueva sustancia, un nuevo elixir, una nueva sustancia alquímica, por así decirlo.

Por lo tanto, ese camino que conduce al alma hacia el recuerdo perfecto, requiere cultivar las **Llaves[45] del Reino: Deseo, Intención, Permiso[46], Rendición[47] .** La más esencial de estas llaves es, insisto, la del *Permiso*. Pues no hay nadie que esté escuchando estas palabras que no haya cultivado ya el suficiente Deseo. Puede que no esté perfeccionado al cien por cien, pero el Deseo ha estado ahí. Pues nada que haya llegado a mi presencia, que haya llegado a comunicarse con este grupo de seres –

maestros, profesores, amigos... (y por cierto, como grupo decidimos ser conocidos simplemente como "El Linaje", y para el cual sigo siendo el portavoz principal a través de este, mi querido hermano, aunque existen muchas otras formas de nuestra comunicación con la humanidad)... nadie llegaría a esta presencia... si no ha *deseado ya* la sanación, el despertar y el recuerdo–.

La *Intención* es la única posición desde la que puedes comenzar a usar correctamente esa *voluntad* que fue originalmente el Regalo del Creador para ti. Pues el uso correcto de la voluntad, o de la Intención clara, es dar lugar a lo bueno, lo santo y lo bello. Y cualquier mente que reflexione sobre su experiencia y llegue a ver que, a menudo, el miedo ha sido lo que se ha puesto en el asiento del conductor antes que el Amor, usará legítimamente la Intención para pedir ayuda para obtener la corrección de la mente... para que ella misma, esa mente, esa alma, pueda volver a alinearse con la Voluntad de Dios.

Alinearse con la Voluntad de Dios no es un acto de sumisión[48], aunque el ego loco lo siente así. Pero para los puros de corazón, para los mansos que van a heredar la Tierra, para aquellos que admiten su locura y desean la transformación a una perfecta cordura... alinearse con la Voluntad de Dios a través de una Intención clara supone buscar lo que conlleve el mayor bien para uno mismo. No es una pérdida en absoluto. Es *perfecto recordar*. Entrar en ese alineamiento es pues como alguien que renuncia a una de sus monedas de oro para recibir diez millones de monedas de oro. Es como si se renunciara a una muñeca de trapo para poder entrar en una verdadera relación de amor de carne y hueso, de emoción y pasión. Es como alguien que renuncia a la esperanza o al deseo de beber un trago de agua y va al grifo[49], por así decirlo, y llena directamente la copa con líquidos vivos[50].

Entiende entonces que esa Intención, cuando se enfoca exclusivamente en *querer solo a Dios*, nunca te puede quitar nada que realmente quieras. Y reemplazará por ti lo que[51] siempre deseaste, lo que conociste en el pasado lejano, y que ahora convocas de nuevo.

Deseo, Intención, Permiso... *Permiso*. Oh, y efectivamente, queridos amigos, hay muchos de vosotros que habéis llegado a degustar[52] la Verdad de lo que voy a decir. El Permiso es la mayor de las Llaves del Reino. Pues el Permiso requiere suprimir[53] –lentamente, a veces pacientemente, dolorosamente a veces–... suprimir... toda percepción que hayas tenido alguna vez de alguien o de algo. Se trata del descenso[54] al completo reconocimiento de tu ignorancia, al completo reconocimiento de tu plenamente gozosa dependencia del poder corrector del Espíritu Santo.

El Permiso es la mayor de las Llaves del Reino. Esto requiere ser cultivado *con el tiempo*[55] . Y si ha habido Deseo de sanación y de despertar, ten por seguro que tu Padre ya está trabajando, a través del Espíritu Santo, para remodelar[56] cada instante de tu experiencia *–cada instante particular*[57]*–* para que los profesores adecuados, las lecciones adecuadas, los libros adecuados, [risa] e incluso el clima adecuado... puedan venir a forzarte a mirar[58] tus aristas o límites[59] de *infelicidad,* tus límites de juicio, tus límites de *inseguridad,* los límites de tus *definiciones –basadas en el miedo–* acerca de lo que el Amor es, o de cómo debería mostrarse y de cuáles deberían ser sus efectos. En otras palabras, el mundo entero que has hecho por error[60] *debe* traerse a la superficie de la mente para su corrección.

El Permiso es más dulce que la miel. Pues el Permiso es ese ámbito en el que los milagros pueden finalmente comenzar a ocurrir. ¿Y qué es un milagro? No es realmente un cambio en absoluto. Es simplemente el reconocimiento de lo que siempre ha sido: que hay un Amor, un Poder, que quisiera vivir[61] a través de ti, que te guiaría en todo; que no necesitas ser el capitán del navío, que solo necesitas estar dispuesto a emprender el crucero[62] .

Estas tres Llaves –que en cierto sentido están *activas*[63], es decir, son experimentadas en el tiempo, sacan a relucir interrogantes[64] y requieren cierta resolución, compromiso y fe–... estas tres Llaves... culminan en la *Rendición.* Pero esta culminación no es algo que logres por ti mismo[65] . Más bien, cuando la semilla ha sido bien plantada, cuando el suelo ha sido labrado y cultivado, cuando el agricultor sabio se ha asegurado de que las condiciones climáticas, de humedad y todo el resto de cosas son justo lo que se precisa para que la semilla pueda estar bien nutrida... la Rendición es en gran medida[66] como los pétalos que surgen a su debido tiempo. Ahora el granjero no puede hacer nada más que esperar a que la Gracia descienda.

Puede que no entienda que los pétalos están surgiendo a raíz de todo lo que ha venido antes: la selección de las semillas, la espera del mejor momento para plantar, cada jornada de cuidado y desherbado del huerto... En otras palabras, *decidirse a*[67] entrar en momentos de oración. *Decidirse* a ver dónde ha establecido el miedo su hogar en la mente y entregarlo al Espíritu Santo. *Cultivar* la entrega[68] de cada decisión, día a día, momento a momento. Puede que no vea la conexión causal. Solo verá y atestiguará el surgir de los pétalos. Ese surgir ha sido considerado, por algunas culturas, como regalos "extraordinarios"... como el de la clarividencia, la clariaudiencia, la capacidad de abandonar el cuerpo, la experiencia de comunicarse con seres desencarnados como yo, la capacidad de ver y leer el alma de otro...

Pero más importante que todo eso es la *Paz*. La Paz es la culminación de la travesía espiritual. Se convierte en el *campo* en el que uno ha entrado en el Reino y viaja ahora dentro de él en perfecta libertad: una libertad que no puede ser entendida por las mentes de una humanidad que todavía vive en el miedo, la duda, la separación, e incluso en las más sutiles trazas de egoísmo. *La Paz es la meta*. Pero la Paz no es pasividad. Es realmente la sede[69] del poder creativo, pues fuisteis creados para crear lo *bueno*, lo *santo*, y lo *bello*.

Durante algún tiempo[70] aprendéis a crear algo distinto y, no obstante, esa creación no ha tenido lugar en ninguna parte excepto en el interior de la mente. Es simplemente una quimera o una ilusión. Pero tal como cultivasteis el poder de crear la ilusión, así mismo, también la travesía hacia Dios realmente requiere purificación: ese proceso por el cual entregas tu voluntad, la mente egoica, a la corrección del Espíritu Santo.

Esta travesía te llevará hacia lo que este, mi querido hermano, llama "la esencia de lo que tú no sabes que no sabes". Eso es lo que lo hace *inconsciente*. Pues has usado el poder de la mente para sacar tus miedos fuera de ti mismo[71], en donde en realidad ganan poder sin que tengas que afrontarlos directamente[72]. La negación o la supresión[73], tal como se dice en vuestro lenguaje psicológico, es la mismísima raíz de la creación del ego. Y lo que ha sido ocultado debe ser dado a conocer. Y en su conocimiento, la *purificación* puede tener lugar.

Tened confianza, entonces, tal como os he comentado muchas veces, para dar gracias por los salvadores que se os envían. Acuden bajo muchos disfraces y de muchas formas. Algunos de vosotros me consideraríais como vuestro salvador. Y sí, en el sentido de que soy enviado a vosotros como maestro, lo soy. Pero es solo la *enseñanza* la que os salva, no yo. Sucede a menudo, y cada vez más a menudo, que tus salvadores se muestran como alguien que suscita en tu interior las reacciones más intensas, tu juicio vehemente, ¡tu certeza de que tienes razón! Cuando esto ocurre y tu paz se ve perturbada, se ha activado tu reacción[74] más grande. Se activa tu mayor emocionalidad[75], ¡y es *ahí* donde está el *filo,* el *límite*[76] que busca tu atención! Pues recuerda siempre que nada puede llegar a ti a menos que lo hayas llamado desde tu interior para poder crecer más profundamente en el perdón, en la sabiduría, en el Amor y en el Poder de Cristo.

A medida que la purificación comienza a tocar los niveles más fundamentales o más radicales, la *dulzura de la Paz* empieza a ser recordada –al principio tenuemente y luego cada vez más y más... y más–. Se tiene una comprensión[77]. Recuerda que el viaje en su totalidad es simplemente un viaje en el que no hay ninguna distancia que recorrer en absoluto para llegar a una meta que nunca ha cambiado. Es solo un cambio mental, un recuerdo. La comprensión puede ser pues el reconocimiento de que,

> *Oh, solía pensar de esta manera, pero ahora veo la nulidad de esos pensamientos tontos.*

Así de pronto [chasquido de dedos], rápidamente –se acabó, se fue–. ¿Dónde se fue la ilusión? El borrador cósmico en la punta del lápiz sostenido por el Espíritu Santo, la borró debido a tu *Deseo*, a tu *Intención*, a tu *Permiso*, y a tu *ejercicio*[78] de todas aquellas herramientas que te ayudan[79] a decidirte de nuevo a querer solamente Amor.

La Gracia purifica la mente. Y la Gracia es un regalo directo de tu Padre. Es esa energía o Poder del Amor que desciende a una mente y un corazón que preparan el lugar para ello. Podrías decir que tu mayor preparación está en admitir que no sabes para qué es nada. Que si estás sintiendo emociones, que si te sientes como si quisieras huir, que si quieres evitar asumir la responsabilidad de algo que ha sido soltado en tu regazo[80], ten por seguro que *justo ahí está tu límite*[81]. Ese es el lugar hacia el que necesitas *girarte* para *abrazarlo*[82].

Y al final, una vez que ha comenzado la travesía, el final es totalmente seguro. La Paz es la meta perfecta. Pero todavía hay pocos que realmente entiendan lo que la Paz es. No se trata de la *evitación*[83] del dolor. No es la *evitación* de la responsabilidad. Es la *entrada*[84] hacia la mayor de las responsabilidades, donde la mente, el corazón, el alma e incluso el cuerpo –mientras dure–, han sido tan purificados de la disonancia, se han alineado tanto con la Voluntad de Dios, que contempla todas las cosas con la Compasión de Cristo. Tal persona camina por este vuestro mundo como alguien *desconocido*[85] para quienes le rodean. Esa persona solamente sirve a la Voz del Espíritu Santo. No se preocupa lo más mínimo por la "reactividad" de los demás. Pues la única meta del Cristo Despierto –y la Paz y la Consciencia Crística son uno y lo mismo– es ser un agente a través del cual el Poder de la Gracia trabaja para transformar la ilusión. Esa Mente sirve a la Expiación. Esa Mente puede que no sea comprendida por los demás, pero ¿cómo podría el *loco* entender al *cuerdo*?

Efectivamente, queridos amigos, la Rendición es como los pétalos de la flor. Surgen a su debido tiempo. Y uno no necesariamente entiende la conexión causal de todo lo que ha pasado antes con el dulce néctar del recuerdo perfecto[86]: el florecimiento del alma que ya no es temerosa y que mora en el mundo despierta, en paz, abierta –aquella a través de la cual el fluir de la Gracia desciende para tocar el mundo–. La Rendición florece a partir de las únicas tres cosas que puedes hacer: Deseo, Intención[87], Permiso. *Permite que la purificación tenga lugar*[88]. Estate bien dispuesto a revisar cada oscura esquina de la mente. Ya que en Verdad no es necesario buscar el Amor, pues el Amor ya te abraza. Pero sí *es* necesario *buscar lo falso*:

¿De qué manera me engaño?

¿De qué manera estoy comprometido con mi imagen en el mundo?[89]

¿En qué cosas me veo comprometido a pensar por mi cuenta porque en el fondo no confío realmente en que Dios me ama?

¿En qué estoy mintiendo a los demás o a mí mismo?

¿Qué niego, qué rechazo?[90]

¿Qué necesito entender sobre lo que es la proyección?

¿De qué manera necesito entender más profundamente cómo funciona la perversidad del ego dentro de mi propia mente?

¿Hacia dónde estoy señalando con el dedo fuera de mí?

¿Cómo estoy negando mi miedo?

¿Dónde estoy exigiendo que el mundo se muestre tal como a mí me gustaría, en vez de rendirme a la estructuración[91] *del mundo en las Manos del Espíritu Santo que está totalmente al servicio de mi sanación, de mi crecimiento, de mi maduración en la verdadera responsabilidad?*

Efectivamente, queridos amigos, en La Vía del Conocimiento es absolutamente necesario que te detengas a menudo, mires a tu alrededor y digas:

Moro en la perfección de un universo amoroso. Nada *puede ocurrir por accidente. Y donde estoy en este momento debe ser el lugar perfecto para mí. ¿Cómo puedo encontrar la entrada a la quietud interior,* ahora*?*

¿Dónde en mi interior puedo descansar en paz y pedir la guía del Espíritu Santo?

¿De qué manera me estoy aferrando a alguien o a algo en este momento?

¿En qué medida estoy contemplando a otra persona o a algo en este universo, reclamándolo como mi posesión?

Pues lo que no das para ser compartido, y que dices que has amado, ten por seguro, querido amigo, que en ese momento estás en la *perversidad del especialismo*. La mente egoica cree que si comparte lo que tiene, pierde. Por lo tanto, en vuestro mundo, cuando percibes que alguien o algo te ha brindado una gran fuente de consuelo y amor, e incluso de seguridad, el ver que se comparte en otro lugar activa el miedo a la pérdida dentro del ego. Esto es como lo que muchos de vosotros podríais recordar de cuando erais adolescentes y comenzabais a "salir" con cierto chico o con cierta chica en el séptimo curso, y dos semanas después él o ella decidieron irse con otro. Oh, ¡qué demoledor fue eso, pues la fuente de vuestro amor os había sido arrebatada! Ya no volverías a disfrutar del olor de una flor nunca más. La comida no volvería a saber bien nunca más. ¡Ciertamente ya no podría existir nadie más en este universo que os pudiera proporcionar esa gran fuente de amor y atención! Así es la inmadurez del niño. ¡Esta es la inmadurez de muchos "niños" que viven en cuerpos de cincuenta años de edad!

Pues queridos amigos, no hay *nadie* ni *ninguna cosa creada* –y el cuerpo-mente es precisamente una cosa creada– que pueda ser vuestra *fuente* de Amor. La relación nunca estuvo destinada a ser un recurso[92] para encontrar fuentes de Amor. Las relaciones fueron diseñadas para ser *santas*. Y en la relación santa, se reúnen dos personas, pero no para *obtener,* sino para *crear* a partir de la devoción amorosa a la Gracia que ha despertado y purificado sus mentes y sus corazones a la comprensión de que solo el Amor es Real, de que no existe la pérdida y de que solamente el Amor es digno de ser celebrado. En el Amor Perfecto no hay ninguna actitud posesiva[93]. En el Amor Perfecto hay un perfecto permiso. En el Amor Perfecto... ¿adivina qué?... ¡ni siquiera hay un tú! ¡Solamente existe *Dios* amando *a través de ti*!

Por lo tanto, en verdad, queridos amigos, echad un vistazo a vuestro propio hogar. ¿Hay ahí algún objeto al que no podrías renunciar? Si realmente quieres acelerar tu despertar ve y dónalo. Pues al final, todo lo que *crees* que posees debe ser entregado. Y lo que crees que posees es *el derecho a la posesión*, el derecho a *tener razón*, a *estar en lo cierto*[94] Cuando todas las cosas creadas para sustituir a la Realidad de Dios se han abolido o entregado[95], entonces, efectivamente, la flor emerge y su dulce fragancia bendice a todos.

La Mente Despierta, pues, la Mente que descansa en el Conocimiento Perfecto, contempla todas las cosas que anteriormente amó y entiende que su *forma* no es lo esencial. Lo que importa es la *esencia* o el *contenido* que expresan. Un bello cuadro, en sí mismo, no significa nada. Golpéalo con un martillo, quémalo con una cerilla, echa tierra y suciedad sobre él... y ya no es el mismo. La estructura no es lo que importa. Lo importante es que en un momento atemporal lo contemplaste, entraste en relación y experimentaste la *esencia de la belleza* fluyendo a través de él. Esa esencia o contenido es atemporal. ¡Esa esencia o contenido está por todas partes alrededor de ti! ¡Te sostiene! ¡Te respira[96]! ¡Es el Corazón de tu corazón, el Alma de tu alma, y la Mente de tu mente!

Siempre que ves un objeto, ya sea un cuerpo, una persona, una mente, una cosa, una flor, un lápiz... no importa qué... cuando sientes que en tu interior se evoca lo que llamas "ser Amor" es porque en ese momento te has deslizado entre las grietas del mundo[97], de la mente egoica, y estás experimentando el contenido esencial de la Realidad: Amor. Estás experimentando *tu propia Realidad auténtica viva*[98], pues solo el Amor es Real. Cuando llegas a entender que ese *Amor* puede ser experimentado en *cualquier* momento, en *cualquier* situación, con *cualquiera*, con *cualquier* flor...

Bueno, me gustan las rosas pero no las plumerias[99].

¡Qué absurdo! ¡El *Amor* es lo que debes amar! Debes asumir la responsabilidad de detectar el *Amor* a medida que fluye a través de cada ser vivo. Y una piedra, en este sentido, es algo vivo. Si existe, en su interior está lo bueno, lo santo y lo bello. Pues solo las cosas que contienen esto, que es la presencia de Dios, pueden de entrada cobrar forma en algún momento. ¡*Nada puede existir sin la esencia de lo que estás buscando*!

Cuando entiendes que lo que importa es el *contenido* y no la *forma*, el sufrimiento comienza por fin a ser *aliviado*. Puedes comenzar a abrazar el ir y venir de este ámbito transitorio del sueño, como un sueño. Las personas entran en tu vida y tú las acoges y ves lo bueno, lo santo, y lo bello. Fluyen a través de sus cambios siempre cambiantes, y luego mueren.

Ahora bien, la muerte puede tener lugar no solo cuando muere el cuerpo. La muerte tiene lugar en cualquier momento en una relación cuando la otra persona cambia de opinión. Puede que decidan dejarte. Puede que decidan despertar, lo que significa que ese ser con el que te estabas relacionando está muerto. Ha tenido lugar una muerte, ya sea que te dejen físicamente o no. Eso es en realidad bastante irrelevante.

Pero cuando consigues sintonizarte con el hilo esencial de Amor que fluye a través de todo, moras en la más profunda sensación de Conocimiento. Y ya sea que un objeto, persona, lugar o cosa entre en tu vida y permanezca, ya sea que llegue en un momento dado y se vaya o bien que transite durante el curso de toda una vida... comienza a ser cada vez menos relevante para ti –intentas atraparlo cada vez menos–.

Efectivamente, la Mente que realmente está Despierta y que descansa en la eternidad del Amor que es todas las cosas, puede dejar reposar la cabeza de un ser querido[100], verle tomar su último aliento, sentir una pequeña oleada de emoción pasar... y todo eso es la desvinculación[101] de los campos áuricos a nivel físico, eso es todo lo que pasa. Entonces permites que una pequeña sacudida de lágrimas te atraviese[102], sonríes y te vas:

Oh, qué dulce fue. Qué dulce es, pues el Amor es eterno. ¡Y siempre que dos mentes se han unido en el Amor la separación es absolutamente imposible! Así que, ¿cuál es el problema?

Y permites que tenga lugar eso que tu mundo llama "muerte". Y no obstante, *la muerte es irreal* para la Mente que descansa en la Perfecta Paz del Conocimiento.

Queridos amigos, que me habéis acompañado más de lo que podéis recordar, siempre se trata de un viaje de recuerdo y olvido. Eso es lo que hace que ese viaje sea el vuestro. Obtenéis un pequeño atisbo o una prueba[103] de Dios, le decís al mundo que eso es lo que queréis, pero de inmediato decidís olvidarlo de nuevo para poder experimentar la dulzura de la *búsqueda.* Os habéis vuelto adictos a ser *buscadores.* Y para buscar, primero debéis apartar hábilmente lo que de todas maneras es siempre vuestro, para así emprender de nuevo otro viaje de búsqueda.

Encontrar... que es lo mismo que descansar en el Conocimiento, lo mismo que la Consciencia Crística, lo mismo que la Perfecta Paz... *encontrar...* requiere renunciar al juego de la búsqueda. Una persona así no puede ser reconocida por las mentes del mundo. Una persona así camina por el mundo pero interiormente está vacía. Esa persona es simplemente un canal en el que ya no hay bloqueos para la ofrenda de la Gracia de Dios.

Efectivamente, queridos amigos, habéis viajado conmigo durante mucho tiempo. Habéis viajado tanto conmigo que os habéis enseñado a vosotros mismos que la única manera de estar en relación conmigo es *depender* de mí. Habéis viajado tanto tiempo conmigo que no podéis imaginar, o no os permitís imaginaros, como mis iguales. No os permitís imaginar *desprenderos* de mí. Y no obstante, os digo, para entrar en la plenitud del Amor se requiere *soltar todo* lo que habéis poseído, incluso si esa posesión soy yo. Pues el Amor requiere, finalmente, que entres por la puerta hacia el Reino y declares:

Yo soy Aquel, enviado por el Padre, creado con anterioridad a todas las cosas. Soy solamente Amor. No soy mi mente. No soy mi cuerpo. No soy mi personalidad. No soy mi historia. No pertenezco al mundo. Soy esa vibración, esa nota de Amor. Soy el Cristo, y como tal realmente permanezco. Amo por igual. Amo sin reservas. Amo sin una actitud posesiva. Amo solamente para extender la presencia de Dios, para que los demás puedan tocar ese lugar dentro de sí mismos y ser liberados.

El Amor no puede poseer. Siempre que hay un rastro de "condicionalidad"[104] , ten por seguro que la perversidad del miedo está ganando predominancia. Por lo tanto, si no puedes renunciar a[105] tu mascota, si no puedes abandonar el objeto que está en la mesa de tu cocina, si no puedes entregar a un ser querido a la muerte, si no puedes renunciar a un ser querido que cambia de opinión y decide irse a la Antártida... con alegría[106]... ten por seguro que todavía hay un espacio dentro de ti que requiere corrección. La corrección requiere disposición, *Intención.* Y la Intención requiere tu *Deseo* de disolverte cada vez más profundamente en el Amor que Dios *es.*

Escucha con *mucha* atención. De hecho, escucha *muy muy cuidadosamente...*

Si quieres conocer el Amor de Dios, *debes SER ese Amor.* No puedes conocerlo[107]. Debes *ser* literalmente la presencia de ese Amor. Solo entonces conoces realmente a Dios.

Esta es pues la esencia de *La Vía del Conocimiento*: *conocer SIENDO*[108] *aquello de lo que tienes conocimiento...* experiencia *directa,* aprehensión *directa,* eligiendo *ser solamente* eso. Por eso el Conocimiento es una experiencia mística. Por eso el Verdadero Conocimiento tiene la cualidad de ser *inmediato*[109] . Ninguna teología, religión, filosofía ni explicación sirven de intermediarias. Las palabras son solamente símbolos de símbolos. Son símbolos de ideas, y las ideas están todavía a un paso apartadas de la realidad. Quien conoce el Amor lo conoce porque cada célula de su ser es la *presencia* del Amor. *La Vía del Conocimiento* culmina con tu perfecta determinación de *SER* la presencia del Amor que Dios Es.

Ahora bien, si quieres conocer realmente el Amor, mira las cosas que temes. Descúbrelas. Desentiérralas y sácalas fuera de ti. Ten por seguro que si en algún momento debes examinar a otra persona y analizarla, hay algo que temes. Cualquier cosa que te altere es un *signo* de que hay algo que todavía necesita tu Amor.

La Vía del Conocimiento, queridos amigos, puede culminar *solamente* con la transformación de vuestra mente a tal nivel de completitud que os sentáis en vuestra mecedora y decís:

> *Solo existe Dios. Nunca ha habido un yo separado. Nunca pudo haber ninguno. Solo existe este instante en el que el Amor puede danzar, puede ser celebrado y puede ser extendido. Padre, ¿qué podemos crear hoy que le ofrezca al mundo la Gracia de lo bueno, lo santo y lo bello?*

Una vez describí el estado de consciencia más elevado... el estado de purificación más elevado... como aquel en el que el Hijo ha despertado, mira a su alrededor y vislumbra la infinidad[110]. No ve dónde empieza Él y dónde termina el Padre. Pues tal es Su unión, tal es Su vínculo, tal es Su danza... lo No-formado[111] y lo Formado, la Fuente y lo Creado[112], el Creador y lo "Creándose"[113]... así es tal vínculo alquímico, que no se puede mirar y ver dónde termina el alma y dónde comienza el Creador. Y no obstante, la Mente Despierta sabe que Ella sigue siendo la *Creada* y se entrega en perfecto gozo a cada instante,

> *Padre, ¿qué quieres que haga? ¿Cuál es Tu Voluntad para mí?*

Y no en sumisión sino porque la cordura ha regresado. Ella reconoce que nunca ha sido aquella diminuta mosquita lamentándose y lloriqueando y tratando de que la Vida funcione como piensa que debería funcionar. Entrega cada instante. Se disuelve en cada instante. Mora en cada instante. Sabe que solamente el Amor de Dios es Real,

Padre, ¿qué quieres que haga?

Y se expone a Sí Misma[114] y recibe las piedritas que son arrojadas en Su estanque, pero ahora no por Su propia mano, sino por la Mano de la Gracia, la perfecta Mano del Misterio que he llamado *Abba*... ese Amor, esa Fuente creativa, ese Poder, ese Gozo, ese *sublime, dulce, dulce Misterio* que continuamente está creando, ¡pues el Amor debe extenderse a Sí Mismo!

Ya no hay implicación[115] ni preocupación[116] por el cuerpo. Ya no hay implicación ni preocupación por el estado del mundo. Ya no hay implicación ni preocupación por *nada*[117]. Solamente existe la eterna danza de la Creación. La Mente Despierta *sabe que Ella es una participante en el Misterio perfecto*, y que ya no hay absolutamente ningún bloqueo ni ningún miedo. Y allá donde te encuentres, si se te pide ser crucificado, verte muerto y enterrado de modo que sacude[118] al mundo y este se da cuenta de que hay algo más que sobrevivir, ¡lo haces! Si llegado el caso te da por escribir libros, ¡lo haces! ¿Y qué? No estás apegado. El flujo de la creatividad se está moviendo a través de ti. Si se te pide que tomes una simple imagen que yo puse en la mente de cierto artista y distribuirla a quince millones de personas[119]... simplemente lo haces, pues ya no estás apegado a tu ego. Si yo te pido... si el Amor te pide a través de mí o de otra persona... que te dirijas a los confines de la Tierra para construir una choza y entonar cánticos[120], vas y lo haces. ¿Cuál es el problema? ¡Ninguno!

Eres libre como el viento. Y solamente los nacidos del Espíritu *conocen* el Espíritu. El Espíritu viene y va donde quiere. No sabes de dónde viene. No sabes adónde va. Desconciertas totalmente a las mentes de la humanidad. ¡*Eres libre*! ¡Pues no escuchas otra voz que no sea la *Voz del Amor*! ¿A qué te aferrarías en un mundo de ilusión?

Aprende a reparar en el *contenido* que impregna[121] toda forma y saborearás la libertad perfecta, el alivio del dolor que procede del apego a la forma –incluso a la tuya–. Incluso justo con los pensamientos que tenías ayer y creías que eran ciertos... como hoy has sido llevado al amor todavía más profundamente, lo que está en el pasado puede desaparecer:

> *Ayer pensaba que conocía a Dios. ¡Ajá! Hoy conozco a Dios todavía más profundamente porque he anulado mi necesidad de tener razón sobre aquello que una vez pensé que era verdad. Padre, ¡dame todavía más de Ti! Padre, ¡dame todavía más de Ti! ¡Quiero más! ¡Deseo más! ¡Eres infinito! ¡Eres mi Amado! Solamente quiero morir en ti... cada vez más, cada vez más profundamente. Dame más de Ti... para saborearte, para devorarte, ¡para morir en Ti! ¡Cada vez más!*

"Cada vez más" se convierte en un viaje eterno sin fin hacia una meta que nunca ha cambiado... un viaje sin distancia... solamente la experiencia sublime de saborear[122] a Dios y de entregar después ese gusto para probar todavía más. El Amor llega para sustituir al miedo. Y aprender a saltar para acoger el paracaídas[123] se convierte en un delicioso juego para jugar.

Cuando decidí permitir la crucifixión, salté.

¿Puedo encontrar en esto a mi Padre todavía más profundamente?

Para mí fue la culminación de una vida en la que desarrollé la confianza de que mi Padre siempre me agarraría[124]. Por cierto, ese viaje no ha terminado nunca. Y aquellos de vosotros que quisierais venir donde yo estoy, tened la seguridad de que es mejor que no perdáis ni un solo instante. Pues estoy continuamente muriendo más y más en Dios.

Por lo tanto, efectivamente, queridos amigos, acabaremos esta breve hora con esta sugerencia:

> *¿Dónde hay todavía miedo en mi mente? ¿Hay algo que todavía tema? ¿Acaso la muerte de un marido o una esposa? ¿El crecimiento de un hijo? ¿La pérdida de un trabajo? ¿No tener techo?*

¿Dónde está el límite de tu miedo?

¿Puedo imaginar mi vida sin un hombre? ¿Puedo vivir sin una mujer en mi vida?

¿Mmm? Esto no es más que algo sin sanar, lo que llamas asuntos paternales o maternales[125]. Es un problema de *autoridad.*

Los Despiertos moran solo con Dios. Ya no pueden comprender el poseer o el estar poseídos. Permiten todas las cosas, confían en todo. Aman sin reservas a quien se presenta ante ellos como la encarnación[126] de su mismísimo Amado[127] *–el contenido o esencia que es la presencia de Dios–*. Pues cuando miras a un hermano o hermana y solamente ves Cristo, has mirado con los Ojos de Cristo. Y Cristo simplemente ama.

Por lo tanto, efectivamente, queridos amigos, estad en paz.

Amén.

Lección 2, sección de preguntas y respuestas

Pregunta: Yeshua, ¿podrías ayudarnos a definir el Conocimiento o el Saber?

Respuesta: Ciertamente. El Conocimiento o el Saber es una cualidad inmediata de sentimiento. Trasciende los símbolos. El Conocimiento es el resultado de la revelación, y la revelación es siempre algo sumamente personal. Es decir, la revelación fluye a través de la brecha que parece existir entre la Mente de Dios y la mente del alma o de lo Creado. Los símbolos no pueden actuar de mediadores ya que están excluidos de la Realidad.

Si intentaras describir tu revelación deberías acudir inmediatamente al ámbito de las ideas y de las palabras. Las palabras son símbolos de símbolos y por lo tanto están apartadas de la Realidad por partida doble. Las palabras son símbolos de las ideas[128]. En la realidad no hay intermediarios[129]. Es inmediata. Todos vosotros habéis tenido muchas, muchas revelaciones. En un instante simplemente veis y sabéis,

¡Ah!, ya veo. Lo entiendo. ¡Ah!

Si alguien os preguntara,

Bien, ¿qué acaba de pasar?

entonces le llega el turno al *arte* de tratar de comunicarse mediante palabras e ideas para darle un significado a la revelación.

Es por eso que incluso los más grandes de vuestros místicos, los más grandes de vuestros maestros, han intentado expresar con palabras la esencia de su revolución o la revelación de su despertar (pues de hecho también es una revolución).

Todo lo que dije alguna vez cuando caminé por la Tierra como hombre, cualquier cosa que os haya dicho alguna vez, es un *habilidoso intento*[130] de utilizar símbolos para dirigiros hacia algún sentimiento sobre la revelación que ha tenido lugar en el interior de mi mente Crística. Es tal como es; no hay mucho que puedas hacer al respecto. El intento de comunicar requiere comunión. Y un maestro busca la manera habilidosa y guiada[131] de suscitar un estado de comunión entre su mente y la mente del estudiante, para transferir la esencia de la revelación.

El Conocimiento pues, no tiene nada que ver con la teología, la religión, ni con ningún texto que se haya dado. El Conocimiento o Saber es *inmediato*. Es un conocimiento por *ser* aquello que la mente trataría de conocer.

Cuando tocas la Mente de Cristo *la reconoces*. Porque todo tu ser[132], la mente, las emociones, la fisiología del cuerpo... todo cambia y se alinea. Y en ese momento no hay *ninguna posibilidad* ni incluso ningún *recuerdo* del miedo. No hay *nada más* que simplemente estar presente. Es atemporal, es eterno, es pacífico.

Por lo tanto, efectivamente, queridos amigos, entended que el Conocimiento es lo que buscáis. Y no obstante el Conocimiento realmente requiere que comencéis reconociendo que sois Cristo. Recordad siempre que este es el primer y más fundamental acto de purificación. Vuestra mente os dirá,

> *No, soy un miserable pecador. No, todavía no estoy ahí.*

Eso es pensamiento egoico. Debes darte cuenta y decir,

> *No. Esa no puede ser la Verdad sobre mí. La Verdad sobre mí es que soy el Santo Hijo de Dios... ahora.*

Acabas de arrojar una piedrita en el estanque que crea ondas que disolverán los patrones de miedo que una vez creaste para reemplazar la Verdad.

El Conocimiento y el Saber no tienen nada que ver con la creencia. Están más allá de la creencia –y podríamos decir más aún, del mundo de la mente–. El Conocimiento y el Saber no tienen nada que ver con la teología ni con la religión, y sí todo que ver con la Realidad.

Con esto debe bastar por ahora. Sugeriríamos que pensarais profundamente sobre lo que se ha dicho. Esto por sí mismo arrojará las piedritas en el estanque que ayudan a disolver la resistencia al Conocimiento.

Pregunta: A lo largo de los años hemos visto que mucha gente que parecía acertar con lo esencial de sus bloqueos[133] luego se detiene y después se aparta. Y algunas veces puede haber proyección, formación de "corales"[134]... e incluso ataque abierto. ¿Podrías hablar de qué es lo que está pasando... así como de cuál es la mejor manera de abordar eso?

Respuesta: Bueno, efectivamente, querido amigo, ¡yo nunca experimenté esto cuando estuve en el planeta! Mmm.

Recuerda siempre que el mundo es el intento de la mente de crear un *sustituto* del Reino del Cielo, de crear un sustituto de la Realidad. Es el *uso erróneo*[135] del poder. Es un *desperdicio* del puro regalo que el Creador le da al Creado. Es *sumamente* importante recordar que conforme camináis por la Tierra, en el mundo (y hay una distinción entre el mundo y la Tierra: el *mundo es lo que la humanidad ha fabricado por error*), conforme vais literalmente caminando por la calle, estáis atravesando un *campo de ilusión*[136] en el que el *miedo* parece dominar. Cuando todo el mundo está temeroso, todo el mundo creerá que todos son cuerdos y normales. Es simplemente lo que se ha tomado como norma. Y no obstante, el mundo es lo opuesto al Reino.

¿Por qué es importante esto? Si el miedo ha establecido un hogar en la mente, si cualquier mente se ha quedado enajenada[137] por el miedo y ni siquiera lo admite, se aferrará a la estructura de creencia de base[138] sobre la que se basa:

Soy culpable. Estoy separado de Dios. Por eso tengo que manipularte, porque no puedo confiar en Dios. No hallaré mi seguridad a menos que descubra cómo moldear el mundo para que me dé lo que creo que necesito.

El miedo tiene muchos hijastros. Todos ellos son despiadados. Y en el mundo encontrarás perversidad. Te la encuentras ahora mismo miles de veces *al día*: el dependiente de la tienda que parece estar ausente o que no está presente mientras colocas tus productos sobre el mostrador; el conductor que te toca el claxon porque vas cinco kilómetros por hora más lento de lo que a él o a ella le gustaría que fueras. Todo eso son expresiones de la locura del miedo. Pues donde hay Amor hay disposición a mostrarse y a estar totalmente presente en el cuerpo-mente. Donde el Amor está presente hay paciencia, confianza, permiso, gentileza. El mundo en el que vives está impregnado de miedo: eso es lo que hizo el mundo en primer lugar. Nunca niegues esto.

Lo que sucede, pues, es lo siguiente. *La primera parte de la mente en implicarse en el viaje espiritual es el ego.* Es el ego el que decide en primer lugar escuchar una cinta[139] de Yeshua Ben Joseph. Es el ego el que en primer lugar se abre a mi presencia. Es el ego el que en primer lugar elige *Un Curso de Milagros.* ¿Por qué? Porque el ego es el que está a cargo. Lo ha intentado todo. Se está acercando el momento de su muerte y disolución. Y por lo tanto considera la espiritualidad como el último intento *de poder adquirir poder y control.*

El ego siempre habla primero. Así pues, leéis un párrafo en *Un Curso de Milagros* y comenzáis inmediatamente a pensar en él, comenzáis inmediatamente a sentar cátedra sobre él. ¡Eso no es nada más que el ego! Aquellos que envaneciéndose se llenarían la boca con muchas palabras sobre el *Curso* son generalmente los menos interesados en *vivir* el *Curso.* ¿Lo ves?

Por lo tanto, lo que sucede es esto. Cuando cualquier mente comienza su "gran viaje espiritual" lo que realmente la dirige es la búsqueda de experiencias que *ella* ha decidido que le sentarán bien. Ahora bien, empezará a tener algunas experiencias. Irá a talleres. Leerá el *Curso.* ¿Y adivina qué? El Espíritu Santo la seduce. Tiene en efecto momentos de disolución, pequeñas muertes, "¡Oh!", el Espíritu se abre camino a través del ego. Así pues, el ego está intentando usar algo para su propio bien, sin siquiera darse cuenta de que es lo mismo que el Espíritu Santo empleará finalmente con éxito para destruir el ego, el control que el ego ejerce sobre la mente.

Sin embargo, imagina que eres el defensor de un castillo y que a su alrededor tienes dos mil hectáreas. Ahora bien, ahí fuera, en la periferia de tu dominio, de tu Reino, hay unas pocas pequeñas aldeas. Cuando el enemigo viene a atacar tu castillo y en un primer momento oyes que el enemigo se está acumulando en tus fronteras, aparece un ligero miedo:

Bueno, vale. Entonces le daremos algunas aldeas. No es poca cosa. Dejaremos que Gengis Kan se haga con la aldea del extremo más alejado.

Pero cuanto más cerca está Gengis Kan del castillo, más feroz parece ser, más murallas se levantan, más soldados cercan la fortaleza, más te preparas con tus cañones, armas mecánicas y lo que tengas. Harás cualquier cosa para defender el corazón del castillo.

Ahora bien, en Verdad, nunca hubo un Gengis Kan. Eran simplemente ángeles, montados sobre blancos caballos, para brindar pétalos de Amor y de sanación, que vienen para enseñarte que no necesitas construir ninguna fortaleza en absoluto, que puedes abandonar el castillo y vivir en las praderas en el Reino del Padre. Sin embargo, esos ángeles se han vuelto feroces monstruos que se parecen a Gengis Kan y que,

Sin duda, están ahí para destruirme.

Nunca subestimes la perversidad del ego. Esto sucederá una y otra y otra y otra vez. Pues, por un lado la mente egoica, que dice que está en un camino espiritual, se implicará en sus prácticas y –¡Oh!– solamente hablará y hablará y hablará y hablará, y leerá y estudiará, y viajará e irá a talleres. Hará todo eso sin nunca darse cuenta de que en realidad está tratando de defender su castillo interno –el lugar donde el ego todavía está al mando–.

Y conforme el Amor comienza a penetrar y a hacerse cargo de las aldeas, se acerca cada vez más. Y a veces el calor es demasiado. El poder del ego es todavía demasiado fuerte y rechaza al Amor. Ahora bien, ¿cómo alejas al Amor? Al *considerarlo* como algo distinto. Al verlo como Gengis Kan:

> *¿Cómo te atreves a cuestionar mis propias ideas sobre la sexualidad? Vaya, ¡sé la verdad! ¡Así es como tiene que ser!*

Y entonces, esa misma mente irá a un taller y oirá hablar de negación, proyección y ataque. Oirá todas esas bonitas teorías y,

> *Sí, sí. Ja, ja, ja, ¡ja! Oh, sí, bueno, mmm, mmm, mmm.*

¡Pero chico! Cuando su propio castillo interior es amenazado y la "reactividad" asoma la cabeza, y envía sus soldados a la muralla para impedir que pase Gengis Kan…

Se necesita mucha, mucha experiencia en el camino de la purificación para reconocer que *donde hay reacción, hay miedo. Lo que no es Amor es miedo* y nada más. En cualquier momento, cuando tienes enemistad con algún hermano o hermana, es decir, que te están alterando... cuando tienes un problema o una dificultad… y no acudes directamente a ellos sino que más bien buscas a otros para comentarlo, intentarás encontrar un cómplice –lo que habéis llamado "coral" o "estratagema"–:

> *Vamos a reunirnos y a cantar a coro los defectos de aquella persona. De esta manera ambos tenemos razón.*

En cualquier momento que pienses que tienes un problema con alguien, y no te dirijas a ellos directamente para comentarlo con franqueza, para comentarlo con el objetivo de favorecer el crecimiento y el aprendizaje, puedes estar seguro de que te has precipitado en tu castillo, has enviado a tus soldados a la muralla, y estás *retrasando* tu sanación y tu despertar. Cada vez que buscas un cómplice, tú has perdido y el ego ha ganado. ¿Por qué? ¡Porque el miedo ha ganado!

> *Oh, caramba. Realmente tuve ese problema. Cielos, lo que me hiciste me está alterando realmente. Pero no voy a hablar contigo sobre eso. Voy a*

buscar a otra persona que también esté alterada. Nos reuniremos y hablaremos sobre lo que te pasa, así podremos sentirnos seguros.

¿Dónde? Dentro del castillo de la ilusión.

Entonces, a medida que el Amor atraviesa los velos, las aldeas del reino del ego, se acerca cada vez más al castillo. El ego busca fortalecer sus fronteras. ¿Por qué? Porque el ego *es* el miedo mismo.

Se necesita *mucha* experiencia –*mucha* madurez– para poder *hacerse cargo realmente* del hecho de que lo que está ocurriendo bajo tu piel es *tuyo*. ¿Estás comprometido con el Amor, la sanación y el crecimiento? ¿O estás comprometido con el mantenimiento del statu quo? El miedo te atrapa [chasquido de dedos] ¡así de rápido! Provoca todo tipo de reacciones, proyecciones, ataques. Eso es simplemente la perversidad del ego demente.

Ahora bien, esto ha sucedido, como sabéis, en vuestro caminar conmigo, muchas veces, en concreto con dos de vosotros durante los últimos nueve años. ¿Por qué? Porque vuestro trabajo, tanto en vuestro interior como en el trabajo externo, el servicio que prestáis a los demás, consiste en la disolución del castillo. Esta es la esencia de Shanti Christo[140]: *la disolución del más profundo, del más interno reducto de poder desde el que el ego está dirigiendo el espectáculo.*

Esta obra en la que estoy comprometido con vosotros es *el trabajo más profundo posible*. Se trata *solamente* de la Expiación. La Expiación no es para hacerte sentir bien. Es literalmente para purificar la mente del control del ego, para que Dios pueda poseer, por así decirlo, tu mente, tu vida, tu ser… de modo que puedes volver a ser un creador de lo bueno, lo santo y lo bello.

Esto significa, en primer lugar, que esta obra atrae a quienes están en diversas etapas de su deseo de despertar. Muchos de ellos están en la etapa egoica. ¿Cuál es la etapa egoica de la espiritualidad? Es aquella en la que el ego sabe que lo ha intentado todo. Ha intentado hacer dinero. Ha tenido relaciones. Ha consumido las drogas de vuestra cultura. Ha visto demasiadas horas de TV. Lo ha intentado *todo* para continuar en el poder y percibe que quizás en la "vida espiritual" adquiera finalmente el poder que intenta tener sobre lo que percibe como el Gengis Kan en las fronteras de su dominio.

Por lo tanto, muchos se verán atraídos en primer lugar por mi mensaje a través de este, mi querido hermano –a través de las diversas formas de trabajo que os he aconsejado aprender, para fortalecer vuestras habilidades–. Pero el primer nivel de atracción es siempre *la búsqueda de un nuevo poder*. El rumor de la batalla llegará cuando las aldeas comiencen a ser atacadas. Y dependiendo de la fuerza que tenga el ego –sin importar cuánto camino se haya recorrido en el así llamado "viaje espiritual"– la fuerza del ego dentro del castillo será percibida por aquellos que se retiran, por aquellos que necesitan proyectar y atacar, aquellos que necesitan formar corales o estratagemas –esto son *signos*–. Puede que simplemente te enseñen a entender más profundamente los sutiles matices de cómo funciona la consciencia egoica, y esto a su vez mejora tu capacidad para enseñar.

Por eso, siempre que te sientas atacado, lo más importante en primer lugar es reconocer la mecánica que entra en juego.

> *¡Oh! Si alguien me está atacando, debe ser que tiene miedo, ya que solo hay Amor o miedo. Si percibo que tienen algún problema y no vienen a hablar conmigo de ello, esto solo muestra cuán profundamente está gobernando el miedo en su vida.*

Ahora bien, lo primero es pues la *compasión* y la *oración*. ¿Mmm? Verlos sanados, verlos plenos, pedir guía,

> *¿Debo hablar con ellos?*

Sí. No. El Espíritu Santo te lo comunicará.

Lo segundo es que, si me estoy *sintiendo* atacado, permíteme soltarlos, volver la atención hacia mí mismo,

> *¿Qué se siente atacado en mí?*

Pues solamente la consciencia egoica puede *verse* atacada. Cristo no puede ser atacado… es imposible. Cristo simplemente ríe. Cristo puede elegir apartar el cuerpo-mente de aquellos que son un peligro para el cuerpo-mente. Pero *Cristo* nunca se siente atacado. Así pues, es una gran oportunidad, y en este sentido se han convertido en tu salvador… no porque estén iluminados, sino porque puedes utilizar la situación para mirar más profundamente aquello de lo que todavía podrías tener miedo.

Ahora bien, ¿cuál es el meollo[141] de todo esto? Cualquiera que realmente desee a Dios buscará situaciones de enseñanza y de aprendizaje que literalmente creen un contexto donde se dé el mayor de los fuegos, la mayor de las purificaciones, el mayor de los calores. ¿Por qué? Porque quieren derretir el oro para que pueda ser remodelado por la Mano de Dios.

Si no experimentas que otras mentes te dicen que estás equivocado, si no experimentas que otras mentes se ven alteradas por la vida que estás viviendo, es mejor que lo mires de nuevo. ¿Qué te está realmente gobernando? ¿Tienes miedo de hablar y vivir tu verdad? ¿Tienes miedo de elegir el Amor en lugar del miedo? ¿Tienes miedo de parecer diferente a otras mentes? La verdadera mansedumbre salta a la vista, porque los mansos saben que no saben. Los mansos confían en el Espíritu Santo. El *ego* busca gustarle a los demás. El *alma* solo desea Dios.

Por lo tanto recuerda que cuando te atacan tienes, en la palma de tu mano, una gran joya que no tiene precio. Pues puedes profundizar en tu propia encarnación de la Consciencia Crística. Puedes aprender más profundamente los sutiles matices de cómo la consciencia egoica domina la mente, ya sea la tuya o la de otros. Puedes aprender, y aprender, y aprender… y así volverte un maestro mejor, capaz de servirle a la Expiación.

Ahora bien, volviendo a nuestra analogía de Gengis Kan atacando el reino, piensa en todas las cosas como vibración de energía. Cuando dos personas entran en relación, o cuando diez mil entran en relación, lo hacen porque hay un cierto nivel de acuerdo o de resonancia. Ahora Gengis Kan puede entrar muy lejos en el reino, y todo el mundo en el reino y en el castillo está relativamente de acuerdo:

Sí, sí. Bueno, la guerra está allá, en los confines de nuestro reino. Todavía podemos estar de fiesta. ¿No es esto genial? Oh, sí, ¡ja, já, já!

Gengis Kan se acerca más. Y ahora cada mente debe hacer una elección:

¿A qué estoy comprometida?

Si por ejemplo hay conflicto en una relación, si una mente en la relación se niega a acudir a la otra y decir:

Vaya, realmente estoy teniendo esta dificultad. Necesitamos tratar esto, porque reconozco que si tengo un problema hay algo aquí que necesito aprender.

Si no están dispuestas a hacer eso, han llegado a su límite, lo que habéis llamado el meollo de su bloqueo[142]. Han mirado en su interior, la situación ha sacado algo a la luz, pero ahora toman una decisión… sin percatarse siquiera de que la han tomado. Su elección es defender su castillo. Entonces, se alejarán. Se alejarán y formarán corales y estratagemas, proyectarán, atacarán, lo que sea. Todo es una locura inofensiva. Solo significa que han perdido una oportunidad y tendrán que volver en otra ocasión, mediante experiencias más dolorosas, para afrontar el mismísimo problema por el que no están dispuestos a pasar. Han llegado al límite de su anillo de miedo, y el miedo ha ganado la partida.

Esa es su pérdida. Pero no necesita ser la tuya. Pues cualquiera, en cualquier momento, es *libre* de aprender más profundamente sobre el perdón y el Amor, sobre la paciencia, sobre el permiso, sobre el proceso de trascender, sobre el proceso de maduración a la hora de encarnar a Cristo. La mente que alcanza una cierta etapa de madurez ya no está interesada por la proyección y el ataque –de hecho comienza a disfrutar de ello–. Pues esa mente sabe que si está activando a otras mentes, un poder mayor debe estar haciéndose patente a través de ella. ¿Lo entiendes? El ego busca seguridad. La Mente de Cristo sirve a la Expiación –y se divierte haciéndolo–.

Ahora bien, esto significa que en las etapas de Shanti Christo, en este trabajo que comenzó hace unos nueve años, diez desde el día en el que contacté por primera vez con este, mi querido hermano, la meta ha sido siempre cumplir mi acuerdo con él... el acuerdo de llevarle plenamente a la Consciencia de Dios, caminar con él hasta que mi obligación como maestro suyo haya terminado. Ahora bien, dentro de eso, el efecto secundario es crear una obra que facilite un contexto en el que otros *también* puedan unirse a mí, puedan unirse en el proceso del despertar. Eso es Shanti Christo, la creación de un contexto que puede invitar a toda la humanidad, a la familia de la humanidad al completo, al proceso de disolver el castillo más profundo donde el ego ha construido su fortaleza. Para eso es para lo que debe servir en todo momento. Esto significa que... cuanto más intensamente estéis llevando a cabo eso, tened la seguridad de que eso significa que lo más probable es que encontréis personas yendo y viniendo, y que os encontréis a vosotros mismos ahí proyectados[143]. Siempre ha sido así en el mundo, donde algún Rayo de Luz se vuelve muy fuerte y muy claro. ¿Lo ves?

Así pues, en el futuro… aquellos de vosotros… y habrá cada vez más interactuando con vosotros en niveles de compromiso cada vez más profundos y más maduros… cuando veas que te atacan en el mundo, *recuerda que esto necesariamente significa ¡que vas por el buen camino!* Esto no significa que vayas a ser destruido. Nadie va a destruir este trabajo. No significa que vayas a ser herido. No puedes ser herido. Vas a conseguirlo. Simplemente significa que así es como son las cosas cuando la Luz penetra en la oscuridad. Cada mente *debe tener libertad para* proteger su castillo, para esperar otro día, o para optar por acceder a una madurez más profunda, a un compromiso más profundo con la gran disolución y muerte del control egoico que requiere el crecimiento en la Mente de Cristo.

Así pues, que no os importe si la gente viene y va. Simplemente amad y seguid creciendo en Cristo. La única razón de que hayáis alcanzado el nivel de mentalidad-milagrosa y del éxito logrado es porque habéis madurado lo suficiente como para reconocer que este viaje debe ser en primer lugar *vuestro propio* viaje.

Permitid que cada ser que venga para unirse con vosotros recuerde que el creciente éxito de Shanti Christo requiere el *compromiso* de penetrar en sus propios castillos… ya sean vuestros empleados, ya sea el Gabinete Directivo, ya sean vuestros miembros. Aquellos que dicen que desearían ver el éxito de esta aventura *deben* estar plenamente comprometidos en el proceso continuo de *dar nacimiento al Cristo en ellos mismos.*

¿Esto responde suficientemente a tu pregunta?

Respuesta: Sí.

Lección 3

Ahora comenzamos.

Y efectivamente, saludos para vosotros, queridos y santos amigos. Venimos para morar con vosotros –venimos para morar con vosotros a través de este, mi querido hermano– para haceros partícipes[144] una vez más de *La Vía del Conocimiento.*

Recordad siempre que el Conocimiento es perfectamente cierto[145]. Es aquello que es inmutable, invariable e inalterable[146] para siempre. El Conocimiento *es* la Realidad, y la Realidad es Amor. El Conocimiento es la esencia de vuestro ser –Conocimiento, la esencia de vuestra alma–.

Si alguien os dice,

no sé,

es mentiroso e hipócrita, aunque no os sugeriría que usárais esos términos en vuestra comunicación con esa persona. Más bien, y ya sea en vuestra propia vida o en relación con un amigo, siempre que parezca surgir la *duda* en la mente, recuerda solamente esto: esa mente no está eligiendo en ese momento la Realidad. Por lo tanto debe estar eligiendo alguna otra cosa. Y esa otra cosa solo puede ser esa experiencia, ese mundo del ego. Pues usamos el término "ego" para referirnos a ese estado de discernimiento[147] que se caracteriza por la *confusión* que lleva *la máscara de certeza.* Siempre que alguien os dice,

no sé.

Cada vez que surge en vuestra propia mente el pensamiento,

no sé,

tened por seguro, que en ese momento, esa mente –vuestra mente– está eligiendo ser *distinta* de lo que ella es.

¿Y qué es entonces lo que sabéis?

Yo y mi Padre somos Uno. Estoy íntimamente conectado con esa mismísima Fuente de la cual han brotado todas las cosas.

Como esta es la Verdad, como esta es la Verdad de vuestro ser, esto significa que en cualquier situación que requiera una decisión, tenéis acceso en vuestro interior al Conocimiento Perfecto. Y el Conocimiento Perfecto busca extenderse a Sí Mismo. Y la extensión requiere el ámbito de la manifestación, el ámbito de la forma, el ámbito de la individuación. Por lo tanto, *vosotros* –como un cuerpo y una mente morando en el espacio y el tiempo en un diminuto planeta–, *vosotros sois* la decisión de la Realidad de manifestarse a Sí Misma en la forma, y por ninguna otra razón que la de extender Su propia naturaleza. La felicidad del alma depende de su decisión de extender solamente Amor[148]. Puesto que *vosotros sois* la manifestación de la Realidad Misma[149], del Conocimiento Mismo, del Amor Mismo, eso significa que en todo momento hay en vuestro interior una parte de la mente que todavía permanece libre de la autoridad del ego –esa parte en la que ya mora la *paz perfecta*; esa parte de la mente en la que ya mora la *certeza perfecta*; esa parte de la mente en la que ya mora la *disposición a extender Amor sin apego*–. Ya existe en vuestro interior esa parte de la mente que puede proporcionaros la respuesta a cada decisión, la respuesta que ayuda a *extender Amor*, primero hacia vuestro propio ser[150], y después a través de él. Pues solo podéis *dar* lo que primero *recibís*. Y en vuestro dar, vuestro recibir se ve consumado[151].

Por lo tanto, efectivamente, queridos amigos, si quisierais entender cuál es el propósito de vuestra vida, es muy simple. Al ser solamente Amor, no podéis tener otro propósito que el de extender el tesoro de vuestro mismísimo Yo o Ser[152]. Cristo es la única creación de Dios. Cristo es ese medio[153], por así decirlo, a través del cual, la Fuente insondable, misteriosa, más allá de la comprensión, que he llamado *Abba* (y que recibe muchos nombres), se extiende a Sí Misma en la creación de las formas transitorias para reflejar, a través de todo el universo, aquello de lo cual está hecho el Universo Mismo –que es de donde proviene, lo que lo envuelve interiormente, y adonde regresa eternamente–[154].

Como *tú*, como una ola para el océano, has sido concebido a partir de esa Realidad, emergiendo de esa Realidad, eres unidad con ella. Por lo tanto *eres* Cristo Eterno[155]. Eso es para siempre así. Dentro de ti, pues, incluso en este mismo instante, mora una parte de la mente que ya sabe la verdad que libera todas las cosas. A esa parte de la mente se puede acceder en *cualquier* momento, por *cualquiera*, bajo *cualquier* circunstancia. No se requieren años de cultivo, aunque en el campo del tiempo puede parecer que te vuelves cada vez mejor en eso, simplemente porque estás disfrutando de ello cada vez más y das cada vez menos valor a las maneras egoicas de tomar las decisiones, basadas en el miedo.

Esa parte de la mente es como un canal vacío y abierto. Nada puede enturbiar su pureza *–nada–*. Nada que hayas hecho alguna vez, nada que alguna vez hayas pensado, nada que hayas creado alguna vez erróneamente, enturbia el perfecto silencio, la absoluta pureza, de tu conexión con la Fuente de tu ser. Pues el Amor siempre está conectado Consigo Mismo.

Entonces ¿qué significa esto? Primero, cualquiera que se involucre realmente en *La Vía del Conocimiento* debe tomar la decisión de aceptar la Expiación para sí mismo:

> *Soy Uno con mi Creador –ahora–. Elijo cumplir mi propósito al extender solamente el reflejo de mi Yo o Ser*[156]*, y soy solamente Amor.*

En segundo lugar, cualquier persona que quiera involucrarse en *La Vía del Conocimiento* debe también mirar y aceptar el hecho mismo de que su atención está implicada en el mundo del espacio y del tiempo, en el mundo del propio cuerpo. Pero en *La Vía del Conocimiento*, el mundo del espacio y del tiempo se *ve* de forma diferente. Más que como algo que existe *externo* a la propia mente –algo que tiene un poder sobre la propia mente, algo que, por lo tanto, debe ser temido... algo a lo que uno debe amoldarse[157]– las cosas del espacio y del tiempo se ven y se acogen como algo que el Creador le da al Hijo, o a la Hija, para servir de instrumento de ayuda a Cristo en la extensión del Amor… ya sea un lápiz, un ordenador, una salida al supermercado, una fiesta a la que invitas a los amigos a venir a jugar. Todas las cosas llegan a considerarse finalmente con un solo propósito: *la extensión del Amor.*

Imagina que un empresario está negociando el cierre de un trato y acude a esa parte de la mente que está cuerda y dice,

> *¿Qué precio debería ponerse a esta tierra que estoy a punto de vender a esta otra empresa?*

Y aunque sus contables y sus agentes inmobiliarios le hayan estado diciendo que la propiedad bien vale su millón de dólares... él acude a su interior, y la respuesta llega,

> *Pide solo 250.000 dólares, y pide que otros 300.000 sean donados a tal organización de caridad.*

En *vuestro* mundo, que es el mundo de la locura, el empresario diría,

> *Oh no, no puedo hacer eso, no puedo escuchar a esa voz.*

Pero en *La Vía del Conocimiento,* en la vía de la iluminación, el empresario sonríe y dice exactamente lo que ha recibido. Cuando el impacto en los rostros de las otras personas se calme, les hará muy felices saber que se han ahorrado una gran cantidad de dinero, pues en *su* mundo creen que la única manera de *tener* es *poseer.* Pero en *La Vía del Conocimiento,* y en la vía de la Realidad, la única manera de *tener* es *dar.*

Ahora bien, tú eres como ese hombre de negocios. Moras en un mundo en el que *el negocio o el asunto de tu Realidad es extender solamente Amor.* Por lo tanto, no le temas al mundo. Pues el mundo del espacio y del tiempo, cuando se ve a través de los ojos del alma iluminada que acepta su unidad con Dios, es un mundo perfectamente benigno, y no tiene *ningún otro propósito que no sea el de servir a Cristo en la extensión del Amor.* Y es por eso que cualquier persona que responde solamente a la Voz del Amor se encuentra milagrosamente con que el Universo acude para sostenerla de una manera que la mente egoica nunca puede entender. Los milagros ocurren efectivamente cuando la Creación fluye desde una mente que no está comprometida[158] con las presiones de intentar hacer que la vida siga el camino que ella cree que necesita seguir.

Y es aquí donde comenzamos a tocar la esencia de mi enseñanza,

No necesito hacer nada.

Este no es, por cierto, un estado pasivo de simplemente aceptar el hecho de que:

No necesito hacer nada, y simplemente haré acto de presencia, seguiré mis impulsos y no pensaré ni cuestionaré demasiado profundamente lo que estoy haciendo. Realmente no necesito hacer nada, ya que nada de eso importa.

No se trata de eso en absoluto. Conlleva aprender y dominar muy *activamente* el arte que realmente necesitas para no hacer nada[159]; encontrar esa espaciosidad interior en la que estás dispuesto a permitir que ese canal dentro de ti, que está eternamente conectado a tu Fuente sea el vehículo a través del cual recibes tu guía, en el puro reconocimiento de que no tienes otro propósito que el de extender Amor.

Tu objetivo no es sobrevivir como cuerpo-mente. Tu objetivo no es conservar la misma casa que has tenido durante los últimos veinte años. Tu objetivo no es mantener una relación con esta o aquella persona durante el resto de la vida del cuerpo-mente. Tu objetivo no es llevar a cabo grandes cosas. Tu objetivo no es ser rico. Tu objetivo *no es otro* que ser ese canal a través del cual el Amor se extiende a Sí Mismo.

Cuando llegas a permitir, realmente, que el Amor sea tu gran Amor[160], cuando dejas de lado todos los demás ídolos –la necesidad de conservar la casa, de tener cierta cantidad de dinero, de tener ciertas personas en tu vida–, cuando entiendes que todo eso forma parte del mundo de la ilusión, cuando llegas a amar al *Amor*, has llegado a amarte a *ti mismo*. Pues tú *eres* Amor, y solo eso. Y cuando llegas a amar al *Amor* como tu Bien Amado, cada vez más, descubrirás cada vez más, que eres guiado por un camino de milagros, en el que un poder mayor, por así decirlo, parece estar extendiéndose a través de ti. Comenzarás a presenciar que el Universo parece sostenerte cada vez más de una manera que nunca podrías haber imaginado.

Partiendo de eso, podrías efectivamente ver cómo cambia la vida del cuerpo-mente –el coche que conduces, el hogar donde vives, la calidad de los seres que llegan a tu vida–. Y no obstante, no estarás apegado a esas cosas, pues no las verás como fines en sí mismas, sino simplemente como la prueba de que la gran Sabiduría del Amor, que subyace a todas las cosas, te conecta a nuevas formas, nuevos contextos, porque Ella sabe que ahora puede fluir *a través de* ti con más poder, con más certeza, con más madurez, con más sabiduría.

Por lo tanto, no te afanes en añadir ni siquiera un milímetro a tu estatura para mejorar tu vida, sino más bien, procura mejorarla *constatando tu naturaleza como Amor*. ¿Cómo haces eso? Al reconocer que en cada instante estás en el lugar y en el momento adecuados. Y *ese* es el instante en el que el Amor puede ser recordado, puede ser restaurado y puede ser extendido. *Ese* es el instante en el que puedes decidir escuchar solamente la voz en tu interior que sabe cómo extender Amor.

Queridos amigos, en *La Vía del Conocimiento* la ilusión de que hay algo que buscar se desvanece. En *La Vía del Conocimiento* la mente se libera de la percepción errónea de que algo va mal en el mundo[161]. La mente está tan liberada que sabe que si elige el Amor, si sigue a la misteriosa, la calmada voz en el interior de su propio corazón, que las elecciones que hace, las decisiones que adopta, la acción que emprende, los pensamientos que piensa, no pueden sino servir para el despertar ulterior de cada persona y de cada cosa, pues así de *perfecto* es el Amor que abraza la totalidad de la Creación[162]… ¡Dios!

Me habéis oído decir, por lo tanto, muchas veces, que siempre que reconozcáis un pensamiento temeroso, eso solo puede significar que no estáis pensando "correctamente", es decir, que no estáis pensando con la Mente de Dios. Y Dios no es sino Amor. Si un día te llegara un millón de dólares, como Cristo dirías:

Esta debe ser la experiencia perfecta para mí ahora. ¿Cómo puedo extender Amor en este momento?

Y si al día siguiente tu cartera está totalmente vacía, la Mente iluminada de Cristo dice:

Este debe ser el acontecimiento perfecto para mí para experimentarlo ahora. ¿Cómo puedo extender Amor en este momento?

Lo cambiante nunca puede ser la fuente de paz. El mundo de la forma... ya sea dinero en un banco, casas, coches, personas, amigos, amantes, mascotas, plantas y todo lo demás... el mundo de la forma, en sí mismo, nunca puede ser la fuente de la libertad perfecta. Esas cosas surgen y desaparecen, y son como sombras efímeras, hililllos de espuma danzando sobre un océano. Cuando la mente se identifica con la *forma*, esa mente *sufre*. Cuando la mente se libera del apego a la forma, es libre, pues solamente se identifica con el *contenido* o, simplemente, con la Realidad del Amor.

En cualquier momento tienes dentro de ti el poder de experimentar la Realidad del Amor, sin obstáculos, sin intermediarios *–ahora–*, sin necesidad de medios mágicos, sin necesidad de que el Universo se organice a sí mismo de una manera determinada, sea cual sea. En cualquier circunstancia tienes en tu interior el poder de decidir *sentir* y *experimentar Amor*, literalmente. El Amor es pues una decisión. No es algo que se gane[163], y no es algo creado. Es eso que está eternamente presente *ahora* como la identidad misma de tu ser, la vida misma de tu ser, la existencia de tu ser.

Una vez le dije a este, mi querido hermano:

Quédate simplemente de pie, con los brazos extendidos y las palmas de las manos hacia arriba. Abre el corazón profundamente y pregunta o pide lo que sea que quieras preguntar o pedir. Y se te responderá o se te dará. Pero hazlo como el Cristo Despierto, pidiendo o preguntando desde ese lugar que reconoce que solamente el Amor es Real.

Por lo tanto, dedica solo un momento, ¡*justo ahora*! Ponte en pie dondequiera que estés y extiende tus brazos con las palmas hacia el Cielo[164].

Piensa en tu propio corazón solo un instante y simplemente pide *sentir* y *conocer* la Realidad de la presencia del Amor. Respírala en tu corazón. Abre las células del cuepo. Abre la mente y simplemente *recibe* lo que está disponible.

¡Bien! Y ahora puedes permitirte sentarte de nuevo, si lo deseas, o continuar de pie. Si crees que "no lo conseguiste", simplemente te estás engañando a ti mismo. Solo se requiere esto. Entonces quizá deberíamos darte esto como una meditación para practicar en *La Vía del Conocimiento.* Levantaos de vuestras sillas y por lo menos una vez al día poneos en pie con los brazos extendidos y las palmas hacia arriba y simplemente decid:

Me abro y recibo la Realidad del Amor para mí Mismo, para mi Ser —¡ahora!—.

Ves, el *Amor por tu Ser*, el *Amor por ti Mismo*[165], es el camino hacia la paz perfecta. El Amor a sí mismo abre todas las puertas. El Amor a sí mismo disuelve toda ilusión. No estoy hablando del amor por las ilusiones de la mente egoica, con las que te has identificado. No te estoy diciendo que digas:

Me amo porque ahora tengo x cantidad de dinero en el banco. Me amo porque tengo un maravilloso esposo o una maravillosa mujer. Me amo porque tengo un perro genial.

No.

Me amo a mí Mismo, amo a mi Ser.

El Ser que está más allá del tiempo es ese Ser, ese Yo, del cual ha surgido incluso el cuerpo. Siempre que tengas dudas, siempre que tu energía parezca disminuir, prueba con una dosis de *celebración*. Una simple dosis de celebrar que estás en un Universo perfecto, que moras como Amor, y que el hecho mismo de que tengas un cuerpo, que ha surgido a partir de la consciencia para poder ser usado con el fin de extender solamente Amor, es algo muy milagroso. Y eres libre de celebrar esa Verdad simple y esencial en cualquier momento. Luego pregunta:

¡Genial! ¿A quién le puedo extender Amor ahora? *¿Cómo puedo experimentar Amor* ahora?

Todo es mucho más simple de lo que crees.

En *La Vía del Conocimiento*, hay Conocimiento. Si esta frase te parece desconcertante contémplala como una meditación:

En La Vía del Conocimiento, *hay Conocimiento*[166].

No se puede actuar desde un estado de consciencia que sea más poderoso que el del Conocimiento. Pues efectivamente, queridos amigos, si realmente os aceptarais como Cristo, sabríais que no podéis fracasar. Y si no podéis fracasar, ¿qué haríais con vuestro tiempo? Si supierais que no podéis fracasar, que el Universo os apoyará completamente en todo momento si elegís actuar, hacer, pensar *solamente* de una manera que extiende Amor, ¿estaríais viviendo donde vivís ahora? ¿Estaríais haciendo con vuestro tiempo lo que ahora estáis haciendo?... pues muchos de vosotros creéis que debéis sobrevivir *primero*, para encontrar una manera de enseñar solamente Amor.

En *La Vía del Conocimiento* la Mente de Cristo reconoce que no tiene ningún otro objetivo que el de extender Amor. El cuerpo-mente no necesita sobrevivir nada más que el próximo momento, si en ese próximo momento has extendido Amor y tu guía es,

Es el momento de ser llevado por un rayo[167].

Los que saben que solamente el Amor es Real no se preocupan por lo que comen o lo que beben, pues esas cosas entran en el cuerpo y salen a través de él. Solo les interesa si eso que consumen o no en provecho del cuerpo, es consumido con Amor. Pues el *Amor* es lo que permite la transmutación de todo lo que entra en el sistema físico y permite que se convierta en lo que sustenta la totalidad energética del sistema físico en sí[168].

Por cierto, es mucho más importante tener para desayunar lo que llamáis una botella de whisky escocés[169] en un estado de Amor Crístico, que tener esparcidas delante de ti nueve mil pastillas de vitaminas con un diminuto pensamiento temeroso. Esto es solamente un inciso y algo para que reflexiones.

Para que veas, es el miedo lo que hace que seas incapaz de digerir lo que pones en el cuerpo –el cuerpo de las emociones o el de la mente–. Es lo que provoca estrés en el sistema sutil del cuerpo: del cuerpo emocional, del cuerpo mental, del cuerpo causal –de los cuerpos sutiles no-físicos–. Lo que causa el mayor problema es tu rechazo de digerir lo que has tomado. Y así como el alimento es una sustancia física que se mete en el cuerpo, una *experiencia* de cualquier tipo es un "alimento" que ha sido convocado hacia el alma. Cualquier cosa que surja que no pueda pasar a través de ti, mediante tu disposición a acogerlo con Amor, a sentirlo completamente, provocará "indigestión" en los seres o cuerpos físicos, emocionales, mentales y causales.

Por lo tanto, ciertamente, queridos amigos, aprended a digerir todas las cosas con Amor. Aprended a digerir el atasco de tráfico con Amor. Aprended a digerir la muerte de una mascota con Amor. Aprended a digerir una manzana con Amor. Aprended a digerir un pensamiento hiriente con Amor. Aprended a digerir una percepción errónea de que hay algo equivocado en el mundo que os rodea con Amor. Transformad todo mediante el poder de vuestra única Realidad.

Y ahora, nos gustaría variar, aunque sea un poco, y pediros que os unáis a nosotros porque quiero preguntaros: ¿Qué es lo que habéis rehusado digerir en *esta única encarnación*? ¿Es una injusticia que atribuís a vuestra madre o a vuestro padre? ¿Es ese mal momento que pasasteis cuando no contaron con vosotros para un posible ascenso? ¿Qué hay en vuestra vida que sigue sin ser digerido?

¡Ahí lo tienes! Algo ha llegado a la mente. Confía en ello. Permanece con ese único pensamiento, esa única imagen, ese único recuerdo. Pues ha surgido en la mente consciente para ser sanado y transformado *ahora*. Pon tu atención en él en este mismo instante. Contémplalo, respíralo con el cuerpo, y di simplemente en tu interior:

Elijo digerir plenamente esto ahora, brindándole Amor, amando realmente el acontecimiento tal como fue –amando la imagen, el recuerdo, el pensamiento, tal como es–.

Si lo deseas puedes ponerte de pie con los brazos extendidos y las palmas hacia el Cielo y recibir el Amor que transmuta todas las cosas. ¡*Respira* ese Amor! *Siente* ese Amor en y a través de esa imagen, de ese recuerdo, de ese sentimiento –lo que sea que te esté ocurriendo–, hasta que literalmente se disuelva. Y si sientes que eso no sucede, incluso en tu cuerpo, entonces hay una parte de ti que se *resiste* a soltar lo que no ha sido digerido. Si ese es el caso necesitas preguntarte:

¿Por qué necesito mantener mi percepción ilusoria de este acontecimiento?
¿Qué hay en mí que esté comprometido a retener mi Amor?

Si lo deseas, te recomendamos encarecidamente que dediques un poco de tiempo cada día a hacerte la misma pregunta:

¿Qué es lo que no he estado dispuesto a digerir sobre esta vida y sobre este mundo? ¿A dónde estoy rechazando llevar mi Amor?

¿Es a tu gobierno? ¿Es a la administración de impuestos? ¿Mmm? ¿Es al compañero? ¿A los hijos? ¿A la mascota? ¿Al sistema escolar? ¿A qué no has estado dispuesto a brindarle Amor?

Pues ves, el mayor gozo en la vida está en ser el Amante de la Vida. Pues cuando amas, experimentas Amor. Por lo tanto, haz a los demás lo que te gustaría que te hicieran. ¿Y no es ser amado? Y cuando eliges amar en todo momento, eres tú el primero que recibe los beneficios del amor. Es una experiencia inmediata que no se te puede quitar. En cualquier momento en que así lo desees, eres libre de "darte vida a ti mismo"[170] eligiendo solo Amor. En cualquier circunstancia eres la presencia de aquel a quien se le ha dado todo el poder del Cielo y de la tierra, no solo para extender Amor como un deber, pues no es un deber, sino un *placer*. Es el *placer supremo*, que se puede experimentar en la profundidad de cualquier mente, ya sea que esté en el mundo del espacio y del tiempo, o bien, como yo, fuera de él.

Tú eres aquel que puede experimentar Amor y permitir que la copa rebose. Eres aquel que puede *disfrutar* de todos y cada uno de los momentos sin importar las circunstancias. Pues las circunstancias solo son las interpretaciones de la mente egoica. Todos los acontecimientos son neutrales. Están ahí para que tú los *ames*, ¡para que puedas experimentar Amor! Así de simple es realmente. Siempre ha sido así, y nunca cambiará. Tú eres el Amante. El mundo puede ser el reflejo de tu Amado[171].

Permite pues que cada momento te sobrevenga en el disfrute simple, calmado e interior que proviene de la decisión de *amar*. Amar sacar la basura. Amar la lluvia que golpea en la ventana. Amar el llanto del niño. ¡Amar, amar, amar! El amor abraza todo, permite todo, confía en todo y por lo tanto lo trasciende todo. Y ese es el poder que mora dentro de ti cuando finalmente eliges ser Aquel que Sabe.

Entonces, contempla bien este día, y aprovéchalo. Queridos amigos, *¿respecto a qué* podéis simplemente cambiar de opinión y llevar Amor a eso a lo que se lo habéis estado retirando?

Bueno, tengo que ir a la oficina.

¡No es así! Estás *eligiendo* ir a la oficina. ¡Por qué no amarlo!

Oh, queridos amigos, ¿dónde se os presentan ahora oportunidades para experimentar el Amor recorriendo cada célula de vuestro ser? ¿Qué puede evitar que experimentéis Amor sino vuestra propia decisión? Pues en *La Vía del Conocimiento*, la Mente de Cristo liberada sabe,

No hay nada fuera de mí.

Y con esto, la paz sea contigo siempre, Oh Santo Hijo de Dios.

Amén.

Lección 3, sección de preguntas y respuestas

Pregunta: ¿Cómo puedo seguir amándome si no me reservo un poco de amor para mí mismo?

Respuesta: Efectivamente, querido amigo, esta es una cuestión bien planteada sobre un tema muy sutil, pero importante, conforme se vive una Vida plenamente Crística. Cuando dije que no te reservaras ni un solo "amor" para ti mismo, me refería a que la mente egoica mira cualquier forma, ya sea una persona, un lugar o una cosa, y proyecta su amor sobre ello y luego lo percibe erróneamente como la fuente del Amor.

No hay nada fuera de ti que sirva como una fuente de Amor. Uno de los grandes trucos de la mente en la experiencia humana, es que cuando la mente experimenta Amor, se olvida de que Lo está experimentando porque está tomando la decisión de hacerlo. Entonces cree que hay algo fuera de ella misma que ha tenido el poder de cambiar su propio estado. Pero esto no es así. Por lo tanto, aquellos "amores" se convierten en apegos. Son ídolos. Y esa podría ser otra palabra para referirse a ese amor que no deberías reservarte para ti.

No hagas un ídolo de eso mediante lo cual has experimentado Amor. No hagas un ídolo de ese gran amante que te ha proporcionado diez mil orgasmos en una sola noche –¿Mmm?–. No guardes ese amor para ti mismo. No intentes poseerlo por tus propias razones egoístas. No intentes poseer el dinero que te llega y acumularlo por si llega un mal día. Pues eso solo te asegura que vas a experimentar un mal día.

No te quedes con un único amor para ti. ¿Cómo puedes, entonces, experimentar amor por ti mismo, si no te guardas ningún "amor" para ti? Querido amigo, la respuesta es justo la opuesta. ¿Cómo puedes experimentar amor por ti mismo cuando estás atrapado en tratar de poseer los amores que querrías ver como fuera de ti mismo? El amor por ti mismo requiere que entregues el apego a las ilusiones que te has formado sobre esas cosas –personas, lugares o cosas– que crees que son fuentes de Amor. Piensa sobre ello. Es un giro de ciento ochenta grados.

No te amas, como ves, al traer a tu vida más cosas de las que dices que te gustan. Ese es un gran error. Si dices,

Oh, me encantan los zapatos.

Entonces comprobarás que la cualidad de ser zapato[172] es una fuente de poder mágico que puede desencadenar en ti un cambio en el corazón y en la mente. Y luego tomarás el dinero que fluye hacia ti y cada vez que tu energía disminuya pensarás,

Oh, ¡zapatos!

Y saldrás corriendo a comprar otro par más para obtener una solución provisional.

Creerás que te has amado a ti mismo al darte las *cosas* que crees que amas. Eso no es verdadero amor por ti mismo, aunque es un gran punto de partida cuando estás tratando con alguien que está totalmente loco; es decir, totalmente capturado en la consciencia egoica –tanto que ni siquiera quiere permitirse disfrutar de su estado egoico de consciencia–. Es muy sabio, pues, decirle a alguien,

¿Te gusta el helado? Muy bien, date total permiso para tener todo el helado que quieras.

El helado no es lo que importa. Lo que importa es el acto de reconocer y volver a cultivar la capacidad de *sentir* y *recibir disfrute* –y eso es todo–.

Pero a medida que eso comienza a madurar empiezas a penetrar y ver la transparencia de las cosas del mundo. Llegas a entender que puedes disfrutar al respirar profundamente, extender los brazos con las palmas de las manos hacia arriba y recibir Amor. No tiene por qué cambiar nada alrededor de ti. No tienes por qué comer nada. No tienes por qué practicar sexo. No tienes por qué lograr algo grandioso en el mundo. Solo necesitas recibir la presencia del Amor.

Asi pues, el amor por ti mismo crece realmente más cuanto más sueltas el apego a los ídolos de amor que has creado en el mundo. Por ejemplo, una mujer que "ama" su jardín en el patio porque *eso* le hace disfrutar mucho –esto no es totalmente cierto–. Ella *decide* disfrutar de la jardinería, mientras que el vecino de al lado puede que solo tenga el jardín para intentar aparentar, pero odia cada momento que pasa en él.

No es el jardín lo que crea el gozo. Es la *decisión* de aportar gozo a la actividad de cuidarlo. Y luego, ves, la mujer no puede salir nunca de su casa, no puede alejarse, porque,

> *¡Oh, Dios mío! No puedo abandonar mi jardín. ¡Es la fuente de mis mayores alegrías!*

Y esa mujer permanece en la misma casa hasta el día de su muerte, abandonando su sueño de ver Europa, abandonando su sueño de nadar con un delfín. ¿Por qué? Porque el jardín se ha convertido en la cosa con el poder de brindarle alegría.

> *No retengas nada amado para ti mismo*[173].

Suéltalo. Deja que se vuelva transparente. No te apegues a ello. Aprende a reconocer que en cualquier momento dado, cuando experimentas Amor, es porque así lo has *decidido*. *Tú* eres el que ha aportado el disfrute al contexto del momento. La cosa, en sí misma, es neutral. El poder no está fuera de ti.

¿Cómo puedes entonces soltar las cosas amadas del mundo que has creado, y seguir todavía amándote a ti mismo? Llevando a cabo lo que acabo de compartir contigo, meditándolo, poniéndolo en práctica, reconociendo cada vez más profundamente que cuando estás haciendo lo que amas es porque primero has decidido abrir tu corazón al Amor y luego emprender la acción. Si te gusta cantar, lo que está presente primero es el Amor, y después, cantas. Cantar no es lo que causa el amor por ti mismo.

Por lo tanto, efectivamente, querido amigo, reflexiona bien lo que acabo de compartir contigo, pues la gran paradoja de la Mente Crística mística está en entender que no hay nada a lo que aferrarse en el mundo, porque no hay ningún mundo. Solo está la Realidad del Amor extendiéndose a Sí Misma mediante el contexto transitorio de la forma. Si ves que te encanta hacer música, reconoce que es *desde el Amor*, desde donde estás *eligiendo* ser alguien que hace música[174], temporalmente.

Con esto debería bastar por ahora.

Pregunta: Como no sabemos qué es lo que necesita nuestro hermano o hermana, ¿es posible que el Espíritu Santo nos guíe a decir y a hacer cosas ante las que otros reaccionarían con vehemencia, tal como hiciste Tú cuando gritaste y te enfadaste con los cambistas de moneda? ¿Es cierto que no podemos poner un impedimento a cómo resultaría o cómo sería la guía?

Respuesta: Por su propia naturaleza, la guía del Espíritu Santo proviene de más allá del ámbito de las ideas y las percepciones con las que se identifica la mente. Cuando piensas en una habitación de una casa como el lugar donde normalmente habitas, conoces todos los muebles, lo has identificado todo, lo has definido, está bajo tu control. En una habitación así, cuando vas a acceder a la solución para algún problema o situación que haya surgido, solamente puedes recurrir a lo que ya conoces.

Eso es lo que la mente egoica intenta hacer, incluso cuando comienza a recibir en su "habitación" ideas nuevas –ideas espirituales, ideas metafísicas, ideas religiosas, ideas relativas a medios mágicos–. Todavía se encuentra en el ámbito de lo conocido, y así, cuando surge una situación, rebusca por la habitación en busca de algo que ya sabe que está ahí. Y trata de encontrar lo que cree que va a ser la palabra, la frase, el instrumento... que sean los adecuados. Pero esto es exactamente lo mismo que decir que tú ya sabes lo que necesitas decir o hacer. Mas ese conocimiento no lo tienes en la habitación en la que vive el ego.

Ese espacio o canal del que hemos hablado anteriormente, a través del cual el Amor puede informar[175] tus decisiones, requiere que reconozcas que está *más allá* del contexto del espacio en el que estás habituado a vivir. La mente, tal como la conoces –tu mente cotidiana– solamente puede operar en el universo cerrado de lo que ya conoce.

Por lo tanto, en una situación dada, el Espíritu Santo puede haberte dicho,

Lleva a este hermano sin techo a tu casa y dale de comer.

Y así lo has hecho. Ahora bien, diez años después tienes a otro hombre sin techo en la puerta de tu casa. Entonces vas y rebuscas en el *pasado*, y te encuentras con que una vez metiste a esa persona y la alimentaste,

Oh, esta debe ser la solución, pues este es mi programa para la persona sin techo. Yo simplemente lo saqué de un cajón de mi cómoda en mi mente egoica.

Y entonces te dispones a actuar en consecuencia y descubres que ese hombre sin techo te roba toda la casa. Has olvidado que hubo un tiempo en el que no sabías qué hacer cuando aparecía un sin techo. Soltabas todo lo que creías saber, y preguntabas en oración. Esta misma manera de *no saber* es el estado último[176] de *Conocimiento.* Saber que la mente egoica *no* sabe es la fuente del *poderoso Conocimiento.*

Por lo tanto, ¿podría darse el caso de que el Espíritu Santo te condujera a decir o a hacer algo que pudiera provocar que otros reaccionen con vehemencia? Efectivamente, queridos amigos, ¡sí! Pero recuerda esto: la guía del Espíritu Santo no es lo que causa que otro reaccione vehementemente. Es su propia mente la que provoca eso en ellos, porque no están comprometidos con la sanación y con el Amor. Cualquier reacción que no sea la extensión del Amor es necesariamente miedo, y nada más. Cualquier forma de juicio o de ataque puede provenir solo del miedo, y no del Amor.

Por lo tanto, cuando me sentí guiado a acercarme a los cambistas en el pórtico del sagrado templo de mi Padre, no fui conducido a decir:

> *Disculpe, ¿podríamos conversar brevemente ahora? Me gustaría expresar un poco mi opinión, aunque por supuesto, sois totalmente libres de hacer lo que queráis, pues realmente sois seres muy ricos y poderosos, y yo tan solo soy un solitario esenio. Pero si me dierais tan solo un minuto, simplemente me gustaría compartir mi pensamiento.*

No. Yo fui guiado a moverme con *gran poder*, a literalmente actuar de una manera que algunos tildarían de violenta, y no es que yo hiciera daño a nadie, pero volqué sus mesas y grité fuertemente eso,

> *¡Habéis convertido la casa de mi Padre en una cueva de ladrones!*

Ahora bien, eso captó su atención. ¿Por qué? Porque el Espíritu Santo vio que esas mentes ocupadas en esas actividades solamente podían reaccionar ante una energía poderosa, ya que idolatraban el poder, en sí mismo. Siempre estaban poniéndose en la posición de tener más poder que las personas que acudían al templo. Así pues, lo que se requería era que alguien les presentara una mayor fuente de poder y demostrara que los cambistas no eran tan poderosos como creían. No podían imaginar, antes de ese momento, que alguien pudiera desbaratar todos sus planes. Pero mediante ese acto se comenzó a crear lo que podrías llamar un cascabel[177] en su mente y en su ser, conforme su realidad se veía un poco sacudida. Y algunos de ellos comenzaron a reflexionar sobre lo que estaban haciendo con sus vidas.

Ahora bien, si yo hubiera estado apegado a mi *seguridad*, si hubiera estado apegado a *gustar*, no habría permitido que se manifestara esa expresión del Espíritu Santo. Y esto es lo que muchísimos en vuestro mundo tienden a hacer:

> *Oh, si digo lo que me acaba de venir a la cabeza, podría no gustar. Pero estoy realmente comprometido a gustarle a los demás, mientras finjo que vivo una vida espiritual.*

Pero efectivamente, querido amigo, la vía de la Expiación, la vía del servicio, *no* es un concurso de popularidad.

Por lo tanto, ciertamente, apreciado amigo, entiende bien, *tú* no tienes ni idea de lo que necesita tu hermano o hermana –desde un suave beso en la mejilla hasta una rápida patada en el culo–. Pero si estás comprometido con el Amor, con la inocencia, con la libertad, con la confianza, y si eliges acceder a la libertad perfecta de tu canal de comunión con Dios, y no reaccionar desde la mente egoica, entonces serás guiado tal como lo necesites. Y al llevar a cabo ese propósito habrás realizado tu propio camino hacia las profundidades del conocimiento de Dios.

Así pues, sí, el Espíritu Santo no es del tipo de energía sentimentaloide[178], a lo mermelada de fresa. El Espíritu Santo está comprometido con una única cosa: *la Expiación*. La Expiación tiene lugar cuando las ilusiones se ven truncadas. El Espíritu Santo sabe lo que se requiere. Y lo que se requiere puede que no siempre encuentre, por así decirlo, la aprobación del mundo social en el que te encuentras. Mas aquellos temerosos de azuzar a los demás, simplemente tienen miedo. Significa que dirigen su vida mediante el miedo, y están más comprometidos con su comodidad o seguridad, lo que supone estar comprometido con la locura del ego, y no con la libertad de la Consciencia Crística.

¿Sirve esto para tu pregunta?

Respuesta: Sí, mucho.

Yeshua: Ahora bien, no estoy diciendo que no haya implicada en ello una cierta destreza. El grado en el que representes[179] la sugerencia del Espíritu Santo procede de tu disposición a no guardar un solo amor para ti mismo –de tu disposición a estar desapegado, a reconocer que eres el estudiante del Espíritu Santo–. ¿Lo entiendes? Lo que conlleva, por supuesto, el cultivo del amor por ti mismo[180].

Respuesta: Ya veo.

Yeshua: Efectivamente. Entonces, ¿tenéis algo más, o es suficiente por ahora?

Respuesta: No hay más preguntas para esta cinta, pero si quieres continuar hablando de cualquier cosa, estoy seguro de que nos gustará mucho escuchar tu mensaje.

Yeshua: No hay nada más que queramos tratar. Sin embargo os pedimos, a cada una de las personas que escuchéis esto, que encontréis alguna manera de permitiros tener la experiencia del *placer de la presencia del Amor*. No permitáis que acabe este día, desde el momento en el que escuchéis esto hasta el momento en el que os vayáis a dormir, sin encontrar alguna manera de disfrutar del placer de la presencia del Amor.

Y con eso, ciertamente,

Amén.

Lección 4

Ahora, comenzamos.

Y efectivamente, una vez más, saludos para vosotros, queridos y santos amigos. Entended bien pues mi deleite a la hora de crear instrumentos de comunicación que me permiten estar con *vosotros*. Sentid y entended mi deleite al tratar de contemplar el mundo en el que habitáis y al permitirme recibir la guía de mi Padre sobre cuál es la mejor forma de crear instrumentos de comunicación que puedan llegar a tantos corazones y mentes como sea posible.

Vivir fuera del ámbito del cuerpo tiene una gran ventaja. No necesito pasar "tiempo" con el cuerpo. Y puedo ver que eso os sacude un poco. No es que el cuerpo sea bueno o malo, ni esté mal o bien. El cuerpo simplemente *es*. Y en Realidad, como habéis caído bajo el hechizo del mundo que habéis creado –por ningún otro motivo que porque así lo quisisteis– habéis terminado percibiendo el cuerpo de una cierta manera. En primer lugar, creéis que es muy sólido, cuando de hecho no lo es. Creéis que el cuerpo os separa de los demás porque, como bien saben vuestros científicos, dos objetos sólidos no pueden ocupar el mismo espacio y el mismo tiempo. Y en eso tienen mucha razón.

Cuando miráis afuera, pues, a través de los ojos del cuerpo, *realmente creeríais* que moráis dentro de él y que por lo tanto poseéis un *dominio privado* que es totalmente vuestro. Esto os lleva al *gran engaño* de que tenéis *pensamientos privados*. Como alguien que llega a casa después de una jornada de trabajo y cierra la puerta tras de sí, y entonces despotrica de su jefe o de los compañeros de trabajo pensando que las paredes de la casa le separan de todos ellos y que posee eso que se llama "privacidad". ¡Ten por seguro que esto es todo un engaño!

En realidad el cuerpo no os contiene. Más bien, vosotros contenéis el cuerpo. La *mente* es vasta, eterna e ilimitada. La *mente* es aquello que es compartido por todos los seres que conocéis, como las olas forman parte del océano. Esto significa que cada vez que tengáis un pensamiento sobre alguien, ese pensamiento se les comunica a ellos. Ahora bien, es muy cierto que a menos que ellos hayan hecho el suficiente trabajo como para volverse sensibles a los niveles sutiles de la Creación, no necesariamente se percatarán *conscientemente* de que vosotros estáis teniendo cierto pensamiento sobre ellos. Puede que simplemente se percaten de que de repente *ellos han* tenido un pensamiento sobre vosotros. Y entonces una extraña sensación les recorre el cuerpo, y la dejan marchar sin pensar más sobre ello. De igual modo, si tenéis un pensamiento amoroso, puede que alguien que está a diez mil kilómetros piense repentinamente en vosotros y se sienta bien en su cuerpo sin siquiera saber por qué, y simplemente lo deja pasar. ¿Por qué? Porque el sistema de creencias dice que son ellos los que deben estar haciendo eso dentro de sí mismos, y que no tiene ninguna conexión con vosotros.

En realidad, *el pensamiento* es la sustancia de todas las cosas. El pensamiento es *un impulso de energía pura.* Es más sutil que cualquier cosa en el dominio físico. El pensamiento viaja mucho más rápido que la velocidad de la luz. De hecho, la luz es en realidad un suceso físico[181] que surge mucho después del nacimiento del sueño de separación. Así pues, aunque un año-luz puede parecer algo inmenso en vuestro mundo de la física, tened por seguro que *el pensamiento viaja instantáneamente.* De hecho, *el pensamiento está inmediatamente presente en todas partes.* Como sois una mente consciente, un cuerpo-mente, morando en el Océano de la Mente Pura, recibís literalmente las impresiones de todo pensamiento que se piensa en cualquier parte. Llega a vuestro campo áurico. Y vuestro campo áurico no es nada más que la brecha[182] que parece separar una ola de otra, pero que de hecho en realidad las *une.*

En cierto sentido, pues, todos los campos de pensamiento van a parar a la orilla de vuestro ser. *Vosotros* elegís las influencias que entrarán en vuestra esfera. Algunas de ellas pasarán a través, y con otras comenzaréis a identificaros. Las asumiréis como *vuestro* pensamiento. Formaréis un *acuerdo* con la naturaleza de ese pensamiento. Valoraréis ese pensamiento, y por lo tanto crearéis experiencias que *emanan* de vuestro acuerdo, de vuestra valoración.

Para prácticamente todos los seres nacidos dentro de la esfera humana, uno de esos acuerdos es:

> *Yo soy solo el cuerpo, y por lo tanto estoy separado de todos los demás.*

Eso es simplemente un acuerdo, *una decisión de crear experiencia.* Eres igualmente libre de decir, en tu mente,

> *Soy más que un cuerpo. Mi mente es vasta e ilimitada. Esa es la esencia más profunda de mi identidad y mi existencia. Estoy en comunicación perfecta con todas las formas de vida en todo momento. Solamente necesito retirar mi atención de mi percepción de mi cuerpo para acceder a comunicarme con cualquiera en cualquier momento.*

Una vez dije en *Un Curso de Milagros* que,

> *Nunca te has olvidado del cuerpo, ni siquiera por un instante. Y no obstante, solamente se requiere un instante para comprender que no eres el cuerpo.*

Con esto no quería decir que debas *rechazar*[183] el cuerpo, sino más bien que estés dispuesto a *entregar* tu *percepción de lo que el cuerpo es*, ya que no es un instrumento que en absoluto os separe. ¿Y por qué es esto así? Ves, una vez decidiste soñar el sueño imposible: el sueño de separación. El cuerpo es el resultado de ese pensamiento –el *intento* de *crear algo* que tenga éxito en separarte de la Mente de Dios–. Pero nunca has tenido éxito en eso. Pues en el instante en que ese pensamiento comenzó a surgir, el Espíritu Santo ya lo había traducido en algo que no es un instrumento de *separación*, sino un instrumento de *comunicación*. Fracasaste. ¡El Espíritu Santo no!

Esto significa que el cuerpo en sí mismo está recibiendo *continuamente* entradas-informativas[184] bajo la forma de vibración energética sutil de *todo* y de *todos* a su alrededor. Eres como una gigantesca emisora de radio que está captando y transmitiendo señales continuamente. Si quieres una prueba de esto, y especialmente, si quieres una prueba de lo poderoso que es el pensamiento conforme expresa vibración a través del cuerpo, crea simplemente eso que llamas en tu mundo *varillas de radiestesia*[185]. Toma dos piezas de metal, que podrían ser dos partes de un perchero. Dóblalas de modo que puedas sujetar suavemente un extremo, y mantenlas en tus manos alejadas a unos quince centímetros del cuerpo. Y luego pon a un amigo a unos seis metros de ti y dile que tenga pensamientos de negatividad:

> *No valgo nada. No merezco ser amado. No tengo ninguna energía. No me merezco nada.*

Y conforme tu amigo esté pensando eso camina hacia él para ver lo cerca que te puedes aproximar antes de que tus varillas comiencen a activarse, y entonces retrocede y encuentra justo el *límite* en el que su campo de energía empieza a influir sobre las varillas.

Luego vuelve de nuevo hacia atrás, siete u ocho metros, y haz que cambie de nuevo de opinión. Dile que empiece a pensar pensamientos *amorosos*:

> *Soy Uno con Dios. El amor fluye a través de mí perfectamente. ¡Estoy muy contento de estar vivo!*

No es necesario que lo diga en voz alta. No es necesario que mueva ni un músculo. Solo se necesita que piense de forma diferente. Luego camina de nuevo hacia él y mira a ver dónde encuentras el punto en el que las varillas en tus manos comienzan a moverse. Vas a ver que su campo energético es mucho más amplio con el pensamiento positivo que con el negativo.

Ahora bien, tu cuerpo es como una varilla adivinadora. Y también lo es el de todos los demás. Por lo tanto, los que tienen confianza, los que se aman a sí mismos, los que no están preocupados por las opiniones del mundo, los que simplemente siguen adelante en dirección a lo que aman, son los que parecen obtener el mayor apoyo en el Universo. ¿Por qué? Porque cuando una persona así entra en un banco para obtener un crédito para un negocio, sabiendo ya que es una gran idea y que va a entregarse totalmente a ello, y que nunca podría fracasar, simplemente entra ahí generando un campo de energía que influye y afecta al empleado de la oficina.

Los que entran así:

Dios, me gustaría conseguir este crédito, pero es que no sé. No tengo ninguna experiencia en esto. Me van a ver como un idiota.

Esa persona entra con un campo energético muy denso[186]; es muy débil. La cualidad de la vibración del pensamiento emana y afecta al campo de energía del empleado. Si tú fueras ese oficinista, ¿con quién preferirías hacer el negocio?

Por lo tanto, el *Amor*… cuando el *Amor* lidera el camino, cuando el *Amor* es el campo de energía en el que moras, allá donde vayas estás afectando al Universo de una manera mucho más sutil que la mente consciente. Y ese Universo te *responderá*, porque el Amor se responde a Sí Mismo como una flor que se abre a la luz del sol.

Ahora bien, no te estoy diciendo nada que no sepas ya. Pero no te has detenido a considerar lo *sumamente importante* que es esto en la naturaleza de tu propia vida. Sabes que *tú* correspondes más a una persona feliz, amable o amorosa, antes que a una persona que sea malintencionada[187]. Es de simple sentido común. Sabes que te gusta estar rodeado de seres que hablen de lo ilimitado, que expresen una gran visión. ¿Por qué? Porque te recuerdan que tú también eres un gran visionario, que la ilimitación es el estado natural del Reino del Cielo. El problema es que inconscientemente te has enseñado a ti mismo a vivir desde el miedo, a tener pensamientos negativos, a creer que las opiniones del mundo importan algo. Literalmente has creado un mundo donde las personas tienen mentalidad negativa, no quieren apoyarte, no creen que te merezcas nada. Y no obstante, *tú* eres quien está proyectando esa creencia sobre *ti mismo*, y por lo tanto tú atraerás una vibración semejante. Pues lo semejante atrae lo semejante.

Si por consiguiente quieres atraer seres que te apoyen y te amen, decide ser un ser que se apoya y se ama a *sí mismo*. Decide abrir tus brazos, tal como dijimos en la cinta del mes pasado, para recibir el Amor, la presencia, el placer de la Presencia de Dios. Piensa solo pensamientos amorosos. Aprende a dominar el perdón. ¡Atrévete a seguir tu corazón! ¡Celebra la vida! ¡Haz lo que te brinde gozo! ¡Camina como alguien que confía en la Luz de Cristo! Atrévete a contemplar el mundo y decir:

Mi Padre ha puesto la mesa delante de mí, ¡y cada ser y cada brizna de hierba están aquí para apoyar mi disfrute de Dios!

Y a medida que cultivas ese tipo de disciplina, *tu vida cambiará* –como *debe* ser–. Pues el Universo responde a la calidad vibratoria que estés emitiendo desde la emisora de radio de tu propia mente.

Queridos amigos, sois efectivamente Amor. Pero cuando decidís –conforme os levantáis al comenzar cada día– que debéis temer la actitud del jefe, que debéis salvaguardaros de los sentimientos del cónyuge, que debéis sacrificaros para poder amoldaros a las opiniones del mundo, reducís vuestro campo de energía. Y lo único que se filtra es algo como la afirmación que dice:

Elijo vivir con miedo. No estoy dispuesto a ser audaz, ambicioso y feliz. No quiero reírme demasiado hoy porque alguien podría ofenderse. No quiero decirte mi Verdad porque podría alterar tu campo de energía.

Todo eso es un engaño. Eres libre. Estás aquí para festejar. Estás aquí para ser atrevido[188]... Estás aquí para extender Amor, y el Amor no puede ser extendido a través de un campo de energía contraído. Por lo tanto, aprende a darte cuenta de cada pensamiento temeroso. Aprende a darte cuenta de cuándo está contraído tu campo de energía, y *haz lo contrario: ¡elige recibir Amor!* Y si un día concreto comienza, y te das cuenta de que sobre las cinco en punto tu campo de energía no se siente muy bien, pregúntate dónde has estado esperando que el Amor se muestre como un regalo de alguien o de algo *hacia* ti. Detente en lo que estás haciendo y sé tú el que se da Amor a *sí mismo* –simplemente de modo que puedas disfrutarlo–.

La esencia del compartir de esta hora es: *tú, y solamente tú, eres completamente responsable del tipo de experiencia que tienes en cada instante.* Nadie te está haciendo nada. El mundo no es un lugar inseguro. Y lo que experimentas en la vida es el resultado directo de lo que fluye desde dentro *hacia afuera.* Pues no puede haber ningún flujo desde fuera *hacia adentro*, salvo el que tú aceptas y del que te *apropias*. ¿Tiene algún sentido, pues, tener miedo de algo? ¡Por supuesto que no! Si *tienes* miedo, acepta al menos que eres tú quien ha *decretado* que eso sea así:

Elijo tener miedo de ser millonario, y por lo tanto no aprovecharé esta oportunidad.

Tengo miedo de las opiniones de los demás, así que no haré discursos en público.

Al menos di:

Elijo tener la experiencia de ser un contraído y temeroso ser humano.

Al menos adueñate de ello y reconoce la simple Verdad de que, cuando el mundo se muestra para reflejarte ese miedo, lo está haciendo solamente como un *servicio amoroso hacia ti.*

Ves, el Universo es solamente Amor. Y los seres te responderán de acuerdo a lo que deseas atraer a tu ser, eso es todo. Nada más es posible. Es muy cierto que puedes estar atrayendo una calamidad hacia ti mismo, porque tú, como alma, estás preparado para descubrir una mayor profundidad de Amor y de perdón en ti mismo. La vida puede proporcionarte desafíos, pero solo porque tú le has *pedido* que te los traiga para que puedas aumentar tu capacidad de dirigir Amor con madurez en este mundo. No puede suceder nada que no lo hayas convocado hacia ti mismo.

No podría decirte cuántas veces he conspirado para crear oportunidades para que muchos, muchos seres entren en la plenitud de su Consciencia Crística con pleno poder y plena gloria, en el menor tiempo posible, para que solo digan:

No, no. No puedo hacer eso. Eso simplemente no es lo que soy. Tengo que ir a hacer otra cosa.

Y esa "otra cosa" es siempre algo basado en el *miedo*, algo con lo que la parte egoica de la mente cree que puede estar cómoda, y algo que les llevará *muchas más vidas* para alcanzar el mismo resultado.

El Espíritu Santo siempre conoce el camino más corto hacia Dios. Cuando se te presente, te *brindará* tus miedos más profundos, ya que el miedo es lo que obstruye la Luz de la Verdad. ¿Cómo disuelves el poder del miedo? Al reconocerlo, al sentirlo, al admitir el simple hecho de que el miedo no es tu amo, y continuando el camino. El "anillo de miedo", del que hablé mucho en *Un Curso de Milagros*, es simplemente eso. El anillo de miedo se construye desde dentro hacia afuera. En Realidad, todo el poder del Cielo y de la Tierra se le da al Santo Hijo de Dios. Y cuando se te presenta una oportunidad, no se te presenta como algo en lo que se te pide que camines solo. Y si aceptas la función del Espíritu Santo como la tuya propia, *se elimina todo obstáculo antes de que lo alcances.*

Muchos mirarían a este, mi querido hermano, y dirían:

> *Vaya, realmente debes estar morando en Consciencia Crística. O eso, o el Universo te ha hecho especial, porque, sin importar lo que sea, las cosas siempre parecen funcionar, y los milagros guían el camino.*

Y no obstante, no se trata de especialismo en absoluto. Es simplemente que él reconoce que la función del Espíritu Santo es la única de *mentalidad correcta.* Y esa función puede mostrarse como se necesite. Ha aprendido que su deleite procede de asimilar más de Dios al rendirse a Dios.

Shanti Christo es una piedrita arrojada en el estanque de su mente, y en la de su amigo, y, diríamos, compañero cósmico[189], simplemente porque el lugar fue preparado a través del cultivo de la confianza y la decisión de seguir solamente ese camino establecido por el Espíritu Santo.

Por lo tanto, efectivamente, queridos amigos, ¿en qué parte de vuestra vida os estáis resistiendo a las oportunidades que se os han presentado? ¿En dónde os habéis resistido y habéis dicho,

...bueno, simplemente eso no soy yo. Yo no soy así. Realmente yo no puedo hacer eso,

cuando, de hecho, simplemente tenéis miedo del mundo? El miedo os ha vencido. Y en *La Vía del Conocimiento* el miedo no tiene ningún poder. Uno simplemente permanece y lo hace, se lo entrega a Dios, y continúa.

En el día en el que vuestro cuerpo-mente regrese al polvo del suelo, que es una antigua manera de decir que la energía que está manteniendo juntas las formas sutiles de materia (lo que vosotros llamáis moléculas y átomos) para crear la apariencia de algo sólido... cuando esa energía se ha ido –esa energía llamada la intención y la voluntad–, la mente se desplaza a otra parte y el cuerpo se disuelve, y tú permanecerás tal como siempre has sido: inteligencia pura, potencialidad[190] pura, percepción pura. Seguirás creando, y simplemente generarás campos de energía que crearán experiencias en mundos a tu alrededor.

Tú moras pues *–ahora–* en la oportunidad perfecta para *atravesar* tus anillos de miedo. Por lo tanto considéralo bien. ¿Dónde sientes una contracción, un miedo, una vacilación? ¿Está en algo que necesitas decirle a un amigo? Cuanto más *transparente* te vuelvas, más hablarás cuando simplemente te sientas motivado a hablar, más cosas harás cuando te sientas motivado a hacer, más te moverás hacia donde te sientas motivado a ir, más te reirás cuando te sientas motivado a reír, más llorarás cuando sientas ganas de llorar, menos resistencia tendrás al flujo y al movimiento de la vida que surge de tu propio corazón y de tu propia alma –reconociendo tu inocencia perfecta y la perfección de todo–. Cuanto más hagas eso más te crearás un modo de pensar, un estado de ser, de manera que cuando el cuerpo se disuelve y estás en tu infinita magnificencia el miedo no te contraerá. Simplemente dirás,

¡Oh! ¡Bueno! ¿Qué puedo crear ahora? Parece que no tengo ya un cuerpo físico. Mmm... ¡qué interesante!

Allá donde elijas *resistirte* –al moverte a través de tus anillos de miedo, *tal como sabes que existen en tu vida actual*–, estarás construyendo una prisión para el Hijo de Dios –pura y simplemente–. El mundo te dirá,

No confíes en el impulso del corazón.

No en el impulso del ego o de la mente, sino en el del *corazón*. Y no obstante, es en el *corazón* donde la guía del Espíritu Santo habla.

De hecho, queridos amigos, en *La Vía del Conocimiento*, hay una *certeza de Saber* que es en los lugares donde el miedo parece estar brotando donde se encuentra la verdadera entrada a una mayor Consciencia de Dios. Y si hay algo que tienes miedo de compartir con otro, *ahí* está tu entrada. Ve y comparte tu verdad, y por ningún otro motivo –no para persuadir, no para tener razón– sino para simplemente compartir de modo que atravieses el anillo de miedo. Eso es todo. Si sientes que tu corazón te llama continuamente a vivir como un mendigo sin dinero en las calles de Londres, y eso te ha estado atrayendo durante treinta años, ve y vende todo lo que tienes, y *sigue tu corazón*.

Ahora bien, sé que el mundo no te ha enseñado a vivir de esa manera. Pero el mundo es lo opuesto a la Verdad del Reino. Ama todo. Conviértete en aquel que sirve a todos y a todo, amándote primero a ti mismo. Aprende a acallar el barullo y el estrépito del mundo, que no es más que tu decisión de *valorar* cómo piensa el resto del mundo. Sirve solamente a esa Voz de la Verdad en tu interior. Y esa Voz de la Verdad en tu interior es la Voz que dice:

Ey, ¡vamos a empezar un huerto hoy! ¡Oh, sí! No sé cómo hacerlo. ¿Cómo voy a hacer para averiguar esto? Pero realmente quiero empezar un huerto.

Algunos dirían que esto es vivir desde tu *autenticidad*. Pero no me refiero a lo auténtico como algo que la *mente* piense, es decir, como su imagen social. Eso no es lo auténtico en absoluto. Eso es una máscara, un personaje. Lo auténtico es lo que sientes en el núcleo y en la profundidad de tu ser *–en inocencia–*. ¿Y qué quiero decir con eso? El *corazón inocente* no es un necesitado. No requiere que determinados individuos estén de acuerdo con él. No espera a que el Universo asienta con la cabeza dando su aprobación. Simplemente *sabe* que es inocente y actúa desde ahí, y no está apegado a las opiniones del mundo. La *autenticidad* es el núcleo a través del cual crece la Mente de Cristo. Y en cualquier momento en que ves y entiendes que no has estado viviendo de forma auténtica y te decides a hacer una respiración profunda y a permitir que tus ilusiones se disuelvan, al volverte transparente y diciendo la verdad y permitiendo que ocurran los cambios necesarios... entonces, efectivamente, estás haciendo que tu Mente de Cristo crezca.

En *La Vía del Conocimiento*, pues, se te pregunta continuamente:

> *¿En qué no estoy siendo auténtico?*
>
> *¿Dónde estoy justo mostrando la manera en que creo que fulanito necesita que yo me muestre?*
>
> *¿De qué manera estoy siendo vegetariano para sentirme superior a los que no lo son?*
>
> *¿Cómo estoy controlando mi dieta porque tengo miedo de que esta sustancia me haga menos espiritual?*
>
> *¿Cómo estoy negando mi humanidad para mostrar una imagen a otro?*
>
> *¿Cómo es que me estoy levantando y yendo al mismo trabajo todos los días cuando sé, en el secreto de lo más profundo de mi ser, que simplemente ya no quiero estar ahí?*

Vivir de forma auténtica, en cierto sentido, es vivir por uno mismo. Vivir por uno mismo significa que ya no estás gobernado por la necesidad de parecer de una cierta manera, ni de tener éxito de una cierta manera, de modo que el juicio del mundo asiente con la cabeza y te dé un "10" en vez de un "1".

En *La Vía del Conocimiento* la mente comienza a captar la sencilla Verdad metafísica que dice que:

> *Yo y solo yo estoy creando mis mañanas. Y si creo falta de autenticidad ahora, puedo estar seguro de que la experimentaré* mañana. *Si creo encarcelamiento para mi alma ahora, lo experimentaré* mañana.

Y como la Creación es *eterna*, es imposible no tener un mañana –ya sea en este mundo o en otro–.

Queridos amigos, fuisteis creados para crear. Fuisteis creados a partir de un desbordamiento de Gozo y Amor. Por lo tanto vivid gozosamente, vivid en amor hacia *vosotros mismos*. Atreveos a considerar que vuestro Ser[191] es *tan importante* que tenéis la obligación de no conformaros con menos que vuestra propia autenticidad. Algunas veces eso requiere comenzar el proceso de descubrir qué es lo auténticamente vuestro y no simplemente la influencia de los demás.

¿Cuándo, queridos amigos, no estáis todavía siendo auténticos? ¿Cuándo estáis respondiendo con una sonrisa cuando en realidad estáis sintiendo ira? ¿Cuándo estáis respondiendo con un "vale" cuando interiormente la respuesta es "no"? ¿Cuándo estáis respondiendo con miedo a una sustancia que podríais poner en vuestro cuerpo?

> *No puedo comer eso porque es una sustancia muy mala y yo quiero estar sano.*

Es el propio miedo lo que está creando un futuro de falta de salud.

El amor sana todo. El amor transmuta todo. El amor abraza todo, y por eso, trasciende todo. ¿Cuándo no estáis permitiendo que el Amor sea vuestra Realidad?

Y así, queridos amigos, ya hemos tratado, en esta muy breve sesión, de un cierto tema, una vez más. Os pedimos que lo reflexionéis bien. No os apresuréis a dejar simplemente de lado esta lección. Escuchadla o leedla algunas veces. Y donde de repente os encontréis con una pregunta en vez de con una afirmación, parad la cinta o dejad de leer y pasaos un tiempo reflexionándola con calma, como si estuvierais permitiendo que la respuesta surja desde vuestra *inocencia*. Y luego preguntaos:

> *¿Qué cambios puedo hacer para mostrarme realmente de una manera más auténtica?*

Y así, dejaremos que con esto baste por ahora.

Para quienes realmente elijáis hacerlo así, veréis que si permanecéis con el mensaje de esta hora, si os involucráis en las sencillas y serenas preguntas que han sido planteadas, y contempláis ciertos pensamientos clave que fueron, en cierto sentido, repetidos, puede tener lugar una gran mejora, una gran liberación.

Sois Cristo. Y sois libres, en el mundo del espacio y tiempo, *para conocerlo tan profundamente como sea posible.*

Y con esto, la paz sea siempre con vosotros.

Amén.

Lección 4, sección de preguntas y respuestas

Pregunta: Yeshua, en *Un Curso de Milagros* dices algo sobre los "Grandes Rayos de Luz". ¿De qué va eso?

Respuesta: Efectivamente, querido amigo, aunque no pasé mucho tiempo tratando de definirlo, los Grandes Rayos de Luz se refieren simplemente a la Verdad de todos y cada uno de nosotros. De este modo, como metáfora, vuestro Creador es como el Sol Central. Y de su desbordamiento se proyectan Rayos de Luz. Y esos Rayos de Luz son de una única sustancia con la Luz. Y no obstante, tiene lugar algo incomprensible. Cada Rayo de Luz se puede ver, en cierto sentido, como independiente en su relación con el Sol Central. Está hecho de la misma sustancia que cada Gran Rayo de Luz, y cada Rayo de Luz tiene su propia potencialidad pura para la creación de experiencia. Los Grandes Rayos de Luz se refieren pues a la esencia de todas y cada una de las almas. Pues el alma es un Rayo de Luz infinito –eterno, ilimitado, sin nacimiento, inmortal– .

Pero hay otro nivel. Y esto simplemente significa que los Grandes Rayos de Luz son como el ámbito[192] de las ideas. Cada una de las ideas porta una cierta vibración o cualidad. Los Grandes Rayos de Luz son las grandes ideas, las grandes visiones. Por ejemplo, el *perdón* es un Gran Rayo de Luz. El juicio es una distorsión de la Luz. Lo *ilimitado*[193] es un Gran Rayo de Luz. El miedo, la contracción y la limitación son distorsiones de esa Luz. Podríais pensar en muchas más cosas: *compasión* en vez de control, *confianza* en vez de miedo, y así sucesivamente.

Así pues, con los Grandes Rayos de Luz también nos referimos a las *ideas que liberan la mente*, las ideas que son *eternas* y que se encuentran en todas las formas en el Plan de Estudios Universal[194]. Efectivamente, todos los que estáis leyendo o escuchando estas palabras, cada uno de vosotros... *es* un Gran Rayo. Y los Grandes Rayos han existido *con* ese único Sol Central a través de toda la eternidad. Esa es la Verdad de vuestro ser, y es quizá la Verdad más fundamental que vaya a tener lugar como Conocimiento[195] en el interior de la mente:

> *SOY UN GRAN RAYO DE LUZ –¡sin límites, eterno, sin nacimiento, inmortal! Por mucho que lo intente no puedo escaparme de ser un creador, un cocreador. Así es que puede que este sea el momento de dejar de pretender que soy menos que un Gran Rayo, y hacerme cargo del proceso de descubrimiento de cómo puedo permitir que esa Luz brille.*

¿Sirve de ayuda esto para tu pregunta?

Respuesta: sí.

Pregunta: Dices que todo el mundo es Cristo, aunque entre los seres iluminados más elevados parece haber alguna diferencia. ¿Todo el mundo tiene su propia *esencia única del alma*?

Respuesta: Esta pregunta está realmente cargada de implicaciones, pues las diferencias son el efecto de la percepción. Es decir, diez seres humanos que estén mirando a dos seres iluminados podrían ver gran variedad de diferencias. Algunas de esas diferencias podrían ser una proyección de sus propios gustos y aversiones, y por lo tanto concluirán que un ser iluminado está más iluminado que el otro, lo cual es, por supuesto, una contradicción en los términos.

Sin embargo, es una gran paradoja que, aunque la Mente es una, aunque la Luz es una, aunque la Consciencia es una, aunque el Discernimiento es uno, aunque el Amor es uno, la Creación requiere diferenciación. En otras palabras, requiere de la creación de la relación. No es posible saber[196] nada, ni siquiera ser consciente de algo, a menos que tengas un discernimiento[197] de que eso no es algo distinto[198]. ¿Tiene sentido eso para ti? Si solo hubiera una única cosa, ni siquiera se percataría de sí misma, porque es todo lo que hay. Tú te vuelves consciente de ti mismo al saber cómo te distingues de una flor. ¿No es cierto? Efectivamente.

Por lo tanto, aunque estás hecho de la misma sustancia que la flor, hay una distinción en la expresión de la forma.

La Creación es *extensión.* La extensión es *expresión.* Por lo tanto, cada Gran Rayo de Luz, aunque sea de una única sustancia –perfectamente la misma sustancia– se expresa a sí mismo, la creación se extiende a través de él con un *sutil matiz de diferencia* –un giro[199] diferente, un aroma diferente colocado en él en un nivel muy sutil–. Y por lo tanto, cada ser parece expresar una *individuación* única. El *hechizo*[200] en la dimensión física de la mente humana, es que la individuación conlleva separación. Pero no es así. Así como muchos instrumentos musicales conforman una orquesta que crea su propia música única, también los sutiles matices de diferenciación crean esa orquestación que se llama Creación.

Por lo tanto, lo importante aquí es que la mente comprenda cuánta *energía* gasta intentando amoldarse para ser[201] lo que percibe que todos los demás Grandes Rayos están haciendo. ¿Lo ves? *¡Conviértete en tu propio Rayo de Luz individuado!* Eso no lo consigues al rechazar a otros. No lo consigues al *separarte.* Lo consigues al *amarte a ti mismo*, y al seguir el *impulso* que procede de la profundidad de un corazón calmado.

Así, adueñándote y acogiendo tu individuación y permitiendo que tu Luz brille, o que, por así decirlo, tu autenticidad brille... realmente experimentas una mayor unidad con el Universo que la que consigues al tratar de esconder tu Luz, intentando así mostrarte como una personalidad que agrada a todos los demás, amoldándose al mundo.

Podrías decir que *yo* destaqué y di la nota. No parecía encajar con *nadie.* Y no obstante, mi experiencia fue que cuanto más auténticamente me expresaba, en la dimensión del espacio y del tiempo, *experimentaba una mayor profundidad de unión con mis hermanos y hermanas.* Cuanto más honraba y amaba su esencia, más podía discernirla, porque estaba reclamando mi propia esencia, mi propia autenticidad. ¿Tiene esto sentido para ti?

Esto es algo bastante importante a considerar. Si quieres *amar* en este mundo, entonces mejor será que te individúes a ti mismo y te ames a ti mismo *de forma tan única* que no te amoldes a las ideas de nadie más. Puedes *estar de acuerdo* con ellos para poder jugar y crear, sí, pero no te *amoldes* a ellos –que es algo muy, muy diferente–. Demasiados seres humanos sufren porque creen que su vida es superficial[202] . Ponen toda su energía en agradar a todos los demás, mostrándose justo de una manera que no moleste a nadie. Y luego no pueden entender por qué perciben su vida tan trivial.

¡Individúa! ¡Sobresale! ¡Brilla! Permite que el poder del Universo se mueva a través de ti. Conviértete en el *ser más único* que nadie pueda imaginar alguna vez. Y cuando hagas eso, paradójicamente te sentirás más cerca de toda la Vida, más de lo que alguna vez pensaste que era posible, pues estarás más cerca de tu Creador. Y cuando estás más cerca de tu Creador, abrazas la Creación.

¿Te ayuda esto con la pregunta?

Respuesta: sí.

Yeshua: Efectivamente. Muy bien. Y entonces, a todos y a cada uno de vosotros os digo que os amo, que amo eso que se llama Shanti Christo. He dicho muchas veces que está diseñada[203] para expresar la Consciencia Crística y ofrecérsela a este planeta de una forma que no se ha visto antes. Esto conlleva que debe operar *de forma diferente*. ¡Así es, y así será!

Queda por ver quién puede *discernir*[204] las grandes diferencias que operan en esta aventura. Pues para poder siquiera ver las diferencias será necesario que el ser que las ve haya cambiado. Simplemente digo esto, que es un poco críptico, para que se recapacite sobre ello.

Y con esto, efectivamente, queridos amigos, id en paz hoy. Y permitid que vuestra Luz brille.

Amén.

Lección 5

Ahora, comenzamos.

Una vez más, queridos amigos, nos unimos a vosotros porque seguimos tan comprometidos como vosotros lo estáis en descubrir profundidades cada vez mayores de la presencia de Dios, profundidades cada vez mayores de nuestra propia presencia, profundidades cada vez mayores de lo único que es verdad siempre, de lo único que no ha cambiado, que no cambia, y que es inmutable, para siempre.

De hecho, queridos amigos, en esta hora nos gustaría hablaros de aquello que profundiza el entendimiento sobre morar en el Conocimiento Perfecto, en el Saber Perfecto. Queremos tratar con vosotros un tema que ya habéis escuchado antes, pero desde una perspectiva ligeramente diferente. Es un tema que emplea un término con el que muchos estáis familiarizados, y ese término es "karma". El karma, tal como se considera popularmente, significa que para cada acción hay una reacción igual y opuesta. Para cada cosa que expulsas, regresa una energía similar.

Ahora bien, ya he dicho antes que el karma solamente puede existir donde el amor incondicional no lo hace. Esto significa que en el grado en que tu mente no se ha purificado del *miedo*, en el grado en que la mente no se ha purificado de la *necesidad*, no se ha purificado de su tendencia a la *idolatría* –es decir, a crear algo que es un sustituto del Amor, confundiendo forma con contenido–, donde sea que esto esté ocurriendo, estás de hecho experimentando la creación de karma. ¿Qué queremos decir con esto? Cada vez que tienes un pensamiento no amoroso vas a experimentar el efecto del fruto de ese pensamiento. En realidad, esto ocurre en dos niveles o de dos maneras. La primera es inmediata. La segunda está mediada por las formas del tiempo.

En el primer caso, el inmediato, en el momento mismo en el que tienes un pensamiento no amoroso, como eres un ser físicamente encarnado, alteras inmediatamente el flujo de energía que atraviesa el sistema físico. Alteras inmediatamente el equilibrio químico del cuerpo y, por lo tanto, experimentas opresión, agarrotamiento, quizá tristeza, depresión, una sensación de malestar general. Y esto es cierto para cada pensamiento negativo, no solo para los grandes, que realmente capturan tu atención, sino incluso también para los pequeños. La depresión solo puede tener lugar en una mente que ha rechazado caminar hacia el gozo.

La depresión es pues el resultado de una *resistencia* al verdadero fluir de la Vida a través del cuerpo-mente. Esta resistencia tiene lugar de muchas formas. Puede venir como consecuencia de no sentir un sentimiento en su completitud, de retener una sencilla verdad, y –la mayoría de las veces– de rechazar el impulso del corazón. Y a medida que comienzas a marchar por un camino espiritual, y comprendes que necesitas estar abierto a la guía del Espíritu Santo –que comprendes que, de hecho, no puedes despertarte a ti mismo, porque si pudieras ya lo habrías hecho–, entonces se *presentan* las oportunidades que contienen *todo* lo que necesitas para despertar de tus ilusiones... pero te resistes a ello porque no se ajusta a tu imagen de ti mismo.

Así pues, como ves, hay muchas formas de resistirte y de crear un bloqueo en el flujo de energía que atraviesa el sistema. Y siempre se trata de alguna forma de pensamiento negativo. Y toda negatividad es una expresión de miedo. Todo intento de controlar a otro es realmente miedo. La ira es simplemente una forma de miedo. Así pues, en el momento mismo en que la mente se usa para tener un pensamiento negativo, aparece un efecto kármico inmediato. Y si ese efecto se da durante un periodo de tiempo, se crea una enfermedad en el cuerpo, se crea depresión en el campo emocional.

Ahora, en segundo lugar, hay una forma *mediada* de respuesta kármica... es decir, que el mundo que te rodea coagulará, generará por sí mismo un contexto que *reflejará* aquello que parece *demostrar* el pensamiento negativo que en este momento ya has olvidado que siquiera creaste. Y luego tendrás de nuevo el pensamiento negativo y creerás erróneamente que ese pensamiento está ahí debido a las circunstancias externas a ti.

Un ejemplo podría ser, para algunos, ver un acontecimiento como puede ser el de la subida de impuestos del gobierno, y decir,

Sí, siempre he sabido que las cosas son así. No puedes confiar en ningún político.

Y no obstante, esa persona no está viendo que quince años atrás decidió que no se podía confiar en los políticos porque escuchó a su padre decir eso, y "sabe", en su forma de pensar, que los políticos siempre harán algo para sacarle más dinero de su bolsillo. Luego, quince años más tarde, cuando los impuestos suben, la mente dice,

Lo sabía. Creo que debo haber estado en lo cierto todo el tiempo. ¿Ves lo que hicieron? Esto significa que nunca se puede confiar en los políticos.

Cuando en realidad los políticos son simplemente la manifestación que *cumple* la *profecía.*

De este modo, quiero invitaros a examinar vuestra vida. ¿Cómo son los acontecimientos que están ocurriendo, la calidad de la vida que tenéis, y cómo eso podría estar reflejando la realización de una profecía, eso que se llama "profecía autocumplida"? O en otras palabras, ¿cómo podría ser que simplemente todo consistiera en el cumplimiento del *karma* en cuanto a cómo estáis usando la mente?

Por lo general, en esta segunda forma que tiene el karma de mostrarse, las creencias o pensamientos son muy, muy *viejos*, profundamente enterrados en lo que llamáis vuestro inconsciente. De hecho a medida que retrocedéis en el tiempo y miráis vuestra vida, preguntad,

¿Qué es lo que debo haber creído previamente para que aparezca este efecto?

Por ejemplo, si se trata de dinero –si no tenéis dinero–, mirad bien lo que habéis *creído* en el pasado sobre el dinero. Especialmente, pensad en esto,

¿Cuáles eran las creencias que tenían mis padres sobre el dinero?

Pues ciertamente, como hemos mencionado antes, cada alma cae[205], en cierto sentido, en este mundo a través del *contexto* de los padres. Hay un contexto de percepción, creencia y actitud, por el cual comenzáis a ser *coloreados* debido a que estáis aceptando esa coloración en el campo de vuestra propia energía, como medio de hacer contacto con este mundo y de surgir en él. Si por ejemplo tus padres creen que la espiritualidad y la riqueza material no pueden ir juntas, y por lo tanto que ser espiritual conlleva prescindir de las cosas en el aspecto material, entonces mira a ver cómo se ha desarrollado tu vida. ¿Encuentras un bloqueo al recibir dinero por ser servicial con los demás, pero no cuando lo recibes por algo que no te gusta hacer?

Considerad esa pregunta, queridos amigos, y comenzad a aplicarla a toda vuestra vida. Comenzad a contemplar vuestra vida, a contemplar los efectos que experimentáis como vuestro entorno y vuestro contexto. ¿Estáis solos, sin amante ni amigos, mmm? ¿Qué habéis creído sobre el mundo previamente? Pues de alguna manera es la naturaleza de vuestro pensamiento, los acuerdos que habéis hecho consciente o inconscientemente sobre lo que significan las cosas, los acuerdos que habéis hecho con la cultura en la que habéis nacido, la familia en la que habéis sido concebidos, todo eso, es lo que realmente ha generado la energía que se muestra como los *efectos* que experimentáis como vuestra vida. ¿Qué pensamientos o creencias estábais albergando en la mente?

Un pensamiento común podría ser,

> *Oh, en realidad simplemente no me las puedo apañar por mí mismo.*
> *Necesito que me cuiden. No creo estar a la altura de lo que se necesita.*

Y luego, veinticinco años después, te preguntas por qué tienes resentimiento contra tu pareja. El resentimiento es simplemente el reconocimiento de que tuviste un pensamiento negativo sobre *ti mismo*, lo representaste, y has creado los efectos de alguien que te está controlando y te proporciona todo el dinero. Crees que hay un *defecto*[206] en ellos porque te has olvidado de ver la piedrita que arrojaste en el estanque de creatividad omnipotente que *es* el dominio de la mente.

El karma es pues un *efecto* de cómo se usa la mente.

Ahora bien, efectivamente, he dicho que el karma solo puede existir cuando no hay amor incondicional. ¿Qué significa esto? Cuando la mente ama *incondicionalmente*, se ama primero a *sí misma*, y no pone *ninguna condición* a lo que *recibe* como ideas del universo.

Hay muchos en vuestro mundo que admiran a los que aprovechan las mejores oportunidades de la vida: el actor o la actriz que sirve mesas en algún establecimiento de comida rápida, que duerme en el banco de un parque, que sigue recibiendo clases y que finalmente consigue el papel y se vuelve rico y famoso. Y no obstante, quien se vuelve rico y famoso es aquel que aceptó el impulso del deseo de actuar y lo siguió, y estaba dispuesto a hacer lo que fuera para estar en los contextos en los que algo puede o no suceder –la *disposición* a asumir el riesgo–. Una persona así está viviendo, en realidad, en un estado de Amor incondicional del yo o ser[207], de sí mismo. Y ya piensen al respecto o no, llevan consigo la sutil creencia de que el universo de alguna manera se organizará para apoyarles en seguir su corazonada.

En *amor incondicional* el karma no existe. El ejemplo que os he dado es solo una fase rudimentaria del amor incondicional. En su estado "maduro", en su estado "espiritual", el amor incondicional conlleva que la mente ha despertado y entiende que nada de lo que ocurre puede realmente *ser causa* de que retenga o retire su Amor. En la perfección del Amor Incondicional, la mente simplemente ama. El karma, pues, no puede decirse que *exista*, porque esa mente ya no experimenta *efectos* que regresan a ella. Ha *trascendido* el mundo de causa y efecto, y sin importar lo que surja, simplemente ama. ¿Y quién puede estar encarcelado si simplemente ama?

Así pues, se da una *trascendencia* del karma mediante el *Amor Incondicional.* Y el Amor Incondicional siempre es el fruto de la decisión de amarse *a sí mismo*… y no porque sea un deber hacerlo, no porque vaya a hacer que tu marido te ame más... te amas a ti mismo porque finalmente reconoces que vale la pena hacerlo. Y eso es todo. Amas al Yo o Ser porque tu Creador te amó lo bastante como para crear el Yo o Ser.

Realmente no hay ningún efecto que ocurra como consecuencia de alguna fuente de poder fuera de vosotros. En otras palabras, nada os hace nada *a* vosotros. Nada. Y sois libres, en todos y cada uno de los momentos, de liberaros, mediante el Poder del Amor, de eso que *parecen ser* los efectos del mundo. En Verdad, nunca estáis a expensas del efecto de nada salvo de las ilusiones de pensamiento y creencia que habéis aprendido a proyectar *en* el mundo.

Muchos de vosotros tenéis miedo de decir a vuestros amigos y vecinos que escucháis cintas en las que un ser humano está canalizando la guía de Jesús o Yeshua. Ese mismo miedo que sentís, esa constricción, es *kármica.* En algún momento, hace mucho tiempo, decidisteis que el proceso de seguir vuestro propio camino debe permanecer oculto, y que no vale mucho la pena –que nadie estará de acuerdo, y que *sus opiniones deciden vuestra valía*–.

Me gustaría haceros esta pregunta:

> *¿Podría haber miedo simplemente por comentar con vuestros amigos que escucháis cintas canalizadas de Jesús de Nazaret? ¿Podría existir ese miedo si no hubiera ninguna creencia previa de que las opiniones de los demás tienen el poder de determinar si sois buenos o malos, válidos o no válidos?*

Si eso no estuviera ahí, no podría haber ese miedo. Así pues, en un momento dado creísteis que hay un mundo fuera de vosotros cuyas opiniones importan. Entonces, ¿de qué manera limitáis en vuestra vida la expresión de vuestro gozo y diversión de simplemente estar vivos, porque estáis preocupados por la aprobación de los demás?

El karma es un concepto muy interesante, y se manifiesta de muchas, muchas maneras.

> *¿De qué manera, los efectos que experimento en mi vida, son el resultado del pensamiento* kármicamente inducido*, en lugar de ser resultado de los pensamientos de* autoaceptación incondicional*?*

Queridos amigos, el hecho de que os experimentéis como un cuerpo-mente es kármico, en muchos aspectos. Es decir, es el resultado de que la vasta amplitud de la mente se atreve a pensar la diminuta y loca idea –y se la toma en serio– de que se puede separar del Amor de Dios, y de que podría crear una experiencia que la convence de que ha *logrado* la separación.

Y no obstante, el Amor Incondicional transforma la experiencia del cuerpo en algo muy diferente. El Amor Incondicional del Yo o Ser traduce la vida del cuerpo-mente… la vida de pagar impuestos, de hacer el cambio del aceite del coche… todo ello... se traduce de tal modo que el mundo no se convierte en algo que demuestra tu falta de valía, tu separación, sino más bien, como medio de comunicación en el que lo mágico[208], en cierto sentido, entra siempre en juego, o en el que la mentalidad milagrosa, entra siempre en juego.

Vas a llenar el depósito de gasolina del coche. Como tu corazón está abierto, tu mente está abierta, no tienes resistencia alguna, tus ojos están abiertos… y sientes la energía de alguien al otro lado de la isleta (creo que lo llaman así, isleta, y no lo entiendo, pues no hay agua en torno al cemento). Sin embargo, al otro lado de la isleta sientes la energía de alguien, y como tu corazón está abierto te acercas y dices,

> *Oh, estoy aquí echando gasolina. Levanté la vista y te vi. Tienes una gran sonrisa. Me has alegrado mucho el día. ¡Gracias!*

Y entonces, surge una conversación en la que descubres que en la empresa de esa persona están buscando a alguien para cubrir un puesto que justo tú puedes desempeñar. Y tú estás buscando un nuevo trabajo.

Las cosas del mundo se traducen en aquello que apoya tu gozo cada vez mayor, tu éxito, tu diversión, tu placer, tu mejora material, nuevos amigos. Apoya todo esto cuando miras a través de los Ojos del Amor. Cuando literalmente miras al mundo que te rodea y finalmente captas que nunca fue lo que pensabas que era, pues fracasaste en separarte de Dios. Y *todo* lo que ves está ahí para apoyar *tu experiencia feliz*. Eres libre de vivir en tu más elevado gozo, de pedir lo que quieras, de abrir el corazón y amar –y el universo responderá *de acuerdo* a las creencias que tienes sobre ti mismo, en tu interior–.

Contempla tu vida como algo que efectivamente es tu karma: acción que ocurre en respuesta a una acción previa. Una de las cosas más poderosas que podrías hacer alguna vez es preguntarte esto,

¿Qué debo haber creído que es cierto sobre el mundo, para estar viviendo la vida que vivo ahora?

Y esto no es decir que el karma esté mal o sea algo equivocado. No es así. Es simplemente efecto –causa y efecto–:

¿A cuáles de los efectos que ahora experimento puedo llevar un mayor grado de aceptación amorosa e incondicional?

¿Qué estoy viendo con hastío o aburrimiento en vez de con aprecio?

¿A qué puedo llevar una mayor profundidad de Amor Incondicional?

¿Dónde puedo soltar la resistencia?

¿Dónde puedo rendirme y dejar de tratar de dirigir mi propia vida y permitir que el Amor de Dios la dirija?

El karma puede trascenderse *traduciéndolo* en otra cosa. El karma puede convertirse en el cumplimiento de tu propósito, tu forma de extender y enseñar solamente Amor. Pues cuando entiendes que los efectos que llamas tu vida son los efectos de pensamientos o creencias limitados, temerosos o negativos que has tenido sobre ti mismo, puedes abrazar los efectos que has creado y verlos bajo una nueva luz:

Elijo permitir que estas mismas circunstancias sean aquellas bajo las cuales ahora aprendo a elegir Amor.

¿Qué puedo valorar en este momento?

¿Hacia qué puedo extender perdón?

¿De qué manera puedo superar el miedo a expresarme y compartir una verdad con un amigo?

¿Qué he estado evitando, y ahora puedo abrazar?

En ese mismo sentido, cualquier conjunto de circunstancias, creado como efecto del pensamiento basado en el miedo, se convierte ahora en la *vía* misma que te llevará a trascender el pensamiento negativo y a entrar en un ámbito del uso de la mente que creará efectos mucho más agradables, mucho más expansivos de lo que nunca hayas podido imaginar.

Así pues, no te lamentes de tu vida tal como es, pues es *absolutamente perfecta.* Y cada conjunto de circunstancias contiene en su interior todo lo que necesitas para traducir tu vida en lo que expresa tu amor de Dios.

Nunca te lamentes por lo que creas. Nunca te lamentes por lo que experimentas. Nunca te juzgues y digas,

Oh, ¿por qué hice eso? Debería haber hecho esa otra cosa.

No. Aprecia lo que has creado. Encuentra en su interior lo que puede ser apreciado. Envuélvelo en los brazos de tu Amor. Dale Amor Incondicional. Y de ese modo, encontrarás una ventana, una entrada, la creación de un nuevo uso de la mente que necesariamente va a *requerir* que el Universo se *reorganice* a Sí Mismo para alojar la nueva vibración. El aprecio, el Amor y la ilimitación *requieren* que el Universo se muestre de una manera diferente.

En otras palabras, el karma no es tu prisión. Poner tu *atención* en los efectos que creas es un camino hacia una gran libertad. Lo que hiciste en el pasado para crear los efectos que ya no quieres no fue un pecado ni un error. Fue simplemente una elección libre para poder crear experiencia. De acuerdo, has estado allí, has hecho eso. Lleva Amor y aprecio a los efectos mismos que puede que estés juzgando:

¿Por qué compré esas existencias? Fue tan estúpido. No obtuve la suficiente información y ahora la empresa está en bancarrota y acabo de perder diez mil dólares. Ahhh, pero déjame expresar mi agradecimiento por este efecto. Sí. Bien, ¡es fantástico! Creo experiencia para mí mismo. Puedo hacerlo más veces. ¡Es genial! Oh, ¡me quiero tanto a mí mismo!

Puedo decidir. Oh, ¡es genial! Acabo de aprender una lección valiosa. La próxima vez obtendré más información. Ah, me gustaría tener otra oportunidad de conseguir más ofertas y tener la oportunidad de ganar dinero. Ah, ¡sí! Oh, mediante mi Amor Incondicional voy a hacerme un experto en esto –lo veo venir–. ¡Sí, sí!

De hecho, cada vez que crees que has fracasado, ¡*celébralo*! Celebra el así considerado fracaso como si fuera un éxito. Pues recuerda, de *ti* depende decidir lo que vas a percibir. Los acontecimientos son simplemente neutros. Por lo tanto eres libre de festejar lo que *consideras* como tus fracasos. Y cuando los celebras, son tus éxitos. Cualquier persona exitosa sabe que nunca *fracasa*. Simplemente *aprende* y se vuelve más sabia.

Vuélvete alguien, pues, que ya no está bajo el efecto del karma. Y más bien conviértete en alguien que usa el karma de forma sabia al contemplar honestamente su vida, aprendiendo lo que se necesita aprender –sin juicio, sino más bien en *celebración*–. Conviértete en alguien que traduce su karma en la vía de entrada a un discernimiento[209] cada vez mayor de la Presencia de Dios y del Amor Perfecto –que se extiende por toda la faz de la Tierra, impregnando todo lo que ves, traduciendo el mundo precisamente en el medio que puede elevarte, despertarte, cuidarte y sanarte–.

Y entonces, queridos amigos, de nuevo os pedimos que escuchéis con mucha atención el *tema* de esta hora, las preguntas que se os han dado, *para que paséis tiempo con ellas*. Pues veis, en *La Vía del Conocimiento*, la mente que mora en un estado perfectamente liberado sabe que el mundo de los efectos que esa mente está experimentando contiene en su interior los secretos mismos de un deleite cada vez mayor en la presencia del Amor de Dios... que no existe eso que se llama fracaso. Solo hay un continuo éxito, conforme la Vida se desarrolla desde lo bueno, a lo más bueno, hasta lo mejor –a medida que la mente aprende a ser la Presencia del Amor–.

La Libertad es Amor bajo todas las circunstancias.

Y con eso, la paz esté siempre con vosotros.

Amén.

Lección 6

Ahora, comenzamos.

Y efectivamente, una vez más, saludos para vosotros, queridos y santos amigos. Como siempre, vengo para morar con vosotros *simplemente* como vuestro hermano y vuestro amigo. Recordad siempre que un hermano o una hermana no es alguien que esté por encima de vosotros, sino vuestro igual. Recordad siempre que un amigo es alguien que ha elegido deliberadamente ver en vosotros la perfección de Cristo y toda la grandeza que puede ser concebida a través de vosotros, hasta que estéis dispuestos a veros a vosotros mismos bajo una Luz semejante. Y luego, ese amigo se une a vosotros en una relación santa –para crear, para jugar, para extender la Verdad de la Realidad–.

Pues fuisteis concebidos para *crear* y no para *hacer*[210]. ¿Cuál es pues la diferencia entre *hacer* y *crear*?

Hacer requiere los esfuerzos especiales de la mente egoica. Hacer implica planificar lo que se *quiere* en base a lo que *ya se sabe*. Y luego ponerse a establecer la manera de darle existencia de acuerdo con las propias ideas. Hacer siempre contiene un elemento de miedo, ya que el ego en sí *es* la contracción fundamental del miedo.

Crear, del modo que empleo estos términos, es algo muy diferente. Cuando digo que fuisteis concebidos para crear, que fuisteis creados para crear, quiero decir que, al estar hechos a imagen del Creador, vuestra única función es servir como canales a través de los cuales la belleza del Amor y su insondable misterio pueden ser expresados de tal manera que se pueden *ver* en este mundo. Un pintor lo puede hacer con un pincel, un cantante con una canción, un escritor con una palabra, un amigo con una sonrisa, un jardinero con un jardín. Estáis *en* el acto de extender la creación cada vez que entregáis vuestras propias ideas sobre qué es algo o para qué sirve, y elegís hacer lo que hacéis solamente para disfrutar de la presencia del Amor y del ofrecimiento de ese Amor a quien sea o a lo que sea que lo reciba.

La creación es pues el proceso en el que el creador se extiende a sí mismo o a sí misma desde el mundo de lo sin forma hacia el mundo de la forma. Cuando decidís invitar amigos a cenar, y no tenéis otros planes más que estar con ellos y preparar una buena ensalada y algo de sopa para ellos –y tan solo porque les amáis, porque estáis en un estado gozoso de ser– estáis extendiendo la Presencia y la Realidad de Dios. Ciertamente, esto es muy diferente de lo que hacen vuestros políticos cuando invitan a los amigos a cenar. Por lo tanto, efectivamente, queridos amigos, están implicados en *hacer*, mientras que vuestra cena es el *fluir de la creación.*

En el fluir de la creación, la *forma*, en sí misma, siempre se reconoce como *secundaria*; es un mero instrumento para el *contenido.* En el *hacer*, la *forma* se vuelve *muy importante.* ¿Y por qué? Porque en el hacer, la mente egoica cree que ya sabe qué son las cosas y para qué son, ya que todas están ahí para la seguridad y la continuidad del ego. Y por lo tanto, la forma de hacer las cosas se vuelve *muy* importante, pues la forma es imagen, y no contenido. En la creación, la forma es como tú más desees que sea, porque te da *gozo* y no porque creas que vaya a coaccionar a otra persona para que vote a tu partido.

Imagina pues que algunos de vuestros actores o actrices que acuden a las nominaciones de los Óscar estuvieran más interesados en llevar una ropa que les diera alegría, en lugar de la ropa que eligen dependiendo de lo bien que "les quede", de si será aceptable, si cortará la respiración, si atrapará la atención de los demás. Tened por seguro que muchos aparecerían en pijama. ¡Mmm! La diferencia entre hacer y crear es la diferencia entre ilusión y Realidad. La Realidad *es* el Amor que Dios es. La Voluntad del Creador es extender Amor. Fuisteis creados a partir de la Voluntad del Creador, y por lo tanto *vuestra voluntad* de expresar Amor es la *Voluntad de Dios*; son una misma cosa.

La mente egoica, en torno al tema del Amor, ya que estamos en ello, está interesada en *hacer o fabricar amor.* Tiene unas ideas muy definidas sobre cómo debería *mostrarse* el Amor, sobre qué *forma* debería adoptar, sobre cómo deberían *responder* otros seres, sobre qué acciones están bien y cuáles no. Pero en la creación, el Amor simplemente se extiende a Sí Mismo con *inocencia.* Cuando tu voluntad es una con tu Creador, no estás interesado en lo más mínimo en *hacer* el amor. Solo te interesa *celebrar* la Realidad de que ya estás *en* Amor, y que ya existes *como* expresión del Amor. Eres inocente y perfecto, tal como eres. La forma de esa expresión se vuelve muy secundaria, ya que simplemente es un instrumento transitorio para el cumplimiento del deseo del corazón de celebrar la Realidad de *estar en Amor.*

Permíteme entonces preguntarte esto: en tu propia vida, ¿te esfuerzas para tratar de *hacer* que el Amor suceda, o bien celebras que ya estás en *presencia* del Amor? Pues en lo primero debes obligar a otros seres a unirse a tu *hacer*, y luego intentar persuadirlos acerca de cómo deberían estar comportándose, desempeñándose, aceptando, recibiendo –de modo que sientes que has tenido éxito en manifestar lo que ya has determinado en la mente–. *Hacer el amor* requiere otros seres. *Crear Amor*, es decir, extender Amor, requiere solamente tu voluntad, tu disposición. Esto significa que eres perfectamente libre y que no requieres –no *necesitas*– que el mundo se muestre de una determinada *forma* para que tú decidas estar *en* Amor. Y cuando estás *en* Amor, *el Amor guiará la expresión de la forma.*

Así de simple es, realmente. Y sabrás de inmediato si basta con una sonrisa, ya sea dirigida hacia otro ser humano o hacia la hoja de un árbol. Si estás con otro sabrás exactamente cómo expresarlo. No habrá ninguna pregunta, no habrá ninguna duda. No habrá interferencia alguna de la mente egoica. Ya no habrá miedo. Pues cuando la mente está realmente en la Voluntad de Dios, no existe el tiempo. Como no hay tiempo, no hay ninguna referencia al pasado ni al futuro. Pues esas cosas habitan en la dualidad del tiempo. No forman parte de lo único que es eterno. El pasado ha pasado. El futuro es, en el mejor de los casos, una fantasía en la mente. El *presente* es donde Dios mora.

La Paz de Cristo, pues, depende de tu disposición a morar en el presente, y por ninguna otra razón que para extender la creación, para ser aquel que recibe Amor, que reconoce la presencia del Amor, que respira Amor y entonces Le permite fluir a través del cuerpo-mente, a través de la voz, a través de la palabra escrita, a través del parpadeo de un ojo, sea lo que sea… y luego se termina y estás listo para el siguiente momento. La Paz de Cristo llega solo a esa mente que renuncia a la valoración del pasado y del futuro, y se rinde al presente. Pues el Amor solo puede ser *sentido*, *conocido*, y *extendido* en el presente. Una mente así es una creadora. Y a través de esa mente fluye la perfección de la extensión del Amor –sin impedimentos, sin obstáculos y sin errores[211]–.

La mente que es libre, pues, está libre de la necesidad egoica de hacer, de controlar, de dar forma... la mente que está libre de la identificación con el pasado y de la ansiedad sobre el futuro, mora en el perfectamente eterno *ahora* –por ningún otro motivo que el de recibir el discernimiento[212] de que mora en la presencia perfecta del Amor, y entonces permite que esa Realidad misteriosa pase a través de la mente, allá donde está, y *tal como* está–. No necesita hacer gala de nada. Esto no va de tener un conjunto prescrito de actividades a realizar. Estás simplemente presente en el momento, y *el Amor te vive.*

La relación santa es pues cuando dos seres eligen reunirse, y sencillamente cada uno de ellos elige individualmente estar *en* la presencia del Amor. Y entonces, lo que suceda, sucede. Quizá uno se siente en una silla a leer un libro mientras el otro ve una película. Quizá se junten y hagan una bonita cena. Realmente se vuelve muy irrelevante, pues ellos serán movidos por la misteriosa energía del Amor, en Sí Mismo, que es la Voluntad de Dios creando experiencia *a través de* Sus Creaciones. Y cuando ese momento se va, pues se ha ido. Y la mente de cada uno de ellos simplemente se encuentra a sí misma en un momento nuevo presente.

La diferencia entre *hacer* y *crear* es esencial en *La Vía del Conocimiento.* Por lo tanto, os quiero invitar, con el tema y el mensaje de esta hora, a comenzar a examinar vuestra propia vida. ¿Cuándo estáis descansando en el Conocimiento y permitiendo que la Creación fluya a través de vosotros en cada momento presente, y cuándo se encuentra absorbida vuestra mente por lo que creéis que debéis *hacer* que ocurra? Llegad a discernir la diferencia entre ambas cosas y notad la cualidad del sentimiento que está en vuestro interior cuando estáis en cada uno de esos estados.

Si sois diligentes, llegaréis a comprobar que siempre que estáis en el modo de *hacer* el amor, de *hacer* que la vida se ajuste a lo que *creéis* que debería ser, estáis sufriendo. Cuando estáis *creando*, estáis disfrutando del milagro de la Creación, en Sí Misma. Pues estáis en una posición única. Sois tanto Aquel a través del cual fluye la Creación, como el testigo, o el observador, del acto de la Creación que fluye desde la Mente y el Corazón de ese Centro Creativo que he llamado *Abba*, y Que es solo Amor.

Celebra pues, y abraza, la unicidad[213] de ti mismo como el Hijo de Dios. Eres aquel que consigue[214] *experimentar* Amor, *crear* Amor, y también observar y atestiguar el flujo del Amor. Si no entiendes que eso es *milagroso* entonces pásate a solas todo el tiempo que necesites, sin mover un músculo, hasta que lo captes. Pues esa es la Verdad de tu Realidad. Es atemporal y eterna, y trasciende con mucho los límites del cuerpo físico, y los límites de tus *ideas* sobre tu yo o ser físico –tu personalidad, tu historia personal, tus hijos, tus compañeros, tus cuentas bancarias–. Trasciende con mucho todo lo que está surgiendo transitoriamente en el campo de la forma.

Como el Santo Hijo de Dios, como ese Espíritu creado, concebido para crear, tu capacidad de ser consciente del flujo del Amor no conoce nacimiento ni muerte –nunca la perderás–. Como el Santo Hijo de Dios, el poder de tu capacidad, el poder de tu ser para permitir que el Amor fluya a través de ti, es ilimitado para siempre y nadie te lo podrá arrebatar. Como el Santo Hijo de Dios, tu capacidad para disfrutar del propio acto de ser Aquel a través del cual el Amor se extiende, no tiene parangón en toda la Creación, y tampoco se te quita nunca.

Esos tres aspectos son realmente una única cosa. Y son la Verdad de quien tú eres. Y en cualquier momento en que tu mente haya caído bajo el poder de la mente egoica, que es simplemente elegir de forma errónea y loca tan solo durante un instante, la Realidad de tu ser nunca desaparece. Nunca cambia ni se altera de ninguna manera. Todo lo que ha ocurrido es que has usado el tiempo para *perder* el discernimiento[215] de la Verdad. Y en el momento siguiente eres libre de elegir de nuevo. La Mente Sanada es Aquella que acepta Su Verdadero Conocimiento[216]:

Yo y mi Padre somos Uno. Solo el Amor es real. No puedo ser la víctima de lo que veo, pues lo que veo es lo que elijo ver. Y si elijo ver con los Ojos del Amor, todo lo que veo es perfecta inocencia y la Voluntad de mi Padre claramente en funcionamiento.

La Mente Sanada es simplemente Aquella que descansa en esa simple Realidad. Simplemente se ha entrenado a Sí Misma para elegir siempre la Voz del Amor, eso es todo. No importa lo que surge y desaparece. La Mente Sanada *no* es una mente que pueda *hacer* que suceda lo que Ella quiera que suceda. Ese es el intento egoico de volverse absolutamente poderoso. Los mansos de corazón –los puros de corazón– son aquellos que comprenden que *hacer* es la ilusión. El *ser* es la realidad.

Hacer y crear… el *hacer* frenético, o *ser* la presencia del Amor, a partir de la cual surgen los contextos creativos, porque la Voluntad del Creador es extenderse a Sí Mismo a través de una miríada de formas que surgen y desaparecen. Las formas cambian, pero el contenido o la esencia no. Y la Mente Despierta se despierta al flujo siempre presente del contenido que impregna toda forma, en todo momento. Por eso, para la Mente Despierta la pérdida no es posible, y la muerte se considera como algo irreal. Pues la muerte solo puede concernir[217] a la *forma.* Las formas comienzan y terminan en el tiempo, como sucede con la forma de un cuerpo; esa es una de las formas de las que sois claramente conscientes. Las ideas tienen un comienzo y un final. El Amor es lo único que no conoce comienzo ni final, siendo como es la energía fundamental de Dios Mismo.

La Mente Sanada no planifica. ¿Qué significa esto? No significa que no organice el día, es decir, no es que no tome decisiones sobre si va a hacer cierta llamada de teléfono ahora, y esa otra llamada luego. Pero no planifica *para qué* será el día. Simplemente se entrega al Amor y permite al Amor *dar a luz*[218] el día. ¿Ves la diferencia? La mente egoica se levanta por la mañana creyendo que ya sabe para qué es el día, y su día no tiene otro propósito que el de mantener la autoridad del ego, e intentar de nuevo que el mundo se amolde a lo que la mente egoica cree que debe ser. La Mente Despierta sabe que este día no tiene ningún propósito salvo el que el Creador le quiera dar –a través de la Mente, a través del Yo o Ser[219]–. Y así, Ella busca primero el Reino, y luego todo lo demás se da por añadidura. El día fluye *desde* Su entrega al Amor.

La Mente Sanada –la *Mente realmente Sanada*– es Aquella que es como el viento. Cuando contemplas el viento, no puedes decir de dónde viene, ni puedes saber a dónde va. No es algo lógico; *tú* no puedes controlarlo. Puedes ver sus efectos. Puedes intentar medirlo. Incluso puedes tratar de predecirlo. Pero siempre te dejará intrigado[220].

Una Mente Sanada no está interesada en *hacer*. Su único interés está en el gozo y en el deleite de *crear*. Simplemente se muestra allá donde se le pida estar. Ya no se lamenta ni se queja si se le pide trabajar veintitrés horas al día para traer a la existencia alguna creación que extienda la Presencia y el Amor de Dios. Simplemente hace lo que se le pide. La Mente Sanada ya no está apegada a las definiciones que el mundo hace del éxito y del fracaso. Pues estas pertenecen al ámbito del *hacer*. Ya no está apegada a lo que otros *creen* sobre Su creación, pues confía en el Misterio que la ha concebido y que opera a través de Ella en cada momento.

Efectivamente, queridos amigos, pensadlo bien: ¿Estáis dedicados a *hacer* o a *crear*? A modo de simple ejercicio, en este mismo instante, ¿cómo estáis abordando la audición de esta lección? ¿Recordáis empezarla, como os hemos sugerido muchas veces, como alguien que ya sabe que es Cristo, y que simplemente se sienta para morar con un hermano o un amigo que es su igual, y que ve la Verdad de su ser? ¿Recordáis abrir el corazón y confiar en que lo que surja bajo la forma de vuestra experiencia, a medida que escucháis estas palabras, es exactamente lo que es perfecto para vosotros en este momento? ¿O acaso te pones a ello determinado a hacerte como Yeshua mediante la *memorización de las palabras*, gracias a *conseguir captar el concepto*?

La mente relajada absorbe todo conocimiento. La mente que *hace*, pierde todo conocimiento. La mente sanada y relajada es como una esponja que continuamente aprende y se deja moldear por lo que aprende. La mente que hace no tiene espacio para recibir nada nuevo, pues ya ha decidido lo que es la verdad, a qué debe parecerse, y cómo debe sonar. Deja escapar el momento en el que puede observar una experiencia de Amor, ser su canal, y ser quien la crea.

En este momento, entonces, eres muy libre de abrir realmente el corazón, relajar la mente y comprender que estás presente con un hermano, y que juntos estáis *en* el Campo del Amor. Y todo lo que surge, surge en Misterio y regresa a su Fuente. Si puedes entrar en un Campo Mental así, en este mismo momento eres libre. Y eres efectivamente, Aquel que Sabe. Si puedes unirte conmigo en una Mente así, en este mismo instante puedes demostrarte a ti mismo lo infinitamente poderoso que eres. Y lo que se puede aplicar a *este* momento se puede aplicar al resto.

Del mismo modo, si tu mente insiste ahora en que no puede ser Aquel, en este instante estás haciendo exactamente lo mismo. Estás usando el infinito poder de la mente para seguir siendo un *hacedor*, y por lo tanto, para residir en el sufrimiento. De cualquier manera, sigues teniendo toda la razón. En cualquier caso estás expresando tu perfecta e infinita libertad… para *crear* o para *hacer*, para estar en Amor o para tener miedo, para permanecer en Paz o en ansiedad.

Ahora bien, pregúntate en tu interior,

> *¿Elegiría experimentar lo que no tiene fin –yo mismo– como un creador o como un hacedor?*

Si eliges la vía del creador, entonces lo primero que necesitas hacer es recordar que crear no es lo mismo que hacer. Crear conlleva buscar primero el Reino del Cielo. Ahora bien, ¿qué significa eso? Pues bien, significa que tienes que vender todo lo que tienes, ponerte una mochila, comprar un billete a Katmandú y pasarte diecisiete años caminando por las montañas del Himalaya hasta encontrar justo la cueva correcta, y luego otros diecisiete años de meditación astuta y de oración, antes de comenzar a conseguir tu primer atisbo de Dios. Eso es lo que conlleva la búsqueda del Reino de Dios. O bien, puedes simplemente dirigir la mente hacia la Paz de Dios –justo donde estás– y aceptarla. Y en ese mismo instante habrás obtenido todo lo que los yoguis hayan podido obtener alguna vez en sus cuevas, todo lo que todos los Budas y Cristos han logrado alguna vez con sus austeridades. El Reino está a solo una elección de distancia:

> *Elijo ahora la Perfecta Paz de Dios.*

Y solo con eso, has logrado todo lo que se necesita lograr –si lo aceptas–.

Crear significa que estás comprometido a buscar primero el Reino, y luego a permitirte celebrar que, sin importar lo que te muestren tus ojos físicos, sin importar cómo la mente-cerebro esté interpretando o creando percepción sobre lo que los ojos físicos le revelan... sin importar nada de eso… *eres libre*. Pues cualquier cosa que surja es perfectamente inofensiva. Las formas vienen y van, el Amor permanece. ¿Y dónde más podrías encontrar libertad salvo como alguien que simplemente permanece en la decisión por el Amor?

Si quieres ser un creador necesitarás renunciar al *esfuerzo*[221]. Pues el esfuerzo forma parte del mundo del hacer. Necesitarás darte permiso para cultivar la maestría de *permitir*. Permitir no es pasividad. No es quedarte sentado esperando a que el Universo manifieste cosas buenas en tu vida. Permitir es un acto de dirigirse hacia adentro, apreciar tu Unidad con Dios, y simplemente preguntar,

Padre, ¿qué te gustaría crear en este momento?

Y de repente llega un pensamiento. En él te descubres conduciendo tu coche cincuenta kilómetros para ir a ver a un amigo e invitarle a cenar. Entonces, ¡te pones a ello! Conducir esos cincuenta kilómetros es un acto que conlleva energía. No es un acto pasivo. *Permitir* es un estado muy poderoso de ser, pues no se resiste a nada en el campo de la acción –¡a nada!–. Y si se te pide crear un centro de retiro en el norte de Nuevo Méjico, pues bien, simplemente te pones a ello, aunque no tengas ni idea de cómo va a suceder. Simplemente te ofreces y vas.

Externamente, un creador –un verdadero creador– puede parecer muy normal. Puede parecer que no está, por así decirlo, recibiendo la alabanza del mundo. Su foto puede que no esté en la portada de lo que llamáis la revista *People*. ¡Mmm! Puede que no esté en las páginas centrales de la revista *Playboy* o *Playgirl*. Un creador es aquel que se deleita en permitir que el flujo de la Vida encuentre formas de tocar corazones y mentes con Amor. El creador no trata necesariamente de almacenar monedas de oro para un día de invierno. Ser un creador simplemente consiste en observar, en ser un canal para, y en estar implicado en... la extensión creativa del Amor. Esa creación podría requerir almacenar monedas de oro, pues el creador no se resiste a nada del mundo. Nada se ve como bueno o como malo, sino solo como instrumento para llevar a cabo la Voluntad de Dios. Y la Voluntad de Dios es la extensión del Amor. Y cuando estás involucrado en *eso* tu voluntad es una con el Padre, y eso es todo.

La diferencia entre *hacer* y *crear* es esencial en *La Vía del Conocimiento.* Así pues, te convendría pasar algún tiempo, durante el próximo mes más o menos, simplemente morando en la inocencia de observar tu vida, y comenzar a darte cuenta de cúando se queda capturada tu energía en el *hacer* en vez de en el *crear.* ¿Cuándo has estado quizás entregando tu vida al hacer, pero deseando crear? Comienza a observar los momentos de tu día en los que puedes elegir crear y recuerda que elegir crear significa,

> *Entrego este momento a la Voluntad de mi Padre. Me pregunto cómo podría simplemente rendirme para ser la presencia de aquel que ha aceptado el Reino para sí mismo. Y luego veré a qué me lleva el siguiente segundo.*

De modo que comienzas a ver que, sin importar lo que esté surgiendo en las circunstancias que te rodean, o en lo que otras mentes estén haciendo en este mundo... y ya he dicho que este mundo es una gran confrontación de ilusiones[222], y que la gran mayoría de las mentes están todavía mucho más comprometidas con la ilusión que con la Realidad... llegas a entender que el mundo no tiene ningún efecto sobre ti. Son simplemente acontecimientos que surgen y pasan. Y en cualquier situación, tu mente sigue siendo libre de renunciar al hacer para crear, entregando luego ese momento a la Voluntad de Dios.

Aceptar la Expiación para ti mismo es otra manera de decir que aceptas la presencia del Amor –respirándolo y celebrándolo–:

> *¡Ah, sí! Esto es todo lo que es real, de todos modos. Ahhh. Me pregunto qué es lo que quisiera ser creado en este momento.*

Y luego observar la encantadora expresión de esa *Voluntad* en ese momento, y eso es todo. Cuando dije,

Los mansos heredarán la Tierra,

eso significa que, finalmente, será precisamente ese estado de ser lo que se establezca como cualidad omnipresente de la consciencia humana. El mundo estará poblado por creadores que se levantan por la mañana y dicen:

El día le pertenece al Creador. Estoy simplemente creado para extender la Voluntad del Creador.

Padre, ¿cuál sería una forma maravillosa de pasar el rato hoy?

Algunas de esa mentes podrían escuchar,

Simplemente pasa el rato en el bosque y escucha a los pájaros.

Y así, esos seres, dedicarán el día a deleitarse, tan profundamente como sea posible, en la experiencia del canto de los pájaros. Otros escucharán un mensaje diferente, y emprenderán lo que sea que se les pida. ¿Por qué? Porque la mente del creador ya no se resiste. La cordura ha sido restablecida y no hay nada de qué inquietarse.

La mente implicada en el *hacer* escucha el impulso de Dios y luego esgrime millones de razones por las que eso *no puede ser.* Y esas razones siempre tienen que ver con algún aprendizaje que ha tenido lugar en el *pasado*, o con alguna ansiedad sobre un *futuro* imaginado. En otras palabras, la mente de un hacedor *nunca* está *presente.* Está atrapada en la ilusión de la dualidad, y no en la Realidad de la Unidad Perfecta.

Aquel que Sabe es un creador. Y un creador está vacío de sí mismo, es decir, vacío del yo que fue fabricado en el error por error. El Conocedor de la Realidad es la presencia del Amor, la espaciosidad a través de la cual el Creador extiende Su Voluntad Perfecta. No tiene apegos ni ilusiones. No está gobernado por lo que otros piensan de Eso. No está gobernado por lo que Él ha logrado en el pasado, ni por lo que percibe que debe tener en el futuro.

La mente de aquel que Sabe, y descansa en la verdadera creatividad, simplemente está presente, atestiguando los caminos *extraordinarios*, misteriosos, del Amor. Pues el Amor permite todo, abraza todo, confía en todo, y por lo tanto trasciende todo. Y la paz perfecta solo puede existir donde la mente ha *trascendido* todos los estados conflictivos de dualidad. La trascendencia no es negación. Solo surge a través del abrazo, del permiso, de estar presente.

Tu mente es una mente que *ha* sido sanada. No necesitas sanarla. Solo necesitas aceptar que la sanación se ha logrado por la gracia de ese Amor que te ha concebido para crear. Eso es lo que quise decir cuando dije que un maestro de Dios solo necesita aceptar la Expiación para sí mismo.

Ya estoy sanado. Es tiempo de irse acostumbrando a eso.

Así pues, todas las formas de sanación son simplemente contextos creados por el Amor a través de una mente que ha aceptado la sanación –un contexto creado que le dé a la mente que se percibe a sí misma como no sanada, una oportunidad para elegir de forma diferente–.

Por lo tanto, en este mismo instante deseo crear para vosotros un contexto, una manera de demostraros precisamente lo que he estado compartiendo con vosotros en esta hora. Pues en este momento, como hermano y amigo que os ama así como amo a mi Padre, me estoy simplemente permitiendo crear palabras grabadas en una cinta que ayudan a crear un contexto que estoy literalmente observando cómo surge. No lo he planeado. No estoy tratando de hacer que pase nada. Estoy permaneciendo en Amor.

Y desde ese Amor estoy recibiendo ahora el pensamiento de la Voluntad de mi Padre. Lo observo fluir a través de mi mente hacia el campo de este ser, el que reconocéis como este ser concreto, mi querido hermano, y que es traducido a través de impulsos eléctricos en algo que crea una vibración de las cuerdas vocales, que crea palabras que se graban en una cinta y que oyen vuestros oídos, que envían vibraciones a vuestra mente-cerebro –y que os permiten acceder a él con el Yo o Ser más profundo que Conoce la Verdad–.

Estoy siendo testigo de todas esas cosas incluso mientras fluyen hacia vosotros a través de mi mente.

Os invito ahora, pues, al contexto de la sanación. Decid entonces esto en el interior de vuestra santa mente:

> *Mi mente ya ha sido sanada por la Gracia que me concibió a Su imagen. Tan solo necesito usar el poder de esa mente para elegir la Paz perfecta de Dios. Y así lo hago, ahora y para siempre. Soy aquel que Sabe.*

Padre, ¿qué crearías ahora como extensión del Amor?

Y no hagas nada más que observar lo que aparece en tu mente –la sensación que de repente fluye a través del cuerpo–.

¡Ahí está! Un breve ejercicio. Un contexto para demostrar cómo funciona todo esto. Sin magia ni peregrinaciones, sin píldoras ni dietas especiales, sin aventuras amorosas especiales –absolutamente nada en *especial*–. Simplemente la presencia de la Mente. Y ten por seguro que, en ese momento, si realmente estabas unido a esa Mente, no tenías ninguna idea en absoluto de ser un ego separado que no conoce a Dios. Eras esa Mente involucrada en el proceso creativo mismo. Estabas en tu *mentalidad correcta*. Y en ese instante, eres el Conocedor. Y como Conocedor, eres libre de tener tantos instantes de ese Conocimiento como *tú* desees experimentar.

Así pues, queridos amigos, simplemente observad la mente durante un rato hasta que aprendáis a detectar la diferencia entre hacer y crear. Llegaréis a descubrir que crear es mucho más divertido, requiere mucho menos esfuerzo o energía, y crea mucho más gozo en vuestra propia experiencia, en vuestro propio campo de energía. Deleitaos con esa sencilla práctica, y recordad: no tenéis por qué ir a un templo tibetano para perfeccionarla. Pues allá donde estéis, ya estáis en el Templo creado para vosotros por el Creador que os ama y que sabe exactamente cómo iluminar, para siempre, la Mente del Creador que Él ha creado. ¡Disfrutad de la creación!

Y con esto, efectivamente, queridos amigos, la paz esté siempre con vosotros... vosotros que sois eternamente Cocreadores perfectos con nuestro Padre. La paz esté siempre con vosotros.

Amén.

Lección 6, sección de preguntas y respuestas

Pregunta: ¿Cuál es la diferencia entre *gozo* y *placer*? ¿Por qué muchas tradiciones espirituales censuran el placer?

Respuesta: Esta es una pregunta muy sabia que te has visto impulsado a preguntar en tu afán de ser un creador. ¡Mmm! Efectivamente hay una diferencia entre *gozo* y *placer*. En vuestro ámbito humano, en el ámbito del cuerpo-mente, el gozo y el placer se confunden a menudo entre sí. Y así, la mente se engaña persiguiendo el *placer* creyendo que encontrará *gozo*.

¿Cómo distinguir entonces entre ambos?

El placer depende de un estado energético específico que pasa transitoriamente por el sistema nervioso del cuerpo. El gozo es una cualidad de reconocimiento en el Espíritu, o Mente Profunda, o Corazón, que *trasciende* toda circunstancia. Una mente despierta puede conocer el gozo en medio de lo que aparentan ser las adversidades de la vida.

Como ejemplo, en mi propia experiencia como hombre sobre vuestro plano, vuestro mundo diría que mi crucifixión fue una experiencia *muy* dolorosa. Pasaban muchas cosas en el cuerpo, pero yo estaba en un estado de gozo, no de placer. Cuando bailé, canté, bebí vino y partí el pan con mis amigos, experimenté placer. Es decir, las sustancias alimenticias, la vibración de la música, creaban un patrón transitorio de energía en el sistema nervioso, que provocaba ciertas reacciones en el interior de la mente-cerebro y en el cuerpo mismo –sensaciones placenteras–.

Aprendí, porque así se me enseñó, que el placer es exactamente lo mismo en este sentido. Tiene un comienzo y un final, y atraviesa el cuerpo físico, el sistema nervioso y el cerebro, y eso es todo. Comprendí que el gozo consistía en liberarse de todas las ilusiones de separación.

Imagina que la profundidad de tu mente fuera realmente como un espacioso océano que pudiera albergar todas las ondas que surgen en el interior del campo del cuerpo-mente sin ninguna resistencia en absoluto, sin verse perturbado en su profundidad. Podría haber una gran tormenta en la superficie, pero la profundidad del océano no se ve alterada. El gozo es una cualidad de discernimiento que se produce a través de la liberación de las ilusiones y de la corrección de cómo piensa la mente y cómo siente el corazón. El gozo es una cualidad de ser que no depende de salud ni enfermedad, dinero ni pobreza, nacimiento ni muerte, pérdida o ganancia. Ganar algo en el mundo no incrementa el gozo, aunque temporalmente quizá te dé placer.

Esto debería bastar para recapacitar respecto a esa parte de tu pregunta.

¿Por qué ciertas tradiciones espirituales han tratado de apartar a sus practicantes de la trampa del placer? Bueno, francamente, solo por esto. Porque la mente humana *equipara* el placer con el gozo. Y, por lo tanto, cuando las sensaciones no placenteras atraviesan el cuerpo –como las de tristeza, confusión, duda o la sensación física de enfermedad–, la mente quiere salir de ese estado y crear uno diferente. Pero eso es simplemente el ámbito de la dualidad, en el que no hay libertad.

El verdadero gozo llega cuando no se rechaza ni se juzga ningún estado transitorio de sensación en el cuerpo, sino que más bien se acoge y se experimenta, porque esa mente comprende que ella no es ese estado –no está limitada ni identificada con el estado transitorio–. La *mente llena de gozo* puede llorar como nadie lo ha hecho antes. La mente llena de gozo puede acoger la tristeza hasta el fondo, con la mayor de las intensidades que puedan imaginarse. La mente llena de gozo es la mente que observa todo, confía en todo, permite todo, abraza todo, trasciende todo.

El gozo es pues una cualidad de *Conocimiento*[223]. El placer es un estado *fisiológico* –muy transitorio– del cuerpo-mente. Por qué entonces un maestro espiritual diría,

Ten mucho cuidado. No busques placer.

Simplemente porque la mente puede volverse adicta a confundir gozo con placer. Y por lo tanto, cuando las cosas no van bien, tratará de recrear un estado transitorio placentero en el cuerpo. Pero lo único que logra con eso es continuar con la rutina de la mente que se identifica erróneamente con el cuerpo. Y eso la mantiene en el ámbito de lo temporal, y no de lo eterno.

Ahora bien, ¿eso significa que debes rechazar el placer? ¡Absolutamente no! Simplemente no lo persigas. ¿Qué quiero decir con eso? Os he dicho muchas veces que el cuerpo no se puede usar para *obtener*. Solo se puede usar para *dar*. La Mente Sanada no necesita usar el cuerpo para conseguir nada, pues Ella considera que el cuerpo es simplemente un instrumento transitorio de comunicación. Recibe comunicaciones de otras formas de vida, otros seres –rocas, árboles y seres humanos, el viento, las olas y las estrellas– y Se comunica Consigo Misma, comunica la Mente, a través del cuerpo.

Por ejemplo, en el ámbito de la sexualidad muchas personas intentan *usar* el cuerpo para *obtener* eso que se llama un estado placentero, porque creen que el placer es lo mismo que el gozo. Pero la Mente Despierta ya no confunde el gozo con el placer, permite que los estados placenteros pasen a través del cuerpo-mente pero solo como un efecto secundario de Su decisión de usar el cuerpo para involucrarse en la sexualidad con el único propósito de comunicarse con otro:

Te veo en tu perfecta inocencia y quiero celebrarlo al unirme contigo plenamente en lo corporal.

Así pues, está involucrada en *dar*, y los estados placenteros, que pueden o no aparecer, y que quizá sean siempre diferentes, son solo secundarios. Y después, esa Mente no se preocupa más. No dice,

Vaya, no se encendieron todas las luces, campanitas y demás fuegos artificiales que esperaba que hubiera. Simplemente no fue lo que debía haber sido.

Ese tipo de mente está involucrada en *obtener*, porque necesita placer, pues cree que es lo mismo que el gozo.

El gozo es el reconocimiento de que,

Yo y mi Padre somos Uno. Y en toda situación puedo elegir el Amor por encima del miedo.

Por lo tanto, efectivamente, hay una razón de que muchas tradiciones hayan alertado a sus estudiantes sobre el placer. A menudo eso se ha malinterpretado, y ha sobrepasado el punto de su utilidad. Si una mente *niega* o *reprime* el placer, eso tiene el mismo efecto que si se hace adicta a los estados placenteros. Pondrá tanta energía para *resistirse* a un estado fisiológico transitorio, como la que pone en *buscar* estados placenteros. Cualquiera de los dos casos es encarcelamiento.

Por lo tanto, esta es mi sugerencia para vosotros: no busquéis el placer, sino más bien buscad el Reino. Sed la presencia del Amor. Y cuando las sensaciones placenteras transiten por vuestro discernimiento en el cuerpo-mente, observadlas, aceptadlas, y dadlas por finalizadas. Y lo mismo con los llamados estados no-placenteros –tristeza, ira, miedo, lo que sea que surja–, observadlos, acogedlos, dejad que os atraviesen. Continuad siendo la presencia del Amor.

¿Te ayuda eso con respecto a tu pregunta?

Respuesta: Sí.

Yeshua: ¿Te proporciona cierta iluminación?

Respuesta: [riendo] Sí.

Yeshua: Entonces, efectivamente, querido amigo, recuerda: El cuerpo sencillamente no puede lograr *obtener* nada. Sí *puede* ser usado para grandes cosas –la extensión del Amor–. Y eso de por sí normalmente generará sensaciones beneficiosas, transitorias, placenteras.

¿Tienes pues algo más?

Pregunta: Sí. El consejo de Shanti Christo tuvo hoy una conferencia telefónica, y pregunté si alguien tenía alguna pregunta que hacer para la cinta de hoy. Y sugirieron que solo te preguntemos si puedes hablarnos –tanto al consejo como a los miembros– de la dirección que estamos tomando y de cualquier cosa que quisieras tratar en cuanto a la frecuencia vibratoria de Shanti Christo, y qué podemos hacer para mantener nuestras frecuencias alineadas con la visión.

Respuesta: En primer lugar, la frecuencia de Shanti Christo no ha cambiado, es inmutable y nunca puede cambiar. Y sencillamente porque *es* la *Paz de Cristo*. Pero recuerda que la paz no es para nada un estado pasivo, sino que es la base, una base muy poderosa, desde la que se acepta, en el estanque, la piedrita de la Voluntad de Dios, y sabe que es ilimitada para siempre –que tiene todo el poder necesario para hacer lo que se le pida–. Una mente así es muy poderosa. Una mente así podría ser *extremadamente activa* en el mundo. Una mente así permanece en paz.

¿Qué podéis hacer, pues, *para* la vibración de Shanti Christo? Absolutamente nada. Lo que podéis hacer, *por* vosotros mismos, es querer más de eso. De ese modo la vibración o frecuencia de Shanti Christo se extiende al mundo. Una vez dije que el Amor simplemente atrae al buscador de la Realidad hacia Sí Mismo.

Así pues, Dios se derrama a Sí Mismo en el mundo al volverse tan atrayente que Sus creaciones –las mentes que pueblan el mundo– quieren más de Él. Y se abren para recibir lo que está presente.

Por lo tanto, si quieres servir para la extensión de Shanti Christo, estate siempre atento a la disciplina de la mente para querer *solamente* más de Dios –para ti mismo–. Cuando te abres más a Dios, y *no esperas a nadie*, otras mentes decidirán si están o no dispuestas a soltar lo que les está bloqueando una mayor recepción de Dios. Y entonces seréis guiados sobre cómo crear un contexto que permita que eso ocurra. Y no un contexto que lo *cause*, sino que simplemente les permita, a las otras mentes, hacer eso.

No os apeguéis excesivamente a la forma o al resultado. Sino más bien a la frecuencia en la que os estáis permitiendo vivir. Recordad que todo es perfecto. No tenéis por qué preocuparos sobre –mmm, digamos– ser un modelo, ser el orientador. No deberíais preocuparos en absoluto por satisfacer a todo aquel que esté buscando a Dios y que se pueda cruzar en vuestro camino.

Más bien ved si *vosotros* estáis soltando las impurezas que bloquean la presencia pura del Amor de Dios: especialismo, egoísmo, negación, miedo, o lo que os he oído que llamáis así: "dirigirse hacia afuera y hacia arriba, en vez de hacia adentro y hacia abajo" –pensar en vez de sentir–. Y yo lo diría... "pensar en vez de danzar". ¿Estáis extendiendo Amor? ¿Estáis dando, a todas y cada una de las mentes, libertad... deseando tan solo que esa mente experimente un mayor gozo, permitiendo que tenga su propia libertad a la hora de descubrir eso? ¿Os estáis levantando cada mañana con agradecimiento y gozo, reconociendo que Shanti Christo ya ha sido llevada a su cumplimiento y se ha manifestado? ¿Os estáis deleitando al permitir que se manifieste de tal modo que *vosotros* aprendéis algo nuevo sobre la naturaleza de la mente, el poder de la consciencia, y la Realidad del Amor?

Entonces, si efectivamente queréis servir a la vibración de Shanti Christo, debéis ser un *creador* y no un *hacedor*. Pero recordad todos esto: hacer no es lo mismo que emprender la acción. Una mente puede estar implicada en el hacer al *abstenerse* de emprender una acción. ¿Tiene sentido eso para ti? Por lo tanto, confía en todo, permite todo, celebra todo, ve la perfección de todo, y *sé* la vibración de Shanti Christo.

Con esto debería bastar por ahora.

¿Tienes algo más?

Respuesta: No.

Yeshua: Muy bien, entonces con esta pregunta y esta respuesta damos por terminada la sesión.

Y no obstante, os diría a todos –a todos y a cada uno de los que escuchen ahora estas palabras, e incluso a los que lo hagan dentro de cincuenta años– que recordéis siempre que Aquel que os habla a través de la vibración de estas cuerdas vocales es efectivamente Aquel que caminó sobre vuestro plano como un hombre hace unos dos mil años, y que solamente se deleita en extender la Creación. Es alguien que os contempla como hermano y amigo, y que ve solamente vuestra perfecta inocencia, y se deleita en comunicar con el único unigénito Hijo de Dios –¡tú!–.

Estad pues en paz. Y *sabed* que sois amados.

Amén.

Lección 7

Ahora, comenzamos.

Y efectivamente, una vez más os saludo, queridos y santos amigos. Y como siempre, y aunque os haya repetido esto a menudo, de nuevo os digo una vez más: vengo a morar con vosotros con *gozo*, pues la *relación* es el más santo de todos los lugares... la relación entre dos seres cualquiera que eligen mirarse el uno al otro, tras haber examinado su interior sin encontrar carencia. Pues entonces pueden mirarse entre sí desde dentro, y ver solo perfecta inocencia, solo perfecta paz, solo perfecto Amor.

Por lo tanto, *es* con gozo como me uno a vosotros, porque os contemplo con perfecta paz y perfecto Amor y *perfecta confianza*. Mi *lealtad* hacia vosotros es firme. Ningún acontecimiento que ocurra en el ámbito de vuestro espacio y tiempo puede *manchar* la *lealtad* que reconozco en lo más profundo de la Verdad que es vuestro mismo Yo o Ser: Aquello que es firme, que no cambia, que es inmutable, y que no ha conocido cambio[224] nunca. Pues mi lealtad es perfectamente pura. Mi confianza en vosotros es insondable e inconmensurable.

¿Cómo puede ser así? Pues quizá tu mente incluso ahora dice:

> *Bueno, ya, pero la semana pasada me enfadé un poco con mi pareja, y hace tres semanas me olvidé de pagar aquella chocolatina que me apropié en la tienda. Como soy un ladrón tan horrible, tu lealtad, Yeshua, está mal enfocada.*

Mi confianza en vosotros surge *de* mi confianza en mi Padre. Mi confianza en vosotros surge del conocimiento perfecto de que *solamente* pertenecéis a Aquel que he llamado *Abba*. Mi confianza, pues, es la expresión de lo que he llegado a conocer ya que he mirado en la profundidad de mi propio ser, tanto dentro de mi encarnación física que se volvió muy célebre, como también, desde entonces, cuando descubrí la perfección del Amor que impregna todas las cosas y puede ser vista bajo la superficie a través de las apariencias que los ojos del cuerpo y el sistema de pensamiento del ego os muestra.

¿Qué quiero decir con eso? Mientras moráis en vuestro mundo físico, el mayor desafío que tenéis, momento a momento, y momento a momento, es el de manteneros vigilantes frente a la identificación con la percepción que os dice que habéis nacido y habéis sido concebidos como resultado del aparato físico corporal, en sí. Es decir, miráis hacia afuera a través de un cuerpo; y ahí es donde vuestra atención parece estar. Y vuestro aparato, llamado ojos, os muestra de inmediato un mundo de objetos separados por el espacio. Si os identificáis con ese nivel de la percepción, solo podéis concluir que estáis separados unos de otros. Entonces, cuando veis los acontecimientos que están sucediendo, es absolutamente imposible ver las sutiles interconexiones entre todos ellos. Caéis en la trampa de olvidar que vivís en el Universo. Y *universo* significa, simplemente, "una vuelta"[225], o "una canción" –un solo acontecimiento ocurriendo, al igual que un océano es un único acontecimiento expresándose como muchas olas–. Así, también sucede lo mismo con todos los acontecimientos en el campo del espacio y del tiempo, en el campo de la materia física, que simplemente surgen de ese *único* Universo.

Desde el nivel corporal de la percepción, la mente pensante, en asociación con el cuerpo, crea *interpretaciones* de lo que ella *cree* que está viendo. Y ahora tu atención, tu discernimiento, está ya alejado doblemente de la Realidad. En primer lugar, te has engañado pensando que lo que los ojos del cuerpo te muestran es lo verdaderamente real y significativo. Por ejemplo, amas a alguien. Esa persona está aquí hoy, pero mañana se va. Ves cómo empaqueta sus cosas y su cuerpo se va, y tus ojos te muestran que se ha "ido". Entonces la mente dice,

Ay de mí. He perdido a mi amor.

Nada de eso es verdad.

El alma, un nivel en el cual la Realidad es mucho más profunda que en el nivel del cuerpo, nunca puede "ir" a ninguna parte. Nadie que hayas encontrado o conocido puede estar nunca fuera de tu *corazón* mediante su *propia acción.* El cuerpo-mente, sí, puede irse, pero eso no es lo que saca a alguien fuera de tu *corazón.* Eso solo lo puede hacer *tu* decisión de *retirar el amor.* Es solamente la renuncia al amor lo que crea separación en tu discernimiento.

Así pues, ahí estás doblemente apartado de la Realidad. En primer lugar, te has engañado al pensar que los ojos físicos te muestran lo que es verdad. Luego sacas conclusiones y creas *interpretaciones* de los acontecimientos que te muestran los ojos del cuerpo. Esto crea el *efecto emocional,* que es como un caldo que te atraviesa y que te rodea, y que permanecerá así hasta que sea sanado.

El tercer nivel, en cuanto a estar apartado de la Realidad, es el truco de la mente en el que esta *insiste* en que sus interpretaciones son hechos. Es a este nivel de la mente al que le pregunté, en *Un Curso de Milagros,*

¿Prefieres tener razón o ser feliz?

Pues la felicidad solo puede ser el resultado de una *confianza* perfecta. Y la confianza perfecta surge de una *lealtad* perfecta. Y la lealtad perfecta surge espontáneamente en la mente que ha descansado en la *entrega* o *rendición.*

Hemos hablado de las Llaves del Reino: deseo, intención, permiso, entrega. En el permiso, atraviesas un periodo de profundo deshacimiento, en el cual, en cierto sentido, desconectas el cableado que te ha llevado a *insistir* en la rectitud de las interpretaciones que *tú* has creado y que luego has enlazado con los acontecimientos que el cuerpo físico ha percibido. Así pues, a medida que el permiso se perfecciona, uno llega a ver que todo su mundo, todo lo que ha construido, ha sido *deshecho.* Es decir, tu percepción sobre la creencia, tu percepción sobre la naturaleza del sentimiento, tu percepción de lo que es, ha sido deshecha. La mente es aclarada.

Ahora bien, la percepción del cuerpo-mente continúa, por supuesto. Los ojos físicos parecen mostrarte que ahí fuera hay alguien en otro cuerpo, y que hace lo que hace y tú por tu parte haces lo que haces, así es que no puede haber ninguna conexión. Ese nivel continúa mientras haya cuerpo. Sin embargo, la mente que está sanando no *identifica* eso como el *principal nivel* de la Realidad.

Y así, a medida que el permiso entrega el constructo que ha sido fabricado en la mente y que existe solamente en la mente... se descansa en un permiso sin obstrucciones relativas a cómo el cuerpo-mente va a pasar sus días hasta que vuelve al polvo. Pero ya no hay más engaños, no más apegos, no más dejarse llevar por ese nivel de identificación, porque ya no hay necesidad de identificarse con las interpretaciones. Y ya no hay ninguna necesidad –muy felizmente– de tener razón.

A medida que el permiso se consolida, ocurre algo muy mágico. Está más allá de la comprensión de la mente pensante. ¡El ego nunca podría comprender esto! Es como si algo que existía porque fue contraído con miedo, muriera y se disolviera como la niebla ante el sol de la mañana. Y todo lo que queda es una *silenciosa espaciosidad* en la que el discernimiento ha sido purificado. Los acontecimientos todavía surgen y desaparecen. Se continúa hablando con los amigos tal vez como siempre se ha hecho. Se percibe la tendencia del cuerpo-mente a crear interpretaciones; y algunas de ellas son muy necesarias,

> *Esa luz acaba de ponerse roja. Mi interpretación es que sería conveniente detenerse.*

Pero ahora hay algo que lo envuelve todo, de modo que lo que surge es considerado, en última instancia, como bastante intrascendente, como bastante inocente, y como desprovisto de cualquier valor profundo. Pues pondrás tu *lealtad* en lo que has *decidido* valorar. Y en esa espaciosidad, en esa perfecta quietud, en esa profunda paz, la mente –o la *yo*idad– se disuelve en la entrega.

Todo el que ha despertado sabe exactamente lo que se siente. Cualquiera que haya comenzado a despertar ha tocado momentos de perfecta entrega. Pues en la rendición, la mente considera que todas las cosas que surgen y desaparecen son totalmente inofensivas. No pueden tener valor, porque habitan en el tiempo. Y las cosas del tiempo son como las olas que surgen del océano –que, como tienen un comienzo, tendrán un final–. Y en su comienzo, su final está asegurado. Y solo un tonto brindaría *lealtad* a aquello que es temporal, transitorio, y finalmente insatisfactorio[226]. Pero los sabios de corazón han decidido colocar su valor en lo eterno. ¿Y qué puede ser eterno sino Dios? Y Dios *es* solo Amor.

Por lo tanto, en *La Vía del Corazón*, en *La Vía de la Transformación*, y ahora en *La Vía del Conocimiento*, todo lo que hemos tratado de compartir con vosotros lo hemos compartido así deliberadamente para guiaros a la comprensión de que el *Amor* es lo único que merece ser valorado.

El amor es incondicional. El amor simplemente ama para poder morar en Su propia naturaleza. Y como Dios es solo Amor, a medida que la mente se desenreda[227] a sí misma del nivel perceptivo del cuerpo-mente, de las interpretaciones seleccionadas y creadas en la mente y superpuestas sobre esos acontecimientos, especialmente a medida que ella se desenreda de la necesidad egoica de tener razón sobre sus *haceres*… aquello que sois –inteligencia pura, pura e infinita posibilidad creativa– se desvía a sí mismo para pasar a identificarse solo con la valoración del Amor. Esto es lo mismo que decir,

Valoro solamente a Dios.

Entonces, el alma vuelve a despertar –esa gota de Luz pura, que es pura inteligencia–, el alma comienza a comprender que para conocer a Dios debe *ser* Dios. Y como Dios es solo Amor, el alma desea ser solamente Amor. Porque al amar tal como Dios ama, Dios es conocido. Y cuando Dios es conocido, el Yo o Ser es comprendido, constatado y recordado. Y el sueño del soñador es trascendido.

Por lo tanto, efectivamente, queridos amigos, mi *confianza* en vosotros es perfecta, pues he llegado a valorar solamente a Dios. Mi *lealtad* hacia *vosotros* como descendencia de mi Padre, radica en haber recibido esa iluminación para mí mismo, habiendo despertado del enredo[228] –del complejo enredo de las percepciones en el cuerpo-mente, de las interpretaciones que el cuerpo-mente coloca sobre los acontecimientos, y del constructo que el ego hace sobre lo que cree que es correcto–. Como he disuelto todo eso, permanezco en una devoción pura solamente a lo que es *verdaderamente real* y *perfectamente incondicional*: la presencia de mi Padre, que es lo mismo que la presencia del Amor.

Efectivamente, entonces, lealtad y confianza… Mirad bien para ver *a qué* habéis elegido ser leales. Y si es lealtad hacia algo del mundo, en realidad habéis estado usando la lealtad como una manera de superar el miedo. Pensad sobre ello. A menudo he dicho que lo que no es Amor, es solo miedo. En un estado de Amor no hay apego, no hay rechazo. No hay obstáculos en la naturaleza de la experiencia del cuerpo. Se entrega al César lo que es del César; se suda con el calor del verano... simplemente se está donde se esté. Pero la mente –la esencia de vuestra identidad– es como el Amor. Y todo el resto es superfluo.

Y así, pues, os encontráis metidos en un enredo de acontecimientos llamado espacio y tiempo. Y con esto quiero decir que os encontráis yendo a un trabajo, que os encontráis en una cierta relación tridimensional. Pero no os engañáis pensando que ese lugar, ese contexto, es el todo. Es solo una oportunidad para que podáis ser Aquel que ama en medio de ese contexto, simplemente por conocer el Amor. Y ya sea la profesión, el compañero, el coche, la flor, el jardín, el barco… lo que sea que comienza en el tiempo y que termina en él... puede llegar y marcharse. Pero vuestro *deleite* está en amar, y acoger, y abrazar, y ser el campo en el que esos acontecimientos surgen y desaparecen.

Si sois leales a una persona, lugar o cosa, mirad bien: ¿Subyace a eso un miedo sobre el que no habéis sido honestos? ¿Estáis siendo leales para poder tener la aprobación de esa persona, lugar, o cosa, y para que se quede con vosotros y podáis obtener algo que queréis? Pero eso no tiene nada de malo. No penséis que, como vais y decís,

> *Sabes, en definitiva es que realmente me gusta este trabajo y los ciento veinte mil dólares al año que me proporciona. Realmente me gusta la sensación de seguridad que me da.*

No significa que tengáis que dejarlo y vivir en la calle sin dinero. Lo que importa es que te vuelves completamente honesto con lo que estás haciendo, y retiras la tendencia que la mente tiene a decir:

Bueno, en realidad estoy en esta profesión porque realmente creo que el producto que hacemos está teniendo un gran impacto en el planeta. Creo que realmente podemos hacer las cosas de forma diferente. Y además, ya sabes, damos trabajo, y damos dinero a organizaciones de caridad. Por eso estoy aquí.

Oh. ¡Absurdo! En el mundo haces lo que haces porque es allí donde has colocado tu valor. Por eso he dicho a menudo,

Si quieres reconocer verdaderamente lo que idolatras, a lo que estás comprometido, lo que crees más profundamente... simplemente examina dónde estás, con quién estás, y qué estás haciendo con tu tiempo, y qué sientes sobre eso –honestamente–.

Aquellos que insisten en ahorrar dinero para cuando llegue un mal día, están simplemente diciendo,

Creo que puede llegar un día malo, a menos que haga algo para evitarlo.

Han puesto su confianza en su poder para manipular y usar el mundo para crear lo que ellos perciben que deben tener. Y eso es muy, muy diferente a la confianza de aquel ser despierto en Dios, que sabe que, sea lo que sea que surja y desaparezca en el campo del espacio y del tiempo, es intrascendente. Porque *esa* mente está tan identificada con ser la presencia del Amor, que el cuerpo-mente podría contraer cáncer mañana y,

¡A quién le importa!

La mente que descansa en libertad ha aprendido a traducir –a transferir– la confianza y la lealtad al Amor. Esa mente ha llegado a disfrutar de la paz que solo llega con el amor. Pues, ¿qué daño puede sufrir la mente que simplemente ama... que lo contempla todo y que lo ve todo en su perfecta inocencia, y juega en el reino proporcionado por su Padre –el reino del cuerpo-mente, el reino del espacio y del tiempo, el reino de la facultad de elegir Amor por encima del miedo–?

Por eso sugerí a este, mi querido hermano, este simple pensamiento: el sufrimiento procede de estar identificado con la *forma*, ya sea un cuerpo, una creencia, un contexto de experiencia de cualquier tipo. Pues toda experiencia llega y se va. La liberación y la paz profunda llegan cuando se está identificado con el *contenido.* Y por *contenido*, aquí simplemente nos referimos a la matriz o la fuente a partir de la cual todas las posibilidades son, de hecho, posibles. Es como el músico que llega a apreciar el campo de silencio a partir del cual pueden surgir en un cierto orden temporal las notas que crean una bella melodía. Si no fuera por ese silencio entre ellas, ninguna canción podría haber tocado tu corazón nunca.

La matriz de Amor, que es la presencia del Padre, la Inteligencia Pura, el Campo del que surgen y donde desaparecen todas las cosas, y que nunca cambia… ese Campo es como el lienzo sobre el cual pinta el Gran Artista. Pero el artista maestro sabe que sin el lienzo no hay nada, y por lo tanto *honra* el lienzo blanco *en primer lugar.*

La lealtad y la confianza son cosas importantes a considerar, para reflexionar. Cada vez –y aquí se da un proceso de crecimiento, por supuesto–, cada vez que comienzas a entender que aquello en lo que has puesto tu confianza en verdad no puede realmente satisfacer al alma, es como si una estructura se desmoronara. Ahora bien, ¿qué está ocurriendo en realidad? Tú, como un ser infinito, simplemente has constatado que has sido engañado, eso es todo. Y le quitas valor a aquello en lo que depositaste tu confianza. Eso lo sientes como un desmoronamiento, y realmente lo es en el sutil nivel energético que elabora un sistema de creencias perceptivo sobre la naturaleza de la experiencia.

Por ejemplo, para darte un ejemplo simple, si uno cree que debe tomar café todas las mañanas para ponerse en marcha, y luego, más tarde en la vida, por el motivo que sea, se da cuenta de que no era necesario en absoluto, puede continuar disfrutando de su café, pero ya nunca lo hará por el mismo motivo: Esa estructura de creencia se derrumbará y literalmente verá la vida de forma diferente.

Y todos y cada uno de vosotros podéis detener la lectura o la escucha de esto, ahora mismo, y simplemente reflexionar sobre qué estructuras de creencia se han desmoronado en vuestra vida. ¿Acaso eso no ha llevado siempre a una sensación de mayor expansión, de sabiduría más profunda, a un Conocimiento más certero?

En otras palabras, la vida avanza de la ilusión a la Realidad. Y a medida que el alma despierta, literalmente tiene una sensación de expansión y crecimiento. Pero el crecimiento no tiene nada que ver con un crecimiento del cuerpo, ni con el aumento de la cuenta bancaria, ni con tener más hijos. Todos sabéis que a medida que la sabiduría vuelve a despertar en la mente, hay una sensación de crecimiento. Y ese tipo de crecimiento se vuelve totalmente tentador para vosotros.

Y cuando os volvéis tan *amantes* de la sabiduría de la unión perfecta con Dios que eso es todo lo que os importa, ya estáis en un noventa por ciento libres de la ilusión. Y el mundo nunca tendrá poder para ataros realmente de nuevo.

Poned pues vuestra atención en el Amor que os concibió. Y cuando digo "os concibió" NO hablo del cuerpo. NO estoy hablando de vuestra historia personal, de vuestro ego. El "vosotros" al que me refiero existe en el interior y antes[229] de todo eso. Es como si vuestro Padre os hubiera creado como el poderoso océano en el cual vosotros habéis estado –consciente o inconscientemente– haciendo que emanen[230] todas esas olas que se han convertido en vuestra experiencia particular como alma. *Eso* es lo que Dios ha creado. Confiad en Aquel que os creó como una *fuente infinita de discernimiento* que es perfectamente libre en cada momento para decidir la experiencia que tendrá.

¿Por qué es importante esto? Ves, tu mundo te enseñaría, y el nivel de la percepción del cuerpo-mente te diría,

> *Bueno, deseo tener una experiencia. Oh, acabo de pensar en un cono de helado. Bien, me he experimentado llevando mi cuerpo a la tienda de helados y comiéndome uno.*

Ese acontecimiento tiene lugar realmente. Pero si miras más de cerca descubrirás que tu *experiencia* es el *valor* que colocas sobre el acontecimiento. Sé que te parece algo sutil, pero es muy, muy importante. *La experiencia realmente no ocurre en ninguna otra parte más que en el campo de la mente.*

Igual de fácilmente podrías haber ido a esa tienda, comerte el helado y tener tu mente ocupada en un libro que estés escribiendo, o en el recuerdo de una gran aventura amorosa, o en la gran película que viste la noche anterior, y sin siquiera percibir el sabor del helado. Vuelves a casa y tu mujer o tu marido te dice,

Y bien, querido, ¿fue bien el paseo a la heladería?

¡Oh sí!, es cierto... creo que me paré ahí... Eh... sabes, para decirte la verdad, ¡ni siquiera recuerdo lo que me tomé!

Entonces, ¿dónde tiene lugar la experiencia? No tiene lugar en el nivel del cuerpo-mente en sí mismo. Tiene lugar en el nivel de la *mente*. Y *la mente configura*[231] *la experiencia de acuerdo a lo que elige valorar.*

Ahora bien, ¿eso quiere decir que simplemente abandonas todo lo del mundo? No. Un ser Despierto, en el mundo, simplemente se deleita y se divierte *desde un estado donde sabe claramente* que aquello que elige hacer con el cuerpo-mente es simplemente una elección libre basada en lo que esté eligiendo valorar en el momento. Y si admite como suya[232] esa valoración, entonces puede disfrutar completamente de la experiencia que está teniendo.

Y entonces, se cierra el círculo. Si quiere diseñar una página web, si quiere ser banquero, bailarín o bailarina, prostituta, granjero... *¡ya no importa*! Pues la mente que está despierta, mientras el cuerpo dure, simplemente ve la experiencia surgir y desaparecer. Se adueña totalmente de ello y comprende que *Ella* tiene el poder de crear su experiencia como algo que se disfruta, algo satisfactorio[233], y como una bendición... *sin importar* lo que el cuerpo realmente esté haciendo.

Ves, no puede haber diferencia alguna. No importa si eres un maestro que está a orillas de un gran lago en lo que ahora llamáis Israel, de pie sobre una barca, hablando a una multitud de cientos de personas, o quizá viendo si realmente puedes hacer que unos pocos peces y hogazas de pan alimenten a cinco mil personas,

¡Oh! ¡Mira eso! ¡Fue divertido!

No hay ninguna diferencia entre eso y conducir un camión por la ciudad de Nueva York para entregar pescado congelado, si la mente dentro del alma está asumiendo la propiedad completa de ello, y se deleita en el misterio de la creación de experiencia, y elige aportar disfrute y libertad a ese momento.

Por eso los acontecimientos del mundo nunca te pueden atar. Todo sufrimiento procede de la interpretación que *superpones* a los acontecimientos. Y en ese mismo instante, has usado el regalo que Dios te dio, que es el *poder* del discernimiento, para crear su experiencia[234].

Una vez más, mi crucifixión fue mi lección final de aprendizaje en la comprensión de que había roto el maleficio. Ya no me encontraba bajo el hechizo de la mente egoica, o del cuerpo-mente. Simplemente contemplé mi experiencia y decidí libremente estar en un estado de Amor en medio de ese contexto.

Tú eres libre de encontrarte en un estado de Amor en medio de cualquier contexto, mientras miras y observas cómo van y vienen las oleadas de temporalidad. Y a medida que ves cómo sucede eso, y a medida que desarrollas esa capacidad dentro de ti… a través de las *elecciones* por el Amor, a través de las *elecciones* por el perdón, a través de tus *elecciones* por ser feliz en vez de por tener razón, de vivir en inocencia y asombro en vez de en la certeza y el pavor[235], para descansar en el Verdadero Saber, el Verdadero Conocimiento, antes que en el conocimiento relativo del mundo… llegas a entender que todo lo que surge y desaparece no te puede abandonar nunca, y que la pérdida es imposible. Pues cuando la mente elige descansar en el Amor, todas las cosas que surgen y desaparecen son recordadas, restauradas y santificadas. Hay paz perfecta.

Y aunque un amigo querido desaparezca en lo que llamáis "muerte", como ya no identificas a tu amigo con el cuerpo-mente, como ya no lo haces, entonces comprendes que le puedes seguir amando, simplemente disfrutas amando a tu amigo. Y a medida que moras en el *Amor*, comienzas a experimentar la realidad de que nada muere. ¡Nada muere!

Pues la inteligencia pura no puede ir a ninguna parte. Uno de vuestros científicos dijo una vez:

> *Bien, ¡mira esto! Creo que lo he descubierto. Todo está compuesto de energía, y la energía no puede ir a ninguna parte. Solo puede cambiar de forma, pero la energía permanece.*

No es muy distinto de un místico, un sabio, o un gran salvador o mesías... ni de una persona normal y corriente que se despierta y dice:

> *Sabes, ¡solo el Amor es Real! Y en el Amor, todo existe para siempre. No estoy separado. No estoy perdido. ¡Soy libre!*

La gran travesía en el campo del espacio y del tiempo es permitir que el discernimiento[236] se asiente[237] en tu ser[238], de modo que esa cualidad de discernimiento *inunde* e *impregne*[239] el nivel de la mente egoica, el nivel de la interpretación, y el nivel de la percepción, o energía, en el nivel del cuerpo mente –el aparato del cerebro del sistema nervioso–. Todo eso sigue, pero comienzas a *impregnarlo* con el discernimiento creciente de que solo el Amor es Real, de que,

> *Tengo el poder de extender perdón.*

Cada vez que la mente confía en Aquel que la creó, y descansa en esa paz, ocurre un milagro. Cada vez que has extendido perdón, ha ocurrido un milagro, pues has retirado el valor que ponías en un sistema perceptivo antiguo, y has elegido la Realidad. El sabio iluminado es simplemente aquel que ha cultivado la práctica de entrenar la mente para elegir la Realidad del Amor en cualquier circunstancia. Y a través de sus muchos éxitos, esa persona llega a entender que lo que ha elegido es verdadero. Dios ha sido revelado. La *lealtad* ya no está en cuestión.

La confianza y la lealtad deben fluir desde la mente en su poder para elegir lo que va a valorar. Ten por lo tanto *lealtad* al Amor. Ten por lo tanto *lealtad* a tu unión perfecta con Dios. *Confía* en Aquel que te concibió y que ha estado guiando tu viaje de vuelta a casa todo el tiempo. Pues recuerda, lo he dicho a menudo, que desde el mismo momento en que el sueño de separación comenzó a ser soñado, se dio una respuesta, conocida como Espíritu Santo, la mentalidad correcta, en la profundidad de tu ser, que no puede verse afectada.

Descansa en la mentalidad correcta de elegir solo Amor. Extiende una completa libertad a las *ondas* que vienen y van; y en este sentido, el clima es una onda, César es una onda, tu pareja es una onda; es decir, mientras los ves como cuerpo-mente, son una onda. Irán y vendrán. Pero si moras en el Campo del Amor, moras en la atemporalidad y la eternidad. Moras como espaciosidad que abraza todo, confía en todo, y de ese modo, trasciende todo.

He aquí, entonces, queridos amigos, la esencia pura de la lealtad y de la confianza: Si ponéis vuestra *lealtad* en algo que se puede derrumbar, simplemente es que no la habéis puesto plenamente en aquello que no puede derrumbarse. Si ponéis la *confianza* en el requisito de que los individuos actúen y se comporten de una cierta manera, todavía no habéis llegado a confiar en la perfección del Amor que ya está en acción en la vida de cada persona, llevándola a niveles de recuerdo más profundos.

Ve, pues, la perfección en todos los acontecimientos. Pues las ondas que surgen en la temporalidad llamada "mundo" no tienen poder en sí mismas. Ya están sostenidas en los brazos de un Dios perfectamente amoroso, y cada acontecimiento no sirve *realmente* para nada más que para alentar[240] a esa alma, a esa chispa de puro discernimiento, o inteligencia, a que mire más profundamente más allá de sus ilusiones.

Cuando alguien te ataca o proyecta sobre ti, está simplemente gritando desde su propio miedo y locura. El Ser Despierto los contempla con Amor, y simplemente dice,

> *Oh, ¿está pasando esto? Bueno, pues muy bien. Gracias por compartir. Que tengas un buen día.*

y continúa confiando y permite que su vida sea una expresión de la lealtad que *solamente* tiene puesta en la Voz del Santo[241] en su interior.

Confianza y lealtad. Otra manera de enfocar el tema es simplemente mirar y decir,

¿Quiénes son mis ídolos? ¿A qué estoy apegado, y por qué?

Recuerda que quienes tienen pensamientos de "yo" y "mío" no conocen la verdadera naturaleza de las cosas. Cuando dices "mi coche" o "mi mujer" no estás tratando con la Realidad. Pues todas las cosas le pertenecen a Dios. No hay nada que puedas poseer *salvo* la Realidad de lo que tú *eres* como Pensamiento de Amor en la forma.

Comprende pues que cuando eliges Amor te vuelves libre. ¿Quién te puede dañar? ¿Qué pérdida o ganancia puede afectar a tu paz? Y en cada momento, a medida que recuerdas el Amor, das Amor. Y allá donde vas, cualquier ser que veas se ve afectado en un lugar secreto y silencioso. Puede que no sepa por qué se siente atraído a estar en tu presencia, pero *tú* lo sabrás. Simplemente estás eligiendo *ser* –y presta atención a lo que digo–, tan solo estás eligiendo finalmente *despertar* y *ser* DIOS ENCARNADO. Pues Dios es solo Amor, y cuando amas, solo hay Dios.

Recordad entonces siempre, queridos amigos, que aquello que se derrumba, solo puede ser forma y no contenido. El Amor nunca puede derrumbarse, pues es el contenido, que es la presencia de la Realidad de Dios. Como el Amor es contenido, es inmutable, no ha cambiado y se mantiene así para siempre. La libertad perfecta llega a cualquier mente que *cambia su identidad* desde el nivel del cuerpo, desde el nivel de la mente interpretativa, desde el nivel de la mente egoica que *insiste* en que sus constructos son reales y correctos y valiosos, y se identifica con el Amor.

La identidad con aquello que es condicional y temporal nunca puede producir lo *incondicional* y *atemporal*, o eterno. El poder de la mente puede saltar de lo condicionado a lo incondicional a través de la *decisión* de atribuir *valor* solamente a *eso*.

Y entiendo muy bien que lo que surge en el cuerpo-mente es el miedo relativo a la supervivencia. Y no obstante, es un miedo inútil, ya que el cuerpo-mente, desde el momento de su concepción, avanza inexorablemente hacia su desaparición. Si el cuerpo-mente es en sí mismo completamente *impotente* (y lo es) para existir como algo eterno, entonces, todo lo que dependa del cuerpo-mente deberá necesariamente desmoronarse con él. Así pues, todo lo que se construye, como una casa, sobre la base de haberte identificado con el nivel perceptivo del cuerpo-mente, las interpretaciones de la mente pensante, y la insistencia de la mente egoica en tener razón… todas esas cosas que son como las plantas de una vivienda construida sobre unos cimientos de error e ilusión... por qué no admitir ahora que todo eso... se va a derrumbar.

Las ilusiones no tienen vida. Eso es lo que las convierte en ilusiones. La Vida solo se encuentra finalmente en la Realidad. Sí, realmente tú sientes que se está derrumbando, pues lo que se derrumba en la mente envía una onda expansiva, como una onda que se propaga a través del cuerpo mente, del cerebro, del sistema nervioso... y el cuerpo tiembla y gime, y quizá se queja y llora, pero no es más que el desmoronamiento de la ilusión.

Finalmente, el cuerpo en sí debe derrumbarse como la ilusión que es. Pues la mente que crece en el resplandor de su despertar, debe finalmente apartar toda la dimensión física por entero como un juguete que se ha quedado pequeño. El cuerpo-mente, el sistema nervioso, ya no te pueden contener, pues lo que *valoras* es el resplandor de *ser* simplemente la presencia del Amor de Dios. Empiezas a comprender que para operar, para poder extender Amor, no necesitas en absoluto un cuerpo-mente. *Mientras* el cuerpo-mente *dure*, ámalo, abrázalo, admítelo, no esperes grandes cosas de él, simplemente úsalo como un instrumento temporal de comunicación.

Como lo que deseas es Amor, practica enseñar *solo* Amor. Enseñar Amor no es hablar *sobre* el Amor, ni sobre la filosofía del Amor, ni sobre la metafísica del Amor. Enseñas Amor *siendo amoroso* en cada momento. Y solo puedes ser amoroso permitiéndote *sentir* la presencia del Amor *en* y *como* tu experiencia momento a momento.

Como el Amor es incondicional, eres libre ahora. No tiene por qué cambiar ningún conjunto de circunstancias *antes* de que tú puedas estar en Amor. Esto es lo mismo que decir que recibes a Dios por la Gracia, en cada momento, y solo se te pide que te abras y recibas. Solo el Amor es Real. Solo el Amor te permite trascender el gran temor, el gran sufrimiento, que solo proviene de un problema de confusión de identidad temporal –un problema de autoridad–. Crees que tu constructo[242] del mundo es algo que está bajo tu potestad. Crees que el cuerpo-mente es quien tú realmente eres. Esto es simplemente un problema de identidad, un problema de autoridad. Y cuando terminas por darte cuenta de que eres simplemente la expresión de Aquel –Espíritu Puro, Amor–, estás libre del mundo.

Ahora bien, ¿el mundo lo "entenderá"? ¿El mundo dirá,

> *"Oh, ¡vaya! Estoy realmente contento de que seas libre. Tío, qué crack"...?*

Obviamente no, ya que el mundo es el intento de *no ser*[243] la Verdad del Reino. Por lo tanto, cuando alguien proyecta sobre ti, en cualquier momento, cuando alguien no es amoroso contigo, de cualquier forma, solo puede ser porque todavía eligen insistir en la certeza o adecuación[244] de su constructo de datos sensoriales, que procede de su sistema nervioso, con el cual se han identificado. En otras palabras, están viviendo en ilusiones.

Solo el Amor es Real. Si quieres estar con alguien cuerdo y despierto, quédate con quien elige enseñar solamente Amor. Permite que *esos* sean tus amigos. Permite que *esos* sean tus compañeros de juego. Permite que *esos* sean tus amantes y parejas, pues solo ellos son capaces de honrar la verdad que es verdad siempre, y de verla como la esencia misma de tu alma. Por eso hay una gran atracción hacia cualquier ser despierto, pues ese ser te "ve". Ellos ven tu *esencia*, porque ellos miran desde la suya. Y esos dos seres no son más que un solo y mismo ser, pues el Santo Hijo de Dios es Uno. Elige por lo tanto Amor, y trasciende el sufrimiento que es el mundo.

Así pues, queridos amigos, aprovechad los siguientes treinta días para simplemente examinar dónde habéis colocado vuestra lealtad en el pasado y dónde la estáis colocando ahora. ¿Qué es lo que ha llevado vuestra lealtad desde vuestro osito de peluche hacia Dios, si no es Dios Misma[245]?

No creas pues que has estado separado de Aquel. Pues en cada momento de tu experiencia, incluso cuando has creído en las ilusiones que los ojos del cuerpo te muestran, Aquel –que no es más que Amor– ya estaba trabajando para disolver tus ilusiones, una a una, de una forma exclusiva para el desarrollo[246] de tu propia alma.

Cuando el barco atraca en el puerto, está en el Hogar. La larga travesía ha sido olvidada. Y quizás se cuenten algunas historias en el pub mientras todo el mundo se toma una cerveza. Pero, en un día o dos, o en una semana, o en un mes, la travesía se borra de la conciencia[247]. Y los amigos permanecen simplemente juntos, cuidando de las flores, danzando al atardecer, observando la puesta de sol, dándose abrazos y besos. Cuando el barco atraca en el puerto, la travesía ha terminado. Y solo queda el agua en calma, aunque a su alrededor la tormenta siga arreciando. ¡Permítelo! *Permite que la tormenta de la vida se enfurezca.* Simplemente identifícate con la paz que está más allá de todo entendimiento, una paz que llega a medida que la mente elige identificarse solo con el Amor. La paz, queridos amigos, es el resultado del *cambio de identidad* que surge al depositar tu confianza y tu lealtad solamente en Aquel que es solo Amor.

Permite, pues, que todo lo demás se desmorone. ¿Y eso significa que debes renunciar a tus monedas doradas? ¡Por supuesto que no! Pues eso sería decir que las monedas doradas tienen poder para atarte. ¡No lo tienen! El hecho de tenerlas o no tenerlas no te puede atar. Solo tu decisión de no amar puede atarte y hacerte sufrir.

Dale pues perfecta libertad a todas las cosas creadas, pues no te pertenecen, no te fueron dadas para darte seguridad ni para alimentar tu ego, ni para hacerte feliz. Se te dan para que las disfrutes y para que las bendigas, pues el Cristo que camina por esta Tierra sabe que su propósito primordial es bendecir las creaciones del Padre, liberar todo en la santidad de su propia unión perfecta con Dios.

No intentes poseer nada ni a nadie. No busques cambiar nada ni a nadie. Busca solamente amar. Y en el Amor eres liberado.

Entonces, mientras acabamos este tiempo juntos, cuando detengas la escucha del audio, o la lectura de esto, simplemente toma la decisión de pasar cinco minutos no haciendo nada más que amar todo lo que ves a través de los ojos del cuerpo, todo lo que observas que surge en la mente como un recuerdo o la imagen de un amigo, o lo que sea, un acontecimiento –cualquier acontecimiento que haya tenido lugar–. Simplemente decide amarlo. Y luego trata de convencerte de que la paz está muy lejos. Está presente en cada decisión por el Amor.

Por lo tanto, efectivamente, con perfecta confianza y perfecta lealtad os contemplo y sé que sois llevados sobre las alas de ese Amor que os lleva hacia Sí Mismo. Con perfecta confianza y lealtad contemplo al santo y único Hijo unigénito de Dios, y *sé* que el sueño de la separación ya ha sido corregido, y que permanecéis en perfecta seguridad –¡ahora!–.

Pues los acontecimientos del espacio y del tiempo *nunca* pueden afectar ni alterar al Espíritu, a la Inteligencia Pura, al Discernimiento Infinito, que *es* la verdad de quienes sois vosotros.

De vosotros depende decidir disfrutar de ese Poder de Discernimiento[248] escogiendo *solamente* pensamientos amorosos.

La paz, queridos amigos, esté con vosotros, siempre.

Amén.

Lección 8

Ahora, comenzamos.

Y efectivamente, una vez más, saludos para vosotros, queridos y santos amigos. Venimos para permanecer hoy con vosotros para hablar, una vez más, de algo sencillo... para hablar, una vez más, de la esencia de *todo lo que buscáis...* para hablar, una vez más, de la esencia de *todo lo que sois*, para hablar, una vez más, con gran devoción, con alabanza incesante, a medida que compartimos con vosotros... a medida que lo hacemos entre nosotros... sobre lo único que puede liberar al Hijo de Dios, sobre eso que es lo único que puede iluminar la mente, purificar el corazón, y producir la serenidad del alma... la *serenidad del alma.*

¿Cuál podría ser, pues, ese asunto? ¿A qué tema podrían referirse todas estas palabras? Efectivamente, queridos amigos, ¿qué indica la salida del sol por la mañana? ¿Qué indica el sonido de la risa de un niño? Efectivamente, queridos amigos, ¿qué indica vuestra misma respiración? ¿Hacia qué señalan todas las cosas de la Creación? Pues os he dicho antes que no hay nada que podáis crear que no exprese vuestro anhelo de despertar. Por lo tanto, todo "hacer" del cuerpo-mente es solo el intento del alma de liberarse de toda limitación y, una vez más, descansar, recostarse, en esa paz perfecta que es el *conocimiento certero* de que *Solo el Amor es Real.*

El yogui en su cueva no hace sino expresar el anhelo de su alma de recostarse en Dios. Los amantes, entrelazados, expresan solamente el anhelo del alma de saborear, de tocar la Realidad del Amor. Y el Amor no es sino Dios, pues Dios es solo Amor. Todas las cosas, pues, te reflejan, a través del aparato sensorial del cuerpo, el anhelo de toda la Creación por *conocer*, con perfecta certeza, la presencia viviente de Aquel a quien he llamado *Abba*.

Y por tanto el amor –el AMOR– es el tema de este mes para compartir. Pues en *La Vía del Conocimiento* es necesario que la mente se transforme del miedo al Amor, de la duda a la *fe perfecta*. Y la fe perfecta no es esa fase inicial e intermedia, donde se *elige* tener fe en cosas invisibles con la esperanza de que puedan materializarse, pues la fe perfecta destierra todo temor. La fe, pues, cuando está purificada, cuando está madurada y totalmente constatada y comprendida, es lo mismo que un perdón completo, que el regreso a la paz, y que el *Conocimiento* de que solamente el Amor es Real.

El Amor, queridos amigos, es la esencia de todo lo que sois. El Amor es la esencia de *todo* lo que danza como un reflejo transitorio ante los ojos de vuestro propio cuerpo-mente. No hay nada que podáis mirar y cuya esencia *no* sea el Amor. No hay *nada* que podáis experimentar y cuya esencia no sea el Amor. La única pregunta, entonces, es: ¿estáis dispuestos a hacer el viaje del miedo al Amor, al contemplar cualquier cosa, al experimentar cualquier emoción? Pues no puede haber nada que os bloquee la Luz y la Presencia de vuestro Creador. Y percibir el Mundo Real del Amor es saber con perfecta certeza que vosotros y vuestro Padre sois Uno.

Cuando solo recordáis vuestros pensamientos amorosos, el Amor es todo lo que veis. Y "recordar solo vuestros pensamientos amorosos" no significa solamente que, al contemplar lo que habéis aprendido a llamar "pasado"... aunque tened por seguro que, si *ahora* estáis teniendo un recuerdo, estáis teniendo una experiencia muy *presente*. Es absolutamente *imposible* pensar sobre el pasado, pues el pensamiento tiene lugar *ahora*. Y miraréis el pasado mientras elegís estar en el presente, *eligiendo ser* la presencia del Amor. Y no hay *ningún acontecimiento* que hayáis experimentado como alma, que no se traduzca inmediatamente en algo perfectamente inofensivo, en la comprensión perfecta de que solo ha tenido lugar un sueño. Pues el Amor mira todo y ve que no tiene ninguna sustancia *salvo* el Amor a partir del cual aquellos que estaban implicados en la situación *anhelaban* encontrar una manera de conocer la Realidad de sí mismos.

Escucha atentamente ahora: No hay *nada* que podáis experimentar que no sea el *anhelo* del alma de ser la perfección de lo que ella es: Amor.

Vuestros elevados rascacielos, esas autopistas ajetreadas, vuestros ejércitos… *todo* es una expresión del *anhelo del alma*, de esa chispa de divinidad que descansa en todas las cosas creadas... de *conocer el Amor.*

¿Se ha convertido en algo distorsionado? ¡Oh, sí! Creer que se puede despertar al Amor, conocer el Amor, tener Amor... fabricando armas destructivas es necesariamente algo totalmente loco. Pero el *anhelo* del que surge es absolutamente el mismo que el que tiene el pacifista que pone una flor en el cañón de un rifle. Tampoco es diferente del de la madre que toma a su bebé recién nacido y le da de mamar. ¡El *anhelo* es uno solo y el mismo!

Por eso os he dicho a menudo que lo que no es Amor es miedo, y nada más. El miedo simplemente es la contracción que ha tenido lugar en el alma misma, que ha perdido, temporalmente, la cordura de saber que no necesita *buscar* Amor, que solo necesita *abrirse* y *ser* Amor. Pues el intento de *buscar* el Amor solo revela que la cordura no gobierna el dominio y el campo[249] de vuestro corazón, de vuestra alma y de vuestra mente.

Cualquier intento de obtener es una locura. Igualmente, cualquier intento de *inhibirse* de *recibir* o de *dar* es también una locura. Obtener y recibir no es lo mismo. Dar para obtener algo no es un verdadero dar. Dar y recibir son una sola cosa. Pues en cada caso el corazón debe abrirse, las defensas deben dejarse a un lado, y el alma volverse *totalmente vulnerable.*

Y no obstante, en esa paradoja perfecta que se da en el viaje espiritual, cuando la *vulnerabilidad* es permitida plenamente a través de la maestría o dominio de las Llaves del Reino (Deseo, Intención, Permiso, Rendición)... cuando eso se cumple verdaderamente... el Amor es conocido. Pues el alma, en la vulnerabilidad perfecta, recuerda su perfecta *invulnerabilidad.* Y el mundo no puede hacerle nada a aquel que solamente ama.

Oh, efectivamente, queridos amigos, la belleza de cada flor, el canto de cada pájaro cantor… esas cosas le son dadas al *Santo Hijo* de Dios, a vosotros. Las aguas cristalinas, la vasta amplitud del desierto… estas cosas os son dadas. No hay ninguna creación con la capacidad que poseéis vosotros, como seres humanos. Ni siquiera vuestras ballenas y delfines pueden realmente experimentar, *constatar y comprender* la presencia y el misterio del Creador. Fluyen en perfecta inocencia *en* creatividad, *en* el Amor del Creador, pero su capacidad de *reflejar* y de *conocer*, y de *encarnar conscientemente* Aquello que el Amor es... no es la misma.

Y aquellos que consideren que tienen necesidad de ir a buscar una ballena, o un delfín, o un lobo, o un oso, o un cuervo, o lo que sea... están todavía atrapados en proyectar, sobre otra forma de la creación, aquello que debe ser abrazado *en y por uno mismo* –pues el cuerpo es el templo del Espíritu Viviente, cuando se contempla con ojos que han despertado–. *Dondequiera que estéis,* el Cielo está plenamente disponible. *Lo que sois es* el Amor de Dios manifestado. Y cuando "solo recordáis vuestros pensamientos amorosos", eso significa que en este preciso *instante presente*, estáis *recordando*, estáis trayendo de vuelta las facetas de vosotros mismos a la plenitud de la comprensión de que *solo el Amor es Real.*

Sí, mi perro acaba de morir. Sí, mi marido me acaba de dejar.

Esas solo son las formas externas, repercutiendo en el campo del cambio:

> *Pero la esencia no me ha dejado, pues soy libre de amar. Soy libre de hacer la transición energética desde un conjunto de circunstancias al momento presente. Soy libre, en cada momento, de no permanecer en el miedo, de no permanecer en ese gran temor a la posibilidad de no sobrevivir porque me han robado mi osito de peluche.*

¿Y qué son los maridos, los compañeros, las profesiones y los coches, y el dinero en el banco... sino el intento de que vuestro *niñito* interior tenga y se aferre al "osito" que creéis que puede reconfortaros? Sea como sea, ¡el *Cristo* en vosotros puede Amar!

En cada momento en el que parece que os enfrentáis con un desafío que hace surgir en vosotros vuestros temores más profundos sobre vuestra seguridad, vuestros miedos más recónditos sobre la gestión de los bienes… del dominio que llamáis vuestra "vida"... si todas esas cosas suceden… no es por casualidad. Y *deben* producirse *sin cesar* en un mundo de incesante cambio. Pues todo aquello que contempláis y que decís amar, cuando lo contempláis y lo percibís como una forma transitoria de la creación, ya está muriendo y está muerto para vosotros. No puede haber paz en el mundo. Pero podéis ser la *encarnación* de la paz cuando miráis más allá de toda forma y percibís la *esencia* de todas las cosas como el *anhelo* de *Amor*, el *anhelo* de recordar.

Y cuando el cónyuge os deja, sin importar lo que diga, os deja porque *anhela* el Amor. ¿Significa eso que le habéis fallado? ¡*Para nada, en absoluto*! Pues eso significaría que *él o ella* es *vuestra* víctima. Pero me habéis oído deciros muchas veces que la única causa es aquello que surge dentro del campo de la soberanía de cada alma. El Amor siempre está presente, y no hay ninguna razón para quedarse ni tampoco la hay para marcharse. Solo hay un motivo o razón para todo, y es despertar a la Voz que habla en nombre del Amor y permitir que *Ella* os mueva.

Así es que en el mundo no se puede encontrar la paz; pues en el *mundo* solo existe la profunda creencia de que el Amor está ausente y debe ser buscado, perseguido y *obtenido* –extraído– de las formas de la creación... ya sea de una profesión, de una flor, de un océano, de un desierto, de un amante, de un compañero o del dinero. Las formas del mundo no contienen ninguna realidad. Y con eso quiero decir que cuando miráis algo o a alguien y os gobierna la energía de querer poseer o extraer… ya estáis en la locura. La locura es completamente *ilusoria*, lo que significa que cualquier tentativa de vivir desde esa energía solo puede fracasar.

Y no obstante, en ese preciso instante, el mundo os aguarda en *perfecta transparencia*. Nada os puede bloquear. En el más atareado de vuestros centros comerciales, en el tráfico más horrendo... no hay nada que os impida elegir recordar solo vuestros pensamientos amorosos; contemplar un hermano o hermana y ver su perfecta inocencia, ver su esencia inmutable... mientras le dais *libertad total* en su viaje, como tenga que hacerlo... hasta que elija recordar esa esencia interna, hasta que haya elegido aprender a ser la quietud de la presencia de Dios.

La quietud no se opone a la actividad ni al movimiento. Por el contrario, impregna el propio cuerpo-mente. Hay una calma en el ser Despierto que resulta siempre atrayente. Y no obstante, el ser Despierto está involucrado sin cesar. ¿Por qué? Porque ya no se resiste al fluir de este mundo de sueño, *incluyendo* el cuerpo-mente. Ha invertido, en su interior, la estructura de pensamiento del mundo. El cuerpo-mente ya no se ve *coaccionado* por el miedo. Y así, sin bloqueos, cumple con un único propósito: la extensión del Amor. ¿Puedes extender Amor al inhibir la energía del cuerpo? No. ¿Puedes extender Amor al aferrarte a creencias y pensamientos rígidos sobre cómo deben ser las relaciones? No.

Así pues, la única manera de recordar el Amor, la única manera de descansar en la certeza de *La Vía del Conocimiento*, es llegar a comprender que lo que no es Amor es miedo, y solo miedo. En cualquier momento –cualquier momento de la experiencia– sin importar lo que esté ocurriendo, cuando el Amor no está presente dentro de ti como si fuera un *bien básico y conocido*, estás en el miedo.

No hablamos aquí de la emoción, o de la onda de energía, que podría estar atravesando el cuerpo cuando vais por un sendero y tras una de sus vueltas observáis una madre osa muy enfadada –lo que llamáis oso grizzly– que efectivamente quiere proteger a sus cachorros a la vez que os desayuna. Esas son solo emociones que atraviesan el cuerpo-mente, parte del sistema que os ayudaría a huir o a quedaros ahí. No cometáis el error de percibir *eso* como miedo. Es solo un impulso eléctrico, bioquímico, programado en el cuerpo-mente. ¡Pues incluso el ser sabio e iluminado prestará atención a eso! Y no obstante el sabio e iluminado verá rápidamente y dirá,

> *Quizás ha llegado mi hora –adelante, oso, cómeme–. Adelante, crucifícame.*

¿Mmm? O quizás, ese mismo ser iluminado dice,

> *Sácame de la ciudad. Hay demasiada gente. Tenemos que huir cruzando el lago, porque podrían apretujarse contra mí, y si pudieran me comerían. No es mi hora. Este no es el lugar.*

La paz, por tanto, no es pasividad. La paz, el estado mismo del Amor, es un estado en el que *ninguna experiencia* se ve bloqueada dentro de ti. No te confundas, como muchos hacen, pensando que esa experiencia tiene algo que ver con lo que está fuera del cuerpo-mente. Pues recuerda, *nada* está *causado* por ni uno solo de los acontecimientos que ocurren más allá de la frontera del cuerpo-mente.

Si dos seres humanos se reúnen, quizás no sepan por qué, pero por alguna razón su corazón está abierto, y van por ahí con un letrero luminoso que dice,

> *Solo quiero amar y ser amado. Esa es la única Realidad. Estoy un poco cansado de erigir un muro de resistencia.*

Dan la vuelta a una esquina… y... oh, ¡Dios mío! Surge la química.

> *¡Oh! ¡El amor, el amor! ¡Es esto! Es como (lo que llamáis) la Coca*[250]*… ¡esto es real! ¡Era eso! Oh, ¡Dios mío! ¡Oh, oh! ¿Cómo puede existir algo así? Debe ser un regalo de Dios.*

¡Absurdo! Es un regalo de ti mismo. *Tú* eres quien finalmente, en la profundidad de tu ser, elegiste volverte lo *bastante cuerdo* como para permitirte atraer hacia ti el contexto para experimentar compartir Amor. Y, ¿sabes?… eso mismo está ocurriendo en tu amante exactamente por la misma razón. Sencillamente, dos almas han enviado la llamada y se han reunido en el campo del espacio-tiempo, dentro del cuerpo-mente, durante un instante, en el que cada una ha dicho "Sí" a la posibilidad de recordar la Pureza del Amor.

El amor no condena, y el Amor no juzga. Y lo que no es Amor es miedo, y nada más. Por lo tanto, recordad siempre, apreciados amigos, que *ningún* acto de Amor debe ser nunca juzgado. Pues *cada* acto de Amor es digno de aprecio. Cada momento de la presencia y la Realidad del Amor, cada *momento* en que un alma, o dos, o tres, o diez, o un país entero de almas… o un universo entero –no importa–... cada *momento* en el que se haga la elección de retirar las defensas, de *abrirse* y *moverse* como la presencia del Amor… ¡ese acto debe ser *apreciado*! Pues es raro en el mundo.

Aquellos que intentan poseer a un compañero, crear una *exclusividad, en realidad* solo están expresando algún nivel sutil de miedo. Pues el Amor *no* le niega a nadie la libertad perfecta que es la soberanía y el derecho de cada alma. Pues no puedes conocer el Amor hasta que no liberes a todos los seres. No puedes conocer a tu Creador hasta que no ames como tu Creador ama. Y no hay nadie que esté escuchando estas palabras, nadie que alguna vez vaya a escuchar este intento de comunicarse a través de un cuerpo-mente, a través de la colaboración, a través de esta unión creativa, a través de algo que refleja la sabiduría de la Realidad... no hay nadie que haya escuchado alguna vez estas palabras... que no anhele conocer completamente el Amor, volver de nuevo a Casa.

"Volver a Casa" significa conocer el Amor. Y conocer el Amor significa que ya no puedes asegurar dónde empiezas tú y dónde acaba el Creador. Una persona así simplemente ama. Esa persona descansa tan profundamente en la perfecta certeza del Amor, que no puede surgir el pensamiento de restringir la libertad del otro. ¿Por qué lo haría? Si tu copa está realmente rebosando, ¿requerirías que otro coloque su vaso medio lleno ante ti, exigiéndote que te apoderes de su vaso? El amor *permite* todo, *abraza* todo, *confía* en todo y, por consiguiente, *trasciende* todo *de inmediato.*

Si quieres, entonces, conocer el Amor en este año de *La Vía del Conocimiento*, pasa los siguientes treinta días de modo que *cada día, sin faltar ninguno* –y recuerda, es sabio usar el tiempo de forma constructiva–... pasa algún rato cada día contigo mismo y con un trozo de papel y un lápiz, y mira realmente hacia atrás, a tu pasado –con honestidad–: ¿Cuándo rechazaste dar total libertad a las expresiones siempre cambiantes de la Creación?

¿Has juzgado alguna vez a un político? En ese mismo instante estabas rechazando extender la libertad perfecta, pues el juicio fluye del miedo y no del Amor. ¿Estuviste alguna vez en una relación en la que alguna parte de ti sintió como mínimo un pequeño impulso de intentar convencer al otro de que realmente él o ella no ama a esa persona que conoció en el supermercado, sino que en realidad te ama a ti? ¿Has insinuado alguna vez a otro, incluso educadamente, que su pasión por cualquiera que no seas tú debe ser cierto tipo de "anormalidad biológica", o que ciertamente, debe estar loco y necesita detenerse y recapacitar seriamente?

Todo eso es miedo, y nada más. Pues el Amor queda saciado en su propio ser. El amor rebosa. Y el pensamiento de poseer, controlar o limitar, solo puede provenir de alguien que se siente vacío. El amor libera todas las cosas. El amor deja libre al mundo para que sea lo que es. El Amor lo ve todo perfectamente inofensivo. El Amor entiende que, como las cosas son como son... pues son como son. Piensa bien en ello... Como las cosas son como son, la mente que está en una libertad perfecta permite que sean lo que son, y las percibe como algo completamente inofensivo.

El Amor ve, pues, que el mundo que se os muestra a través del cuerpo-mente... este mundo de edificios, coches y polución, y de prístinas playas y extensiones desérticas, de imponentes árboles y de lagos y estanques... este tormentoso mundo para la madre cuyo hijo acaba de morir, este tormentoso mundo para el corazón de un niño que acaba de enterrar a sus padres, este mundo tormentoso, este mundo de paz, este mundo que contiene toda expresión posible de consciencia... *este mundo... es perfectamente inofensivo*. El mundo que experimentáis *en este preciso instante* no puede añadiros nada, y no puede quitaros nada.

En este *preciso* instante, queridos amigos, ¿dónde estáis? ¿Estáis *en Amor*, en este instante? ¿Acabáis de perder vuestro trabajo, y creéis que el problema que os quita la paz es que no tenéis trabajo? No es eso. Lo que os quita la paz es que la pérdida de trabajo ha hecho aflorar vuestra identificación profunda con los cuerpos y como cuerpos. Creéis que el cuerpo debe sobrevivir y continuar, y,

> *¡Maldita sea! Lo tiene que hacer con el mismo nivel de confort material en el que estaba ayer.*

¿Puedes entender que cuando tu Amor es tan completo, ya no importa si el cuerpo-mente existirá mañana? ¿Pues adónde irías? Eres el Campo de Amor en sí mismo. Tu esencia es inmutable para siempre. Eres Espíritu Puro.

Si acabas de perder el trabajo, siéntate, respira y abre el corazón, y decide amar a tu empleador hasta que tu ilusión muera. Y entonces, ábrete para recibir todo lo que te rodea… el canto del pájaro, los primeros rayos del amanecer de un nuevo día, la hierba bajo tus pies, el campo de infinitas posibilidades que se ha *abierto completamente para ti*. Pues eso que desaparece de tu experiencia no puede hacerlo por casualidad. Solo puede ocurrir mediante la complicidad o el acuerdo del mundo que te rodea, con el mundo –o alma– de tu interior. *Nada surge por casualidad.*

Y si vuelves a casa y descubres que tu hijo ha muerto dormido en su cuna, siente verdaderamente tus sentimientos, con gran curiosidad.

> *Oh, así es como se siente un ser humano cuando percibe que ha tenido lugar una pérdida. Brindaré Amor a este momento, y lo sentiré tan profundamente como pueda, porque quiero abrazarlo con la Realidad.*

Luego mira con ternura esa diminuta forma sin vida, y reconoce que el alma que la animó durante un breve instante, no se ha ido a ningún lugar salvo para seguir fomentando aún más su destino y el tuyo[251] –siempre *perfectamente de acuerdo con ello*–. Pero no el tipo de acuerdo en el que un niño diría,

> *Sí, mamá. Sí, papá. Lo que tú digas.*

Sino un acuerdo de perfecta soberanía[252] entre dos almas ilimitadas.

Me habéis oído decir antes que el camino espiritual no puede comenzar hasta que la mente asume *completamente la responsabilidad* por todo el campo de su experiencia. Esto debe incluir las idas y venidas de todos los seres.

> *Yo los convoqué, los convoqué y les pedí que se fueran. ¿Me pregunto por qué hice eso? Oh, ¡Dios! Aquí está ese sentimiento de nuevo. Estoy completamente solo. Me han abandonado. Por eso tuvieron que marcharse… pues tengo que sanar esta ridícula creencia de que he sido abandonado. Debo superar todo tipo de separación. Debo despertar más allá del sueño del soñador.*

Nada de lo que creas puede ocurrir por casualidad[253]. Y todo lo que experimentas te convoca al campo de inmutable y perfecto Amor, que trasciende, reemplaza, y subyace a todo lo que surge y desaparece.

Amad, efectivamente, queridos amigos. Pues estamos llegando al término de esta *Vía del conocimiento. La Vía del Conocimiento* debe consistir en *consumar* esa *decisión de enseñar solo Amor.* Y la única manera de enseñar Amor es *ser Amor en cualquier circunstancia.* Esto no significa que pintes una sonrisa de plástico en tu cara y nunca sientas ninguna emoción. Eso no es iluminación. *Eso* es el *colmo* del intento del ego de usurpar el poder de Dios. Pues el ego espiritual, la personalidad espiritual, es efectivamente el último "hueso" a roer. Pues solo aquel que está despierto *permite* todo, *confía* en todo, *abraza* todo –que es lo mismo que decir, *siente* todo–. Pues en ese preciso instante, justo eso que surge es trascendido, porque no es ni bloqueado ni resistido. Y lo que no se bloquea ni se resiste es, efectivamente, acogido, *consumido*[254] en la espaciosidad del Amor.

Así pues, tienes en tu interior todo el poder del Cielo y de la Tierra para traducir el cuerpo mismo desde una contracción de temor a una espaciosidad que refleja la Realidad del Amor de Dios. Pues el propio cuerpo-mente, que en un primer momento surgió a partir del temor, puede ser *reabierto*, de modo que la energía de la Verdad fluya a través de él, de modo que nada de lo que surja en tu experiencia, en el campo emocional… y muy francamente, el campo emocional es el *único* lugar donde puedes experimentar algo… todo el resto son simplemente pensamientos sobre cosas. Y la brecha que hay entre un pensamiento que tienes *sobre* algo, y la naturaleza del sentimiento que tienes cuando lo *experimentas...* esa brecha, es exactamente la misma que existe[255] entre el Cielo y la ilusión. Es por esta razón que ninguna *idea* de Dios es lo mismo que Dios. Ningún *concepto* del Amor es lo mismo que el Amor. Ninguna *filosofía* sobre la iluminación es lo mismo que la iluminación.

El sentimiento que no encuentra bloqueos abraza todo lo que surge y desaparece: la *ausencia de bloqueos* conlleva ausencia de juicio. Incluso lo que surge como miedo o ira, nunca debe ser juzgado ni bloqueado. Lo que surge como tristeza o alegría, lo que surge como pasión del cuerpo... todo debe ser *abierto* y *acogido*, pues de lo contrario, la esencia[256] de tu alma todavía no ha trascendido el mundo. El Amor es entonces la capacidad de estar plenamente presente con lo que hay, devorándolo, como un niño devora golosinas:

> *¡Mmm! Dame otro mordisco. Pues este sueño no puede contenerme. Por lo tanto, ¡sigue!*

Entonces, efectivamente, queridos amigos, si realmente queréis emplear este año de *La Vía del Conocimiento* como el año en el que despertáis a la decisión de ser la presencia del Amor y *nada más,* antes de que acabe el año, y de modo que podáis seguir durante el resto de vuestra experiencia *como* los Cristos Iluminados que ya sois... examinad entonces bien esto, durante cada uno de los siguientes treinta días:

> *¿En qué cosas de mi vida me he abstenido del Amor?*

> *¿Dónde he elegido patrones de comportamiento, decisiones y elecciones con una sonrisa en la cara, mientras que en todo momento intentaba controlar y manipular el mundo para poder mantenerme a salvo de sentir y afrontar mis propias inseguridades?*

> *¿En qué ámbitos he exigido que el mundo se muestre de una cierta manera, de modo que yo pueda fingir tener paz... y pueda fingir estar feliz y amoroso?*

Pues cualquiera puede estar feliz y amoroso en una tienda de golosinas. Cualquiera puede ser feliz delante de una multitud cuando todos le están aplaudiendo. Cualquiera se siente feliz siendo abrazado por veinte amigos que le dicen que le aman. Pero solo el iluminado puede ser feliz cuando esos veinte amigos han elegido crucificarte. Por lo tanto, efectivamente, es en los momentos *más oscuros*, cuando se *desmoronan* las estructuras que habéis construido, es ahí, cuando se os da la mejor oportunidad de comprender y constatar el gran poder que tenéis en vuestro interior para enseñar solo Amor.

Y no obstante, el ego querrá convenceros de que para conocer el Amor debéis estructurar el mundo de modo que nunca experimentéis los desafíos e inseguridades del abandono, de la soledad, del desconocimiento. ¿Mmm?

¿De dónde va a venir mi siguiente comida?

El intento de crear seguridad material fluye solamente de la mente egoica. Pues la mente *iluminada* está en *completa abundancia, siempre.*

Cuando caminé por este mundo como un hombre y aprendí de los esenios, mis hermanos, hermanas y yo aprendimos a practicar una forma de vida (algo que es, por cierto, conocido en otras culturas, como en la que ahora llamáis la antigua India), en la cual se tomaba la decisión consciente de renunciar a toda materialidad para caminar literalmente desnudo por el mundo, sin apropiarse de nada, sin poseer nada, afrontando la cruda realidad de la perfecta vulnerabilidad del cuerpo [risas][257], confiando en las expresiones de Gracia y Amor que vienen a través de los demás. Caminar por ahí con un cuenco, y simplemente decir,

> *El cuerpo-mente está hambriento. ¿Serías tan amable de llenar mi cuenco?*

Y recibir el "sí" o el "no" *exactamente* con *el mismo* aprecio.

Muchos de los que escucháis esto no tenéis ni idea de lo que significa estar hambriento. Pensáis que el hambre es esa sensación transitoria que os carcome cuando no habéis acudido a vuestro refrigerador en las últimas pocas horas. Id al bosque sin nada de comida. No llevéis nada más que quizá algo de agua; y estad solos, abiertos a los elementos, durante tres días y tres noches. Y entonces sabréis algo de lo que significa ser un esenio, ser alguien que va por ahí sin hacer el menor intento de proteger el cuerpo-mente de los miedos más profundos a su propia desaparición.

Una vez, un hombre rico acudió a mí y me pidió que le enseñara. Y simplemente repliqué,

> *Vende todo lo que tienes, y sígueme.*

Él no deseaba tanto a Dios como para eso.

Y una vez más, por supuesto, y como os he dicho ya muchas veces, eso no significa que debáis vender las riquezas materiales que tenéis en vuestro mundo. Lo que significa es que debéis entregar vuestro apego a ellas. Debéis ver que simplemente son una ilusión, que no os pueden proporcionar la seguridad que realmente buscáis. Pues la seguridad solo puede provenir de recostarse en el Corazón de Dios.

> *Ni siquiera el cuerpo-mente es mío. Mi pareja no es mía. La profesión no es mía. Las cuentas bancarias no son mías. Esas cosas del mundo no pueden salvaguardar mi alma. No pueden despertarme. Solo mi decisión de entregar el mundo, de trascenderlo, de habitar como vacío en él, solamente mi decisión de enseñar solo Amor... puede despertarme a la invulnerabilidad más allá de la vulnerabilidad de todas las cosas creadas –incluso de este cuerpo-mente mismo, que una vez identifiqué erróneamente como mi ser–.*

El que está verdaderamente Despierto va y viene como el viento. No sabes de dónde vino y no sabes a dónde va. Pues ni siquiera ellos lo saben –¿cómo tú lo podrías saber?–. Pero Él o Ella escucha la Voz del Espíritu. Y el Espíritu es como el susurro del viento: *Ven. Ve. Toca, Habla. Inhibe. Deja. Suelta. Abstente. Abraza. Acoge. Come. Ayuna. Reza. Danza.*

Aquel que habita en una naturaleza donde el sentimiento fluye sin obstrucciones, fluye con lo que le llega desde la profundidad de un corazón y de una mente que están perfectamente en calma, y danza mientras conoce la quietud. Pues el cuerpo-mente que ven los demás ya no está habitado por la contracción del ego. El Iluminado no puede ser entendido. Solo puede ser apreciado por el Iluminado.

Así pues, ¿quién elegiréis ser hoy, queridos amigos… alguien que camina en el mundo corriente, o Aquel que va por el Cielo, de la mano de su Creador? ¿Caminaréis por este día como alguien que lo tiene todo resuelto? ¿O bien iréis como Aquel que, en perfecta inocencia, simplemente ama –y ríe, y se sonríe en su interior... ante la gran ilusión del drama de este mundo–?

Pues este mundo surge y desaparece en un abrir y cerrar de ojos. Es simplemente como puntos sobre una pantalla, que han creado una película transitoria. Y cuando la película termina, la pantalla sigue siendo lo que siempre ha sido, hasta que la siguiente película llega a tu localidad.

Tu consciencia es como esa pantalla. Ella *atestigua* aquello que surge y desaparece, incluso dentro del cuerpo-mente mismo. Identifícate con esa pantalla pura, con el puro testigo, la *espaciosidad* que es más amplia que todos los universos. Observa esa parte de ti que simplemente se da cuenta de lo que está surgiendo… un sentimiento, un pensamiento, una palabra, una canción, un accidente de coche que presencias… No importa. Todo lo que surge en el campo de tu experiencia lo hace en el *campo* de esta *espaciosidad* de *discernimiento* que *es* el regalo que Dios te hace, como tu *propia existencia*[258]. Pues el Espíritu Puro es discernimiento en sí mismo. Y ese discernimiento puede ser alimentado por la decisión de Amar o bien por la creencia en el miedo.

Así pues, efectivamente, queridos amigos, el mensaje de esta hora es de nuevo muy simple. Pero si realmente habéis elegido hacer que este año sea *La Vía del Conocimiento*, no perdáis tiempo. Mirad bien –durante los siguientes treinta días–, *escudriñad profundamente... la Verdad* acerca de qué os está gobernando. Cuáles son los patrones que crearon las elecciones, las reacciones, las respuestas, las justificaciones racionales, las grandes palabras, la gran búsqueda, el gran esfuerzo o lucha – ¡todo ello!–. Mirad bien, y percibid, y reconoced qué nació del miedo, sin importar lo que pareciera ser. Pues ciertamente, el lobo puede mostrarse con piel de cordero. ¿Y cuándo habéis sido un voraz lobo, con la piel de cordero, con falsas sonrisas, para poder conseguir que alguien os dé lo que creéis que os falta? ¿Cuándo habéis evitado el Amor? ¿Cuándo habéis rechazado volveros perfectamente vulnerables? Pues solo al otro lado de esa decisión está el lugar donde surge vuestra perfecta invulnerabilidad.

Eres Amor, y nada más. En cualquier momento en que te comportas, hablas o te percibes como algo distinto al Amor, eres *tú* quien usa el poder de tu discernimiento para decidirte por aquello que trata de *oponerse* al Reino de Dios. Y *tú* eres el único que ha sufrido por ello.

El Amor... efectivamente, queridos amigos. Hay muchos de vosotros que habéis oído mis palabras a través de este, mi querido hermano, y me contempláis con un Amor *así*. Me miráis y decís,

Oh, Yeshua. ¡Él realmente ama de una forma tan perfecta!

Bueno, ¡por supuesto que sí! Porque he llegado a entender ¡que no hay nada más que *merezca la pena hacer*! Sé que esto suena muy simple, pero la Verdad *es* simple. Debéis volver a vuestra propia naturaleza Crística para ver que en perfecta inocencia no hay otra cosa que hacer sino amar… amar sin límites, sin miedo, extendiendo una libertad perfecta hacia toda la Creación para que sea y haga lo que quiera ser y hacer. Y entonces, y solo entonces, podréis saber que nada os puede traicionar, que nada os puede dañar, que nada os puede aportar ni quitar nada. ¡Tenéis la infinita y perfecta libertad de amar! Y con esa decisión, conocéis a vuestro Creador, y podéis decir, sencillamente, conmigo,

> *¡Mirad! ¡Yo y mi Padre somos uno y el mismo! Ahora, voy a darte un abrazo. Ahora voy a darte libertad para que tengas tu experiencia. Ahora voy a ver esta gran película. Ahora voy a disfrutar de mi ensalada.*

¡Es todo tan, tan simple!

Nunca te identifiques con tu *hacer*, sino que permite que él se *empape*[259] de tu *ser*. Pues mientras estés en el mundo, el cuerpo-mente "hace". Su naturaleza misma es acción y actividad, al igual que la naturaleza de la hoja de un árbol es caer al suelo en otoño. Podrías decir,

> *¡Oh, bueno, eso no debería haber sucedido! La hoja no debería tener que morir. No hubiera tenido por qué cambiar de color. Oh, ¿qué es lo que no va bien en este universo?*

Eres como una hoja de árbol. Y ya estás cayendo hacia el momento de tu muerte. ¿Cuánto tiempo más derrocharás antes de decidirte a *abrirte paso entre las cadenas del miedo*[260], contenidas en los tejidos mismos del cuerpo-mente? ¿Cuánto tiempo más esperarás para disfrutar de la danza de la caída desde la rama del nacimiento, al terreno de la muerte del cuerpo-mente, para poder experimentar la total libertad de la caída?

Y ahora, efectivamente, queridos amigos, cerramos el círculo. Pues la *gran caída de la gracia*, el gran sueño del *sueño de la separación*, debe finalmente ser abrazado y vivido con perfecto Amor, sin bloquear nada, sabiendo que la mera experiencia transitoria del cuerpo-mente, en un mundo perfectamente loco, está bien[261], porque es una ilusión. Resistirse a la ilusión es insistir en que es real. Solo al *abrazar* plenamente una ilusión es cuando esta se *disuelve* ante tus ojos. El amor libera de nuevo todas las cosas.

En los siguientes treinta días haz solo esto: Dedica y compromete cada momento de cada día a enseñar solo Amor. Asume el compromiso de disciplinar la mente y el corazón, *mientras* abres el cuerpo sin obstrucciones. En cada momento, libera todo, mientras te comprometes solo a Amar. Observa cuánta alegría puedes experimentar al ser el Amante de toda la Vida.

No desees nada de nadie. No necesites nada de nadie. Expresa tu pasión. Expresa tu anhelo. Contempla la caída de las hojas si eso está sucediendo en tu zona. Allá donde estés, contempla todo y decide *amar eso hasta la muerte*[262]. Pues la muerte, o "lo infernal", que haya en todo ello, es tan solo lo que tú hayas proyectado sobre ello. Recupera tu proyección y abrázala con Amor.

Durante treinta días… ¡puedes hacerlo! Durante treinta días… ¡qué marco temporal tan breve en una vida humana! ¿No te darías permiso a ti mismo, durante treinta días… un tres y un cero? ¡No es una tarea difícil! Cualquiera con cierto grado de inteligencia y de madurez puede *ciertamente* decidirse a enseñar solo Amor cada mañana, durante un solo día... ¡y encadenar así otros treinta días!

Si esta es, en Verdad, la transformación que buscas de tu alma… por la que solo Cristo está presente donde tú estás… entonces cumple esta única tarea. Y cuando ya esté hecho, simplemente hazlo de nuevo, y de nuevo, y de nuevo… por los siglos de los siglos...

El Cielo te aguarda. El Amor espera tu bienvenida. Y no obstante, esa bienvenida no es más que la decisión de finalmente *abrazarte a ti mismo*, y vivir la Verdad que ya te ha liberado.

Ama, y dale a todo la total libertad para ser y hacer como quiera. Pues no hay ningún otro portal hacia la libertad perfecta que has buscado durante, ¡oh, tanto, tanto tiempo! Permite que el tiempo acabe, para que la eternidad pueda ser recordada. Y solo el Amor puede libertarte.

Y efectivamente, con esto, queridos amigos, la paz esté siempre con vosotros. Pues ciertamente, está *goteando* a través del éter de vuestra misma atmósfera, esperando a que bebáis de ella.

La paz esté siempre con vosotros.

Amén.

Lección 9

Ahora, comenzamos.

Y efectivamente, una vez más, saludos para vosotros, queridos y santos amigos. Como siempre, vengo para estar con vosotros porque así lo habéis pedido. Como siempre, vengo para permanecer con vosotros porque, en Verdad, no hay ninguna otra parte donde pudiera estar. Pues allá donde estáis, yo estoy. Y donde yo estoy, vosotros estáis. Así pues, moramos, como Una Sola Mente, concebida del Corazón mismo de *Abba*, o Dios. No hay nada fuera de nosotros. Y del interior, no hay nada oculto. Aunque las dimensiones de la Creación sean infinitas, ellas permanecen en el interior de la Mente, o Campo de Consciencia, que compartimos como Unidad[263].

Como esto es cierto –y te aseguro que lo es– hay efectivamente una sola tarea que debamos realizar, una sola comprensión que deba ser constatada, una sola Realidad que se exprese y se viva. Y esa simple Verdad es que solo existe Uno, que solo hay Cielo, que solo hay Amor, que solo existe la Paz Perfecta que sobrepasa todo entendimiento, y que de hecho tiene *en Mente* vuestros corazones[264]. Pues vuestro corazón, o el alma... todo eso que habéis experimentado a través de la multitud de vuestras vidas sobre este diminuto planeta, todas las experiencias que habéis cosechado[265] desde antes del comienzo del tiempo a través de toda la multitud de dimensiones... el alma, o el corazón, reside dentro de la Mente de Dios, dentro de la Mente de Cristo; pues ellos son Uno y el mismo.

Por lo tanto, queridos amigos, sabed siempre que la única Verdad que debe ser vivida, cuando asumís el firme compromiso de la *elección* de morar en la *La Vía del Conocimiento*... es simplemente que hay solo Una

Cosa. Vosotros sois Esa Cosa. Vuestro hermano y hermana son Eso. Y aunque los cuerpos van y vienen, aunque el tiempo parece surgir y desaparecer, aunque la danza de la relación, de la profesión, de los patrones climáticos, parece ir y venir… solo una *mente no iluminada* busca grandes señales en esas cosas.

En Verdad, dentro del campo de vuestra alma, dentro del campo de las experiencias que llamáis "vosotros mismos", se ofrece el mismo regalo. Y el regalo que se os ofrece es que, mediante la Gracia, podáis decidir entender que ese mundo de formas siempre cambiantes no significa nada… que *el mundo no significa nada*. No existe, y *nunca* ha existido, salvo en las percepciones que son *invocadas*[266] dentro del campo de la *mente* que parece estar en una relación particular con vuestra alma. Ahora bien, incluso eso es un tanto ilusorio.

Y el asunto es simplemente este: en *La Vía del Conocimiento* tiene lugar la tranquila decisión de aceptar la Verdad que es verdad siempre, de entregar, de abrir las palmas de las manos y soltar el férreo agarre sobre el valor, el significado y la *adecuación*[267] de las percepciones que habéis fabricado para velar la Realidad. Vosotros sois esa Realidad. Todas las cosas son esa Realidad. Las formas que os muestran los ojos físicos surgen y desaparecen. Y no obstante, en cada instante, la Mente permanece perfectamente clara, perfectamente Una. Lo único que crea sufrimiento, duda, ilusión, es el *hechizo*[268] de una mente que cree ser el cuerpo.

Allá donde estéis, pues, en este mismo instante, *solo* podéis estar donde yo, en Verdad, estoy. Y donde yo parezco estar en este momento *solo* puede ser donde *vosotros estáis*. Pues efectivamente, lo que se debe soltar en *La Vía del Conocimiento* es la percepción equivocada de que hay, o de que alguna vez ha habido, un "yo" separado que está ubicado donde está el cuerpo-mente.

Soltar esa ilusión es entender que todas las cosas son simplemente una sola cosa: automóviles, plantas, árboles, nubes, pensamientos que surgen y desaparecen... Se muestran de formas diferentes, pero son una sola cosa. Y una Mente Iluminada, cuando mira a través de ellas, y como ya no ve el velo del falso "yo" que se interpone entre Sí Misma –como un filtro– y Su *reconocimiento* de Su unión –Su identidad– con todas las cosas que surgen y desaparecen… una Mente así… contempla un mundo transfigurado, un mundo en el que el velo ha sido retirado. Y Esa Mente solo se ve a Sí Misma. Ve que las mismas cosas que había estado juzgando como imperfectas, cuando contemplaba el mundo… las que había juzgado a través del miedo, las que había estado juzgando mediante la duda sobre sí misma... ve o entiende... que esas mismas cosas son... de por sí… perfectas; son, efectivamente, el Reino del Cielo.

Por eso la distancia entre donde vosotros estáis y donde yo estoy es, efectivamente, una distancia que no se puede medir. Pues, en Realidad, no hay brecha. En Realidad, la separación no existe. En Realidad, vuestra *caída de la Gracia* y vuestro movimiento hacia la no-iluminación, en sí, no ha sido nada más que ilusión. La vida misma que habéis estado viviendo es *absolutamente perfecta*. La vida que estáis viviendo ahora es *absolutamente perfecta*. Y no tiene nada que ver en absoluto con dónde va el cuerpo-mente. No tiene nada que ver con si veis una película o si leéis un libro, con si hacéis dinero o no… ni con si el cuerpo-mente vive o muere. La vida que habéis estado viviendo es una vida de discernimiento, de consciencia, de perfecta libertad para crear la percepción que elijáis albergar. Así pues, en todo momento sois libres para ver que lo que ha estado surgiendo como la Vida de vuestro mismo Yo o Ser, es la Vida y la Mente de Dios.

Una Mente así despierta, mira hacia afuera y ve que no hay ningún problema. Una Mente así contempla el mundo y no ve ninguna razón para cambiarlo, pues ahora está viendo un mundo que *ya* ha sido *sanado*, que ya ha sido *transfigurado*, que ya –mediante fuegos alquímicos, por así decirlo– ha sido *purificado* y plenamente restablecido. Pues en Realidad ve que esa plenitud *nunca fue perdida ni por un momento*. El sueño de la separación tiene lugar dentro de un espacio de la mente que no está en ninguna parte, que no tiene valor ni propósito.

El miedo, pues, no tiene ningún poder sobre *vosotros*. La muerte no tiene poder sobre *vosotros*. Así pues, permanecéis en el único lugar creado eternamente para vosotros[269]. No estáis localizados en el cuerpo o en la personalidad particular con la que os habéis asociado como vuestro "yo"… eso, en sí mismo, forma parte del hechizo, o del drama, o del sueño... de la separación.

En *La Vía del Conocimiento* hay una simple y tranquila decisión de contemplar que… tal como el cuerpo-mente se despliega por sí mismo, así como todas las formas van y vienen *alrededor* de ti y *dentro* de ti, igual que tu propio campo perceptivo único cambia y fluye en su ir y venir (y en seguida entraremos en por qué hace eso), igual que todas esas cosas que parecen estar dentro de ti en tu mundo privado (y eso es un nombre un tanto inapropiado) y en tu mundo externo (que crees que es tuyo y de nadie más)… todas esas cosas son inocentes, inofensivas, no tienen poder, y no contienen ninguna Realidad. Y no obstante, ellas son la Realidad, en Sí Misma, cuando se contemplan a través de unos ojos que no están identificados con el "yo" falso, con el sentido focalizado de la identidad. Incluso el cuerpo-mente, que una vez consideraste como tu "yo" o "ser", se ve simplemente como algo que surge y desaparece en la vasta expansión de tu verdadero Yo o Ser, del Yo que es compartido por todos los seres en todas las dimensiones –siempre–.

Esta fue la comprensión que me permitió simplemente elegir entregarme a lo que se llamó crucifixión. Una Consciencia Iluminada sabe que la pérdida es imposible. Una Consciencia Iluminada sabe que la ganancia es también imposible. Y no obstante, una Consciencia Iluminada, que descansa en la Certeza del Conocimiento Perfecto, simplemente mora en la Realidad. Eso significa que no hay ninguna resistencia al ir y venir del cuerpo, ninguna resistencia al gran despliegue de energías que conforman lo que consideráis vuestro mundo. Los gobiernos surgen y caen, se desvela un nuevo modelo de automóvil ante las bombillas de los flashes de mil cámaras… y algunas mentes se lo toman como algo muy serio, pero otras ni siquiera lo notan… ¡y *todo* eso eres *tú*! Todo eso está surgiendo en la vasta expansión de la Mente perfectamente libre que no pertenece a nadie, y en la cual, no obstante, los Uno, surgen[270].

Así pues, una Mente Iluminada… sin importar si está experimentando –transitoriamente en el cuerpo-mente– tristeza, alegría, ira, culpa, daño, éxtasis, "hacer el amor", una fruta, el viento frío en la piel… permite que todas esas cosas simplemente ocurran sin resistencia y sean exactamente lo que son... mientras que Esa Mente las percibe y sabe que son inofensivas, vastas, eternas… que irradian la Luz que Dios es.

Pues en Verdad, en definitiva, al llegar casi al final de este año de *La Vía del Conocimiento*, se debe transmitir la Verdad de forma cada vez más simple. Solo existe la Realidad, esa Realidad que he llamado *Abba*. Aquel es Uno *con*migo, y yo soy Aquel. Aquel es Uno con*tigo*, y Tú eres Aquel[271].

Así pues, al final, lo que parece ser radical para un mundo atrapado en el hechizo del pequeño yo... que está aparentemente representando su drama a través del campo de muchos, muchos cuerpos-mente... la Verdad... se vuelve de hecho radical:

La Verdad es que todo lo que surge y desaparece es, de hecho, Dios. Solo existe Dios. Solo puede existir Dios. Y tú eres Aquel.

Pues al final, incluso el mecanismo creativo de enseñanza que consiste en Dios e Hijo, en Creador y Creado, comienza a desvanecerse a medida que la dualidad se vuelve Unidad... a medida que la ilusión… los últimos restos de la ilusión… ceden el paso finalmente a la Verdad.

Todas las cosas que surgen y desaparecen están perfectamente bien. Todas las oportunidades de experimentar el discernimiento de la *presencia del Amor* están bien. Cada oportunidad de experimentar la contracción del *miedo* está bien. Pues esas cosas *solo* surgen en el campo de la Mente perfectamente libre que sois.

Así es que, ya ves, al final no se trata tanto de suprimir ciertas experiencias y tener solo aquellas que has decidido que tienen valor. Se trata más bien de entender que todas las experiencias son transitorias. Un momento de éxtasis o un momento de tristeza son *uno y lo mismo* para la Mente Iluminada. *Solo* existe esa Vasta Expansión que permite todas las cosas. Y cuando ya no haya *nada* que te resulte inaceptable en el campo de lo que parece ser tu propia experiencia única y particular, sabrás que estás en Casa. Las cosas surgen y desaparecen, y tú permaneces.

Queridos amigos, Yo Soy efectivamente Aquel que dio nacimiento al Cristo. Yo Soy efectivamente Aquel que caminó por esta Tierra como un hombre y manifestó la plenitud de Sí Mismo, para revelar Mi Propio Ser *a* Mí Mismo[272], Mi Propio Ser a Mi Propio Ser. Sois Aquel que dio a luz a Yeshua ben Joseph. Sois Aquel que puso en marcha el gran drama del sueño de la separación y su corrección. Sois, efectivamente, Ese Uno, que solo existe de manera inmutable, invariable e inalterado para siempre.

Y no obstante, cuando la mente ha estado bajo el hechizo de creer completamente que es un cuerpo-mente separado, y que el cuerpo es de hecho la fuente del "hechizo" que crea la ilusión de un yo separado localizado, un alma que no tiene ninguna conexión con nada ni con nadie más… En el campo del cuerpo-mente, si hubiera venido a vosotros hace tres, cuatro, cinco, diez o dos mil años... y os dijera,

Sois, únicamente, Aquel. Sois Dios y solamente Dios existe.

vuestro miedo, ya presente, se habría incrementado. Y entonces, vine bajo la apariencia de un hombre conocido como Yeshua ben Joseph. Representé un *drama* perfectamente claro, como tantos otros cuerpos-mente. Me permití ser percibido como un individuo único, ya que creíais que los individuos únicos existen.

Me visteis como alguien separado de vosotros. Y así, aparecí de tal manera que pudierais verMe y entenderMe. Y no he dejado de aparecer de manera que Me podáis ver y entender, expresándome con lenguas y palabras, con metáforas y parábolas... enseñando herramientas que pudierais aceptar sin *incrementar* vuestra ilusión de miedo. Todo son, pues, instrumentos de enseñanza… y en este sentido incluso Mi aparición como Yeshua ben Joseph tan solo fue otra herramienta temporal de enseñanza.

Todo instrumento de enseñanza y de comunicación tiene una única y simple meta: Reducir el miedo de modo que esa mente en particular pueda soltar su agarre sobre *sí misma* y entregar la ilusión de separación, siendo de este modo bañada una vez más en la Luz de la Realidad –viendo que Eso es Lo Que Yo Soy–. Y Yo Soy Dios. YO SOY Abba. Tú Eres Dios. Tú Eres Abba. Solo Aquel Existe. Solo existe el "Yo" que compartimos como Unidad.

Yo aparezco como cada brizna de hierba. Aparezco como cada pensamiento. Aparezco como cada deseo. Aparezco como cada nube en el cielo. Aparezco como Tú. Tú *eres* Aquel que Yo Soy. Yo estoy hablándote y, no obstante, Tú estás hablándote a Ti. Tú Me oyes, pero solo te oyes a Ti Mismo.

Comprende bien, entonces, que yo, como Yeshua ben Joseph, solamente Soy la apariencia de Dios bajo una forma particular, de modo que puedas acercarte a la Verdad de Tu Naturaleza sin retroceder por miedo. En la Biblia se dice de hecho que,

Nadie que contemple el Rostro de Dios puede seguir vivo.

Esa afirmación quiere decir simplemente que la mente que todavía no está iluminada, que vive por lo tanto en el miedo, en la percepción de estar separada de Dios… no puede contemplar el Rostro de Dios, la Realidad de Dios, y vivir. No fue para nada una declaración para dar miedo. Era simplemente la Verdad. Pues cuando la mente mira y contempla lo siguiente,

Solo hay Dios y Yo Soy Eso,

entonces, el *yo falso*, efectivamente, ha muerto. ¿Adónde fue? A ninguna parte. Porque de entrada *nunca existió*. Y lo que cierra la brecha, aunque se te puede decir de muchas formas... es la *decisión* de renunciar a buscar, y reconocer que has encontrado.

Todo instrumento de comunicación, todas las formas de lenguaje que he presentado… han sido diseñadas deliberadamente para *cautivarte*, para *seducirte*, para *calmarte* en el *Conocimiento* de que Eres Dios. Y la brecha final, de hecho… el último paso... lo doy *Yo*. Y ese paso final que YO doy es el paso final que *das TÚ*. Pues ese paso final hacia la plenitud de la iluminación solo puede ser *Dios reconociendo que solo Dios Es*. Y Tú *Eres Aquel.*

¿A qué otro lugar podríamos llegar en esta serie titulada *La Vía del Conocimiento*? Como *vía del conocimiento* nunca se pretendió dar un conjunto de lecciones que algún día *te llevaran allí*, sino más bien la propia Vía de Conocimiento… para caminar en el viaje de la Creación, *Sabiendo* que es Dios quien hace ese camino… Caminar en el Conocimiento[273] de que todo lo que surge es inherente a Dios, y que Tú Eres Aquel… para finalmente estar dispuesto a mirar un árbol y Saber que el Ojo de Dios está viendo Dios… y que el Árbol de Dios está siendo observado[274] por Dios.

Efectivamente, tú eres Aquel, infinito, eterno, ilimitado… tan íntimamente enlazado con cada uno de tus hermanos y hermanas que no hay separación ni nada que temer. Y no obstante, todavía existe ese proceso, infinitamente mágico, en el que la *Mente* es constatada dentro de un cuerpo-mente. Es decir, que puedes estar perfectamente iluminado *ahora* simplemente al entender la Verdad de que el pensamiento que has tenido sobre ti nunca ha sido cierto. Solo fue un hechizo temporal –Dios olvidando, Dios jugando a ser distinto de Dios–. Y no obstante, ese juego es la plenitud misma de Dios. Pues al final, la "caída de la Gracia", la *separación con respecto a la unión…* o cualquier término con que elijas decirlo... eso mismo… *en sí…* no puede estar fuera de la Mente de Dios.

Todo lo que te muestran tus ojos es inocente y libre. Todo lo que la mente pueda inventarse como pensamiento es inocente y libre. Eres libre para ser Aquel que, como Mente de Cristo –que por cierto, es Dios–, aparece en un cuerpo-mente transfigurado. Donde una vez hubo un falso sentido del "yo", ahora solamente existe el Campo de Discernimiento de Dios, libre, sin obstrucciones, observando la Creación *a través* de Su Creación… Dios observando Su Creación *a través* de Su Creación.

Entonces, imagina que tú eres efectivamente Aquel... y que optas por elegir un cuerpo-mente en particular, que todo el mundo *pensaba* que se llamaba Pepe, o Miriam o Carlos... o el que sea. Y te pones en ese cuerpo-mente por el simple disfrute de mirar a través de él para observar lo que la Creación es… desde esa perspectiva. Esto no es muy diferente de lo que hace quien va a un baile de disfraces y se pone un cierto traje para simplemente *jugar* a ser Luis XIV o Lady Godiva; o bien la madre María… O bien, si quieres ser muy radical… Jesús de Nazaret.

Tú ya te has puesto todos esos disfraces. Tú eres el Creador de todos esos disfraces. Tú Eres Dios. *Solo* hay Dios. Solo puede *existir*[275] Dios. Y mientras escuchas cómo vibran los sonidos a través del aire... a través de tu máquina de reproducir sonidos… todo eso… la máquina, la vibración, las palabras, las intuiciones y las imágenes que están fluyendo a través del campo de la mente… y el "tú" que está escuchando... y el "yo" que está hablando… todo eso… es Una Sola Cosa: Dios.

Así pues, queridos amigos, no temáis el ir y venir de la vida en el cuerpo-mente. Pues esa vida, en sí misma ya es, y ya está, perfectamente desbloqueada y libre. *No puede* ocultar la Verdad de quienes sois cuando elegís verla *desde* la Verdad de *lo que* sois. Atreveos, entonces, cuando comenzamos a dar término a este año de *La Vía del Conocimiento*… a vivir eso que en este mundo se considera el "sueño imposible". Atreveos a comenzar a ver y a entender que Sois Dios, percibiendo… mirando afuera y contemplando… la Creación de Dios. ¡Y la Creación de Dios es solamente Dios!

Sí, al final puedes incluso decir que Dios no ha creado nada. Pues no puede haber nada que esté *fuera* de lo que Dios Es. Os he dado muchas claves durante estos años. Os he dicho que si Dios se olvidara de pensar en vosotros tan siquiera un instante... dejaríais de existir. Pensad sobre lo que eso conlleva. Eso *debe* significar que sois tan inherentes a Dios, que un simple pensamiento en la Mente de Dios os puede tanto crear como destruir. En un abrir y cerrar de ojos estáis en la existencia… o bien no lo estáis. Y así, ¿qué otra cosa podría entonces estar en la existencia *sino* la Voluntad de Dios? Si tú existes, debes necesariamente estar en la Mente de Dios… ese Poder Perfecto[276] mediante el cual todas las cosas surgen y desaparecen.

Y la Creación de Dios no ocurre en ninguna parte. Es decir, no tiene localización. El planeta Tierra, los cuerpos que lo habitan, el universo físico en el que da vueltas el planeta… todo eso no es para nada distinto de lo que experimentas cuando cierras los ojos y te imaginas tomándote un helado. Tú creas la imagen. Tú tienes la experiencia. Te ves dándole al cajero tus monedas doradas (o en este caso, más bien quizás algunas de las plateadas). Te comes el helado. Te ves sonriendo. Puedes sentir cómo baja a tu barriga. ¿Dónde existe todo eso? ¿Podría alguien encontrar eso fuera del poder de la consciencia para crear? No.

Tú eres como el helado en la Mente de Dios. Dios se ve a Sí Mismo, apareciendo como tú, haciendo exactamente lo que tú estás haciendo en todos y cada uno de los instantes. Y si Dios, *durante una fracción de segundo*, dejara de pensar en ti, desaparecerías completamente. Y todos esos seres que te rodean, y que crees que son personas diferentes… dejarían de tener instantáneamente cualquier recuerdo de ti.

Solo puede existir Dios. Tú eres el Sueño de Dios. Tú eres la Creación de Dios. Tú eres el *Hijo*[277] de Dios, en el sentido de que eres Dios dándose forma a Sí Mismo bajo la forma de una expresión transitoria de Sí Mismo. Y, ¿para qué? Simplemente para extender la Creación. ¡Tú *eres* Aquel! ¡*Todo poder en el Cielo y en la Tierra reside en tu interior*! Cuando te agachas a recoger un vaso, ¡Dios está abarcando a Dios! Y si Dios no eligiera eso, en ese momento, dejarías de existir. Incluso el cuerpo desaparecería de la vista.

Así pues, como Yeshua ben Joseph, he aparecido ante vosotros para ser vuestro hermano y amigo, porque *vosotros* habéis creído que necesitabais que *alguien* fuera un hermano y un amigo que os hace saber que estáis a salvo, de manera que os dais permiso para asentir con la cabeza y decir,

Puedo aceptar eso ahora. Gracias por estar aquí, Yeshua.

Y no obstante, en Verdad, sois Dios, que simplemente está representando ese campo de relación… la cualidad de experiencia que parece requerir que un hermano mayor, que ha pasado por todo un cambio… tenga ahora la voz de la autoridad.

Pero no tengo voz a menos que me la deis. ¿Y qué otra cosa puede conceder esa autoridad, sino la Mente de Dios? Pues quien lo dice, lo es… es decir, solo hay Unidad. Me habéis oído decir eso muchas, muchas veces. Solo la Mente Crística *en vosotros* puede percibir la Mente Crística en Yeshua ben Joseph. Y la Mente Crística es la extensión del Ser Perfecto de Dios hacia, y como, la Creación.

Cuando contempláis amorosamente a alguien, *sois Dios*. Pues Dios es solo Amor. Me habéis oído decir eso muchas veces… el Amor es la esencia de lo que sois. Y si Dios es Amor, y el Amor es la esencia de lo que sois… esto solo puede significar que vuestra esencia es Dios… aquí mismo, ahora mismo, sin nada que hacer para *ganárselo*, para *darle forma*, para *conseguirlo*. Por eso ninguna forma de técnica lleva el Hijo al Padre.

Por eso dije una vez, incluso a través de este, mi querido "Hijo", por así decirlo, en lo que se llamó *Las Cartas de Yeshua* –y que, insisto, son solamente otro instrumento de enseñanza más, entregado a quien pudiera aceptarMe bajo la forma de Yeshua ben Joseph, pues ya habéis decidido darMe autoridad para guiaros mediante esa forma– por eso dije una vez... que ninguna oración o súplica lleva el Hijo hacia el Padre, pues eso solo se consigue soltando la ilusión. Y de esa ilusión… cuando os habéis desprendido de ella a fondo, de la manera en que os habéis empeñado en hacerlo… consiste en llegar a entender que la noción que habéis tenido sobre vosotros mismos, como seres con una existencia separada, como un "yo" separado… ha sido una noción falsa. Es una pantalla de humo, un disfraz, un velo. Vuestra percepción o creencia de que eso es lo que erais, en lugar de ser todo lo demás… es la ilusión que hay que soltar.

Y en *La Vía del Conocimiento*, lo que os estoy ofreciendo como, efectivamente, vuestro Creador, y como la Esencia de Todo lo que Sois… es la oportunidad de elegir este contexto para decretar que solo Dios existe, que el mismo cuerpo-mente y el yo que una vez pensasteis que erais están ahora encarnando a… está habitados por… el Creador, el Creador Mismo. Que cuando la mano se mueve para levantar el vaso, ya no hay un "yo", sino Dios; ya no hay más "yo", "mi", "me"… como un ser separado, luchando… sino que es Dios quien *mueve* la mano, es Dios quien está *envejeciendo* la mano, y es Dios quien es *el envejecimiento* de la mano. *Todas las cosas* solo pueden ser Eso, Aquel, que Yo Soy.

Yo Soy Uno, y singular, y pleno, y no deberíais tener más dios que YO, ningún otro pensamiento ni ilusión más que YO… ni siquiera un sentido de un "yo" que va hacia Dios. Entonces, solo existe Dios. Y la Realidad ha descendido para establecer Su hogar en el Campo de Discernimiento donde vosotros una vez pensasteis que había algo más.

Nos hemos unido a vosotros para crear *La Vía del Corazón*, para comenzar a hablar de tal modo que no desencadenarais miedo dentro de vosotros, para que pudierais asentir con la cabeza y decir,

Sí, sí. Eso me parece verdadero. Lo acepto.

Y luego hablamos de *La Vía de la Transformación*, donde os percibisteis como alguien que *necesita* transformación. Y de nuevo asentisteis con la cabeza y dijisteis,

Aceptamos esto. Sí, soy una pecaminosa criatura que aún necesita transformación. Aceptaré esto como un contexto en el que puedo aceptar más de la Verdad sobre mi propio ser.

Y en la de ahora, *La Vía del Conocimiento*, comenzamos a brindarte, plenamente, aquello que has elegido atraer a ti mismo… para alzarte ante la puerta del Templo del Cielo, y comenzar a abrirla, para permitir que la Luz Dorada fluya hacia afuera.

Y cuando miras en ese santuario, lo que ves es a *Ti Mismo* en el trono. Por eso dije también que el amor por Sí Mismo –el *amor Propio*– es esa puerta que produce la liberación de la ilusión; la simplicidad del Amor por Sí Mismo. Esto no significa que simplemente te acomodes en un estado de consciencia que dice,

Bueno, realmente soy una especie de ser débil, pero me acepto y me amo a mí mismo.

Ese es un buen comienzo, pero al final debes decir,

Soy Dios y me amo a Mí Mismo. Soy Aquel que mora como la hoja que cae del árbol. Soy, de hecho, Aquel que se estremece por el frío de una tormenta invernal. Soy, de hecho, Aquel que es la calidez de la luz solar que acaricia la flor. Soy la flor que recibe la luz solar. Soy este cuerpo-mente que surge y desaparece. Soy la cualidad de discernimiento que elijo, ¡ahora!

Pues solo existe Dios. Solo la Verdad puede ser cierta. Y la Verdad *libera todas las cosas*. Pues si la Verdad se diera solo a la humanidad, pero no a una brizna de hierba, la brizna de hierba seguiría aprisionada. Pero la Verdad que libera todas las cosas lo hace porque *todas las cosas son la*

Verdad. Por eso, cuando te encuentras *con alguien*, eso es de hecho un encuentro *santo*. Y "santo" significa *pleno*. En plenitud solo hay Unidad.

Así pues, espero que estés comenzando a ver lo simple que es en realidad. Cada momento de la relación es "santo" no porque la mente decida tener el pensamiento,

> *Bueno, he oído decir que esto era algo santo. Así es que mejor será que sea una persona agradable.*

¡No! Eso es pensamiento egoico, y el ego es el sueño de la separación. ¿Quién está soñando el sueño? Tú. Y Tú Eres Dios.

Cada relación, o cada instante, es un "encuentro santo" porque solo hay *plenitud* mostrándose como esa Única Cosa. En realidad la existencia no consiste en dos seres que se reúnen y que tienen una experiencia. Solo existe esa Única Cosa que es la Experiencia Misma. ¿Sabes que nunca Me has olvidado, ni siquiera por un instante? Es decir, en un momento de *percepción verdadera* –percepción cierta, clara, inmediata–, no has sido consciente del pensamiento de un "yo" teniendo la experiencia. Solo existe la experiencia misma. Surge de forma inocente. Surge sin causa, "incausada"[278]. No hay juicio al respecto. Solo está la experiencia.

Y luego, en el siguiente milisegundo (chasquido de dedos), en el leve instante siguiente, creas el pensamiento.

> *¡Oh! Estoy teniendo esta experiencia, y es con aquel ser separado que está ahí.*

Simplemente has elegido usar el Poder de la Consciencia de Dios para identificar a ese otro cuerpo-mente como algo separado de ti. Tú eres el Creador del juego. Tú Eres los jugadores del juego. Tú Eres el resultado y las consecuencias del juego. Tú Eres el final del juego. Y Tú Eres Aquel en el que todo juego desaparece como si nunca hubiera existido.

Esto significa, queridos amigos, que miréis a vuestro alrededor. El mundo no está fuera de vosotros en absoluto. Es vosotros. Vosotros estáis jugando el juego. Ese juego va a llevar a este mismo planeta hacia una transfiguración en la Luz. Y todos vais a ser transformados en un abrir y cerrar de ojos (riendo). Bien, por supuesto que lo seréis. Vosotros Sois Dios inventando el juego. Eso es todo lo que está pasando. Eso es todo lo que siempre ha sucedido. Solo existe Eso, Aquel, que Yo Soy. Solo existe Eso, Aquel, que *Yo Soy*. Yo Soy, efectivamente, ese Yo Perfecto Impersonal. Yo Soy el Creador de todas las cosas, el que Sostiene todas las cosas, el Destructor de todas las cosas.

Nunca ha existido un "yo" separado donde vosotros estáis. Solo he sido YO, mostrándome como Tú. Tú eres perfecto y pleno, y eres inocente. Nunca has fracasado y nunca has pecado. ¿Cómo podrían esas cosas existir… tal como os he comentado, una y otra vez, como Yeshua ben Joseph… a no ser que ya fuerais plenos? Y la plenitud es Dios. Tú eres Eso. Tú eres el destino de todas tus búsquedas.

En el comienzo, la Mente, que soy Yo, que es Dios, fingiendo estar separada… se representa a Sí Misma y trata de volverse a Sí Misma separada cuando Ella cree que puede estarlo. Pero la separación no tiene éxito *nunca*. El primer paso en el proceso de despertar es *oír la palabra*. Oiréis la palabra (y todos los que escuchan o leen esto ya han oído efectivamente la palabra) cuando decidáis, como Dios, tener la experiencia de ser un ser que despierta a la Verdad. Y la palabra se os dará bajo la forma que elijáis. Todos los que escuchan estas lecciones eligen oír la palabra a través de Mí, como Yeshua ben Joseph.

Esa vibración, recibida por vosotros, os pone en rumbo hacia una iluminación y un recuerdo perfectos. Eres quien creó el drama de la crucifixión. Eres Aquel que puso en marcha el regreso de Yeshua ben Joseph como maestro principal en este mundo. ¿Por qué? Porque sois Aquel que ha decretado que este es el contexto en el que os daréis permiso para acercaros todavía más hacia la Realidad de que *todo es* Dios, y que Vosotros Sois Eso.

Lo que se ha expuesto, entonces, durante estos últimos tres años, en estas lecciones, e incluso desde hace más tiempo… de hecho, lo que se ha representado durante dos mil años… es Vuestra Creación. El Juego de Dios recordando a Dios, a través del disfraz de la Creación de Dios.

Entonces, cuando aceptas a un salvador, a un maestro o una enseñanza, es una *etapa* en el proceso de despertar. Cuando te decides a soltar un poco más tu agarre al miedo, comienzas a tener lo que se llaman *experiencias místicas*. Comienzas a comprender que puedes percatarte de alguien que no esté contigo físicamente en la habitación. Comienzas a tener unas experiencias únicas y extraordinarias (riendo) de comunicación con seres que no tienen cuerpos. Y oh, dios mío, ¡todo eso parece tan *increíble*! Y no obstante no es más que una etapa del viaje.

Y cuando la mente se vuelve más y más transparente para sí misma, cuanto más simplemente elija soltar la ilusión y morar en la Realidad, *debe necesariamente llegar* a la puerta del Templo del Cielo. Debe abrir esa puerta, que consiste en soltar cualquier idea final de estar fuera del Santuario de la Verdad. Debe ser mecida en la Luz que fluye de la Fuente y Esencia de Todo Lo Que Es. Y el buscador separado, aquel que quiere conocer a Dios, comprende que ya conoce perfectamente a Dios. Y que de hecho ha sido Dios, buscando a Dios, por el disfrute de buscar y encontrar a Dios de nuevo.

Sí, ese es tu desafío ahora. ¿*Estarías dispuesto a simplemente ser Dios*? ¿Sabes lo que eso requiere? *Absolutamente nada.* ¿Cómo mostrarte entonces como Dios? Si estás sediento, bebe agua. Si tienes frío, ponte un abrigo. Si quieres hacer el amor, hazlo. Si quieres dormir, duerme. No hay dificultad en eso. La única práctica es *ser lo que Eres, y Tú Eres la Luz del mundo*. ¿Cuántas veces me habéis oído deciros eso?

Sé lo que Eres, y Tú Eres la Luz del mundo. Habéis oído esas palabras y habéis dicho,

> *Oh, ahora bien, si pudiera ser solamente quien Yo Soy, entonces sería la Luz del mundo. Pero no estoy siendo quien Yo Soy, así es que debo ser la oscuridad del mundo.*

Pero todo el tiempo estás siendo efectivamente quien Tú Eres. Tú Eres la Luz que ilumina el mundo. Pues al ser en cada momento lo que hayas elegido ser, Eres Aquel que genera discernimiento de la experiencia. Y eso es todo lo que Somos como Mente de Dios: *Aquel que genera experiencia*. Pues la experiencia *es* la extensión de la Creación.

Tú no has fracasado en separarte a ti mismo de tu Ser[279]. No has tenido éxito en sacudirte y librarte de la mano de tu propio brazo. *La broma se hizo sobre ti, porque querías ser tú el objeto de la broma. En cada momento de tu existencia, tú has sido la expresión perfecta de Dios.* Incluso en los momentos de tu llamado sufrimiento más profundo, cuando creías que todos los demás lo conseguían y tú no... cuando te percibías como a años luz de conocer a Dios, tú eras el *Poder* mismo de Dios, creando esa percepción.

También eres Aquel que se ha *atrevido* a ser lo suficientemente *audaz* como para permitir que Shanti Christo entre en tu vida –una organización bastante radical–. La creaste como contexto para tu despertar. Y eres libre de usar ese contexto, esa organización, para iluminar todo el planeta, si quieres. También eres libre para dejar que se desmorone en un antiguo eco de la memoria. Solo existe Dios, y Tú Eres Aquel.

Dios extiende la Creación sin cesar. Por lo tanto, *siempre* continuarás existiendo como Aquel que crea experiencia. Y por eso solo hay una pregunta que merezca ser hecha,

¿Qué quiero realmente?

Pues experimentarás la respuesta a esa pregunta. Y de hecho tu experiencia es la respuesta a esa pregunta. Puedes permanecer en cama con gripe y hacerte la pregunta,

¿Qué quiero realmente? Bueno, este cuerpo-mente tiene gripe. Estoy experimentando exactamente lo que he querido.

Y puedes acogerlo y amarlo, y verlo como algo perfectamente inocente, porque esa es su Verdad. Tener la gripe no es un signo de fracaso. La muerte del cuerpo no es un signo de fracaso. Es solo lo que está surgiendo como extensión de la Creación.

Y así, la Verdad final y más grande que se pueda expresar ¡suena como un completo sinsentido! Es *inaceptable* para la mente egoica que quiere el poder de *hacer* que el yo separado y falso sea todopoderoso e invencible, alzándose contra el mundo –en otras palabras, el mosquito que le grita al universo–. Pues la Mente que está despierta a la Realidad de Dios permite todo, confía en todo, abraza todo, trasciende todo, y ve la resplandeciente perfección mostrándose literalmente como todas las cosas.

Eres perfectamente libre, en todo momento. Nada te puede aprisionar. Nada puede encarcelar a Dios. Si eliges *dejar* una relación, estás simplemente usando la libertad completa de Dios para generar experiencia. Si eliges *permanecer* en una relación, estás simplemente usando la libertad de Dios para generar experiencia. Ninguna es buena ni mala. Ambas opciones son totalmente libres e incausadas[280]. Y *cada una* expresa a Dios. De hecho ha llegado el momento de renunciar a percibir algunas cosas como más perfectas que otras. Solo existe Dios. Solo ha existido Dios. Siempre existirá solamente Dios.

Cuando una ola se lanza fuera del océano, no pierde su humedad. ¿Y quién diría que *esta* ola es mejor que *aquella*? Y no obstante, os aseguro que la mente que elige una ola por encima de otra es la Mente de Dios creando la Creación. Pues en el mismo instante en el que se proclama que una ola tiene un valor mayor, se ha tenido una *experiencia*. Y la experiencia *es* la extensión de la Creación. Tú, por lo tanto, *eres* un Creador, y creas *sin cesar*. Y hoy sigues existiendo exactamente tal como eras cuando fuiste creado por tu Ser[281].

Eres libre de crear lo que quieras percibir. Y lo haces desde el interior de la mente y lo extiendes hacia afuera, lo irradias, con cada pensamiento que piensas. Cuando un Maestro Iluminado aparece en el planeta, se trata simplemente de que Dios se ha entregado para jugar el juego del yo separado a través de ese cuerpo-mente. Eso es todo. Una Mente Iluminada comprende que solo existe Dios, y que en esa libertad es libre de aparecer como el cuerpo-mente de la manera que lo desee, mientras el cuerpo-mente dure. Si aparece con ropas de color azafranado, o si lo hace vestido de mendigo… no importa. Una Mente Iluminada es una Mente Iluminada. Puede fumar cigarros. Puede beber zumo de zanahoria. Es irrelevante. Y el que se fuma un cigarro ve al que bebe zumo de zanahoria y sonríe. El que bebe el zumo de zanahoria ve al que fuma y sonríe. Y en esa sonrisa solo existe el Uno, contemplando al Uno.

Eres pues libre de estar en paz. Eres pues libre de soltar todo juicio. Eres de hecho libre de darte a ti mismo la exquisita experiencia de ser Aquel que permite todo. Eres Aquel que es libre de acoger la inocencia de cada momento. Eres Aquel que es libre de necesitar gafas de sol cuando sale el sol por la mañana. Eres Aquel que es libre de ser *libre*. Y ser libre es ser *auténtico*. Y ser auténtico es *manifestar*[282] la Realidad de que solo existe Dios.

Para aquellos de vosotros que habéis leído aquello que expresé de esta manera: "este Mi querido hermano", pero también de esa otra manera: "este, Mi querido Hijo"… si volvéis atrás y leéis *Las Cartas de Yeshua*, veréis que no todas esas comunicaciones se dieron desde la perspectiva de Yeshua ben Joseph. También hubo comunicación directa de la Mente de Dios, dada como una *señal* clara y evidente de que las Cosas que se dijeron incluso en ese libro revelaban la Verdad de que solo Dios existe. Si al leerlas se os pasó y no lo visteis, es porque todavía pensabais que sería demasiado temible conocer la Verdad que os libera. Y necesitabais percibir que había un individuo, de nombre Jon Marc[283], que tuvo la experiencia de abrirse a Yeshua ben Joseph, y que estábais recibiendo información por medio de un canal. Y no obstante, os aseguro que solo habéis recibido información de vuestro Ser[284]: Dios.

Por lo tanto, la transformación que percibís en este ser, que creeríais que es un yo separado de vosotros, de nombre Jon Marc... es simplemente un cuerpo-mente en el que solamente existe la Mente de Dios. Esa Mente opera en el cuerpo-mente para enseñaros la Verdad, y Vosotros sois Dios eligiendo recordar que sois Dios.

Por eso, todo dar es recibir. Por eso la pérdida no es posible y la muerte no existe. Dios solo puede disolverse en Dios. Y en esa comprensión, *el paso final*, el paso final más allá de La Vía del Conocimiento (aquí hay una clave para vosotros)... más allá incluso de *La Vía del Conocimiento*... es soltar la resistencia a la Creación, en Sí Misma, y aprender a mostrarse como Dios en forma individuada –pasar un buen rato: amar, crear, extender–.

Por lo tanto, efectivamente, queridos amigos, Nuestro Amor existirá sin cesar. Nuestra creatividad existirá sin cesar. Pues Somos, de hecho,

Aquel que se muestra *como* la Creación *por el disfrute de la danza*. No hay nada más que esto. No hay nada encima, nada debajo, nada detrás, nada delante. Sois, efectivamente, Aquel, *ahora*. Y si descansáis en vuestro sofá con los ojos cerrados, ¿quién está descansando? ¿De quién son los Ojos que están cerrados? Mmm.

Y así, en este breve mensaje ya os he dado el núcleo más profundo, el más fundamental con el que podéis tratar ahora –o bailar, por así decirlo–. Os lo podéis llevar con vosotros a la cama. Os podéis tomar una taza de café con él. Podéis *esforzaros por entenderlo*. Podéis analizarlo, diciendo,

> *Bueno, aquí tiene que haber algún mensaje oculto. Esto debe ser una metáfora, de alguna manera.*

O bien podéis simplemente renunciar a identificaros como un yo separado que lucha por conocer la Verdad.

En *Un Curso de Milagros* dije,

> *Una relación santa es cuando dos seres han mirado en su interior y no han encontrado carencia, y por lo tanto eligen unirse para crear, para ser felices.*

Si dos seres han mirado en su interior y no han encontrado carencia, han visto que solo existe Dios. ¿A quién le importa si este cuerpo-mente va ahí o ese otro va allá? Es lo mismo. ¿Dónde tienes ganas de jugar? Eso es todo.

Y cuando ves a tu hermano o hermana decir que se va de un lugar a otro lugar, la Mente Despierta dice,

> *Oh, esto es parte de mi Ser que se quiere ir a vivir ahora a Cleveland –está perfecto–.*

Pues la Mente Iluminada da libertad perfecta a todos los seres porque entiende que la expresión de cada ser es la libertad de su propio Ser, de su propio Yo... de la Mente Única que es Dios, mostrándose como aquel que preferiría llevarse el cuerpo-mente a Cleveland en vez de vivir en Florida.

Una Mente totalmente Iluminada le dice, al amante que despierta a las tres de la madrugada diciendo,

> *Ahora necesito ir a un monasterio y vivir en perfecto silencio en una celda solitaria. Ya no te veré más,*

la Mente Iluminada acoge eso y sonríe. Pues esa Mente Iluminada sabe que el amante nunca puede abandonarle realmente, pues la separación es irreal. Por lo tanto, la Mente Iluminada permite todo, confía en todo, abraza todo y trasciende todo.

Solo existe Dios, y Tú Eres Aquel. Tú eres como Yo Soy.

Entonces la única pregunta que queda es: *¿Con quién quieres jugar? ¿Con quién quieres jugar…* con Conocedores de Dios o con conocedores del miedo? Todos ellos son Dios. Y no obstante, en el juego y el despliegue de la Creación, eres libre de decidir con quién vas a jugar, con quién vas a bailar, con quién crearás, y qué crearás. Cuando una Mente se despierta a Sí Misma como Dios, se interesa cada vez más en estar solamente con aquellos que sean Mentalmente afines. Ya no puede tolerar la no-iluminación. ¿Por qué? Porque no es tan divertido. No es tan amoroso. Y Dios Es solamente Amor.

Por lo tanto, queridos amigos, efectivamente, escuchad bien lo que se ha compartido con vosotros en esta hora. Y si os habéis percatado, acaba de tener lugar todo un cambio. El "conejo está fuera de la chistera". Pues Yeshua ben Joseph no ha sido más que una apariencia, un disfraz, elegido por Mí para presentarme a Mí Mismo ante vosotros, porque así *lo habéis requerido.*

De hecho, queridos amigos, estad siempre en paz. Vamos a jugar juntos como esa Única Mente, que extiende la Creación sin cesar, invitando a que los aspectos de nuestro Propio Ser vuelvan a Nuestro Propio Ser. Solo el Amor es Real. Solo el Amor existe. Solo el Amor es merecedor de Amor. Y Dios solo desea aquello que extiende lo *bueno*, lo *santo* y lo *bello*. Por lo tanto, efectivamente, la paz esté siempre con vosotros (riendo).

Pues en Verdad, ¿adónde podría ir?

Id pues en paz, queridos amigos, y *sabed* esto: Yo Estoy siempre con vosotros.

Amén.

Lección 10

Ahora, comenzamos.

Y efectivamente, una vez más, saludos para vosotros, queridos y santos amigos. Yo... nosotros... venimos para estar con vosotros porque lo habéis pedido de nuevo. Habéis pedido que Aquel que hemos llamado *Abba* aparezca, a través de Sus formas creadas, como yo, Yeshua ben Joseph, como nosotros... que aquí llamamos "el Linaje"... y también a través de este, mi querido hermano, que sirve, no obstante, en el mundo físico, como canal físico de esa Sabiduría, de esa Energía que, en Verdad, el Padre Es. El Padre Es lo que Vosotros Sois. Por lo tanto, habéis pedido ser guiados hacia el reconocimiento de que solo Dios existe, al transmitirme una oración a mí y a este Linaje, y a vuestro Creador, para que aparezca ante vosotros de una manera *gradual*, es decir, de una *manera que emerge lentamente* y que no provoca un incremento del miedo. Y no obstante, en Verdad, vuestra oración ha consistido en desear despertar del sueño del pequeño yo, a la Realidad de que *no hay nada más que Dios*, y que Vosotros *Sois* Aquel. Por lo tanto, efectivamente, queridos amigos, yo, como Aquel creado y concebido de la Mente de Abba... tal como vosotros sois creados y extendéis el Amor de Dios en el ámbito de la forma... yo... vengo como vuestro hermano y amigo. Y, no obstante, solo Dios existe.

Estaré siempre con vosotros, incluso hasta el final de todos los *mundos*, es decir, hasta el final de todas las *ilusiones*. Desde ese momento, la Creación se extenderá a Sí Misma con una claridad *perfecta*, con perfecta *transparencia*, como Dios simplemente extiende a Dios... en el gozoso, extático acto de convertirse en las formas de la Creación, para simplemente celebrar y alabar a Dios. Pues el propósito mismo de todas las formas creadas de consciencia es expresar la alabanza del Creador.

Es imposible extender la alabanza del Creador sin amarse *plenamente* a sí mismo. No puedes pasar *plenamente* a realizar la expresión completa de la alabanza del Creador sin abrazarte y amarte como la manifestación particular de Dios que *eres*. Por lo tanto, me habéis oído deciros muchas veces que el velo que os mantiene alejados del Reino es la falta de amor por vosotros mismos, de amor propio. El Amor propio es *esencial* para regresar al Reino. Pues el amor propio *es* el Amor del Creador. No podéis amar al Creador si rechazáis la Creación del Creador.

Efectivamente, entonces, queridos amigos, sabed bien que nosotros, que queremos venir a vosotros… que efectivamente nosotros… que hemos estado viniendo desde el día, la hora y el instante en que esta obra comenzó, hace unos doce años más o menos –desde justo el primer instante en que aparecí en la mente de este, mi querido hermano–, siempre se ha tratado de un "nosotros" y no solamente de un "yo", como Yeshua ben Joseph. Pues hay, efectivamente, muchos de nosotros que estamos enlazados a través de lo que llamamos "el Linaje", que se remonta muy atrás en vuestra historia temporal, creando lo que en vuestros términos científicos podríais llamar una *resonancia de energía* que enlaza la Mente del Creador, a través de las épocas del tiempo, a través de muchas mentes individuales, incluso llegando hasta este momento.

Es, de hecho, ese Linaje el que produjo el hilo de salvación que culminó en mi encarnación como Yeshua ben Joseph. El guión estaba escrito miles de años antes. Las conexiones de energía fueron creadas generación tras generación, generación tras generación… culminando en mi nacimiento como un hombre que se abrió a la Realidad de Abba como la *única* Realidad, y a través de lo cual el Creador pudo extender el Amor Perfecto de Sí Mismo y hacerlo *visible* para Sus Hijos que moran en el hechizo, o bajo el hechizo, de la ilusión.

Esa obra nunca ha cesado. Y efectivamente, sabed que la obra que se realiza a través de esto que se llama Shanti Christo es una extensión de, y una colaboración con, la totalidad de ese Linaje, de ese hilo de Luz que se extiende desde la Mente de Dios hacia las formas del tiempo con un *único propósito*: *despertar* todos los aspectos de la Filiación. Y qué puede ser la Filiación sino la extensión de Dios en la forma, en lo que se muestra como un individuo… en lo que puede crear, lo que puede entrar en una relación santa, lo que puede recordar la plenitud de Abba, *aunque* sea un individuo particular en el campo del espacio y del tiempo.

Así pues, el propósito del Linaje no ha cambiado nunca. Y efectivamente, ha ganado poder a través de la práctica y a través de *añadir* más miembros a sus filas. Imagina pues un *campo de energía* que atrae a las mentes que flotan por él. Y cuando esas mentes comienzan a resonar con el mensaje o la palabra de Dios, tal como se expresa a través de este campo de energía, de este Linaje... entonces esas mentes se vuelven como el campo de energía mismo. Tal como uno de nosotros dijo una vez, y como queda todavía registrado en vuestra Biblia,

Permitid que la mente que esté en vosotros sea la que estuvo también en aquel que hemos elegido considerar como nuestro Señor, el conocido como Yeshua ben Joseph, o el Cristo.

Cuando Pablo escribió esas palabras se refería precisamente a este proceso en el que vosotros, bajo el hechizo de la separación, os liberáis del hechizo, comenzáis a resonar con la Mente de Cristo, comenzáis a ocupar vuestro asiento en este Linaje expansivo de Luz... como un descendiente directo, un Discípulo directo de Dios.

Por lo tanto, efectivamente, queridos amigos, entended bien el papel que tenéis allá donde estéis en este plano. Puede que viváis en una granja, rodeados de tan solo unos pocos vecinos. O puede que viváis en un –¿cómo los llamáis?– condominio de la Ciudad de Nueva York... Y, no obstante, allá donde estéis, se trata de algo *extraordinario*. Se trata de ese proceso por el cual, desde el momento en el que se soñó aquel pensamiento loco y diminuto de la separación... se trata del mismo proceso a través del cual... el Creador está *corrigiendo* la ilusión de separación.

No hay nada que ocurra en vuestro plano que no esté relacionado con eso. O bien expresa separación o bien extiende la *corrección* de la separación. Solo hay Cielo o la *ilusión* de infierno. Por lo tanto, entended que sois un ser extraordinario. Tú, justo ahí donde estás, tienes oportunidades, momento a momento, para ser la Verdad de quien tú eres y, por lo tanto, para ser la Luz que ilumina el mundo. Formas parte de un antiguo

Linaje que se remonta a antes del comienzo de la Creación. Ese hilo de Luz nunca se ha roto ni se ha perdido.

Yo, como Yeshua ben Joseph, simplemente soy la culminación de la expresión de Aquel, en el campo del espacio y del tiempo. Y desde ese momento, ha comenzado a extenderse y a filtrarse, por así decirlo, cada vez en más mentes, a medida que la Filiación se despierta a la resonancia con el Campo de Energía que es la Mente Crística. *Estáis en el proceso de una transfiguración última*[285]. Formáis parte de un antiguo Linaje que tiene un solo propósito: la transfiguración completa de la consciencia humana para literalmente convertirse en el campo de la *Mente Crística*, que extiende la Creación a través de la dimensión física.

A la humanidad le esperan muchas cosas extraordinarias. Muchas cosas extraordinarias os aguardan. Y sin importar lo lejos que hayáis llegado en esta travesía, sin importar la cantidad de experiencias de transfiguración que hayáis tenido, a medida que el yo falso se desvanece y que se concibe la Realidad de Abba en la Mente hecha por Dios… siempre hay más. *Siempre hay más*. Pues el Padre nunca cesa en la extensión de Sí Mismo a las formas de Su Creación, nunca. En cuanto a lo que el alma *es*, más allá de la vida del cuerpo… eso, nunca puede morir. Ni tampoco puede verse nunca *completada*. Pues la Creación es un proceso infinito de extender lo *bueno*, lo *santo* y lo *bello*.

Entiende bien, entonces, que no eres una persona ordinaria. Ya no caminas por este planeta dormido. Puedes tener pensamientos que dicen,

> *No he llegado todavía a eso. No capto aún demasiado esta Vía del Conocimiento. ¡Uf! Me corta la respiración oír decir que solo Dios existe, ¡y que yo soy Aquel!*

¡*Permite* que te corte la respiración! Disfruta de la experiencia, sabiendo que *eso* es precisamente lo más perfecto que puede estar ocurriendo en el proceso de transfiguración que estás llevando a cabo.

Ya estás *en* Manos de Abba. Ya estás acogido y apoyado por muchos, muchos seres… que moran en una dimensión no física, y que forman parte de este círculo expansivo de energía que llamamos “el Linaje”.

Nuestro número es ingente. Muchos de nuestros *nombres*, por así decirlo, os son conocidos. Entonces, ¿quiénes somos? Bien, a mí me conocéis. Conocéis el nombre de Germain. Conocéis el de María. Conocéis el de Abraham y el de Moisés. Y hay muchos, muchos otros. Conocéis los nombres de los profetas de la Torá.

Así pues, todo el Linaje por entero se expresó a Sí Mismo por medio del nacimiento de lo que se llama la Nación Judía, que porta el gran hilo de la filiación Mesiánica[286], que culmina con mi nacimiento, el de Yeshua ben Joseph. Formáis parte de una Familia *muy* antigua.

Os estáis convirtiendo en uno y lo mismo que ese *campo de Luz resplandeciente y radiante*, que es la Pureza del Amor de Dios brillando a través de la consciencia en el ámbito de la materia, por así decirlo, en la dimensión física.

Esto no os hace ordinarios, sino *extraordinarios*. Pues sin necesidad de fanfarrias ni de rituales externos, que a menudo tan solo hechizan al corazón y a la mente (al ego le encanta el ritual), habéis realmente pasado por muchas *iniciaciones*. Aquel día y aquella hora en que os abristeis a mí en primer lugar, mediante esta forma particular de comunicación, a través de este, mi querido hermano... emprendisteis una iniciación. Habéis dado vuestro *consentimiento* a vuestro Creador para *transfigurar vuestro ser*[287] de modo que se convierta en un canal a través del cual el Creador se extiende a Sí Mismo. Y Dios es solo Amor. Dios es la Sabiduría de la Mente Crística. Dios es la Filiación.

Así pues, quiero invitaros, en esta hora, de nuevo, en la *Vía del Conocimiento*, a Saber, a aceptar plenamente, que *tenéis una compañía extraordinaria*. Ya no sois sonámbulos andando por el planeta. Ya habéis comenzado a ver más allá de las ilusiones, a atravesar lo que vuestros ojos solían deciros que solo eran formas… la forma y la danza de la materia y de las moléculas, de las máscaras, de los egos y de los cuerpos. Habéis comenzado a ver el *hilo invisible*, la *invisible danza*, que está transcurriendo realmente. Habéis comenzado a tener visiones y sueños. Habéis comenzado a sentiros inspirados. Habéis comenzado a aprender *perdón*, *sanación*, e incluso *amor propio*.

El amor propio es pues la *perfección* de toda práctica espiritual. El amor propio *es* el brillante Rayo de Luz final, que ilumina el corazón del Rayo de Luz individuado que eres. El amor propio transfigura la mente, el cuerpo emocional, e incluso el cuerpo físico, hasta un grado en que termina brillando intensamente en las células del cuerpo.

Por lo tanto, efectivamente, queridos amigos, como entramos en estos últimos días de esta *Vía del Conocimiento*, hemos acudido en esta hora para comentar con vosotros que no hemos llegado a ninguna culminación, ni ningún final, sino a un *trampolín* para lo que vendrá. En estos tres años hemos tratado de ayudaros a desmantelar vuestras ilusiones, a ablandar vuestro corazón y vuestra mente, para estar cada vez más dispuestos a tener menos miedo. Y al volveros *menos miedosos*, os habéis abierto de hecho cada vez más a la guía del Espíritu Santo.

Cada elección de Amor ha sido el resultado de la transfiguración que ha estado transcurriendo en la alquimia de vuestra alma. Sois un ser extraordinario. Habéis sido iniciados en este hilo de Luz que aquí hemos elegido llamar el *Linaje*, la *Familia Sagrada*, y que está dedicado a la manifestación y al cumplimiento de la Expiación: *al despertar de la Filiación como Mente Crística.*

Todo lo que hacéis, en cada momento en que os entregáis al Amor –e insisto, ya sea que viváis en una granja o en un barrio de Nueva York– se suma al campo de energía que está siendo creado y que un día inclinará la balanza y disolverá *todas* las ilusiones de *todas* las mentes. Vuestra Vida es pues una Vida de servicio a la Filiación, *sin importar la forma de vida* que tengáis. Vuestra única tarea es pues la de decidir, de nuevo, cada día, *entregaros o rendiros*, *desear* la Expiación, tenerla como vuestra *intención o propósito*, *permitir* que ocurra la transfiguración, *rendiros* a la Verdad:

> *Abba, eres lo único que existe. Por lo tanto, ni siquiera tiene sentido decir "que no se haga mi voluntad, sino la Tuya", pues solamente la Tuya Existe. ¿Cómo vamos a pasar este día en concreto?*[288]

Cada experiencia que atravesáis conlleva volver a barajar las cartas, por así decirlo, a medida que vuestra vida cambia, viene y va... y los milagros comienzan a llegar. Los viejos amigos se van, nuevos vienen.

¿Mmm? Todo ello es el proceso por el cual *vuestra expresión particular de Abba* se transfigura en el Poder y la Pureza de Cristo.

Estamos con vosotros dondequiera que vayáis. Lo segundo que hoy me gustaría comentar con vosotros es que *el poder del Linaje está disponible para vosotros*. Pues en el primer momento en que elegisteis escucharme a través de este, mi querido hermano, entrasteis en un *portal de iniciación*. Y desde ese momento la transfiguración ha continuado, en el grado en que habéis estado dispuestos a permitirla. En ese momento, vosotros –vamos a usar algo de vuestro mundo– habéis sido "conectados al circuito" del Linaje.

Así pues, quiero invitaros en esta hora a reconocer que no es solo Yeshua ben Joseph quien ha manifestado la plenitud de la Mente Crística, sino que hay toda una *hueste*, una hueste Celestial... y de ahí es de donde provino todo ese lenguaje... de la Torá judía, e incluso del Nuevo Testamento, ya que esto es, por cierto, algo que ha sido absorbido por lo que se llama "cristiandad", aunque no es que yo sepa mucho de ello, ya que como hombre realmente soy, o fui, un judío. Pero más allá de eso, soy de ese hilo de Luz, que se expresa a Sí Mismo a través de la tradición de la Familia Judía. Y todo esto ha sido el perfecto designio de Abba.

No es el único hilo. Hay otros hilos universales –sí– que abarcan la totalidad de la experiencia humana. Todas las almas tienen su linaje. Hay hilos expresados a través de lo que se llama la India. Hay hilos expresados a través de lo que se llama, ahora, el Tíbet. Hay hilos o linajes que se extienden por sí mismos a través de sudamérica. Hay hilos o linajes que se han extendido por sí mismos a través de los indígenas de norteamérica. ¿Lo ves?

Todos estos hilos son como los radios que salen del eje de una rueda, y que llegan hasta los extremos más alejados del sueño de separación, atrayendo y llamando de vuelta a la Filiación. Así es que ya seas inca o maya, anasazi[289] o tibetano, indio o judío, o incluso de Nueva York... estás comenzando a convertirte en parte integrante de la Mente Única que reconoce la Realidad de lo *invisible* que impregna el ámbito de lo *visible*. De hecho estás ocupando tu lugar a *la derecha* de Dios. Conocéis ese dicho de vuestro lenguaje: "ser la mano derecha" de alguien. Significa *alguien que está en alineamiento, y que solo actúa para cumplir la voluntad del que está a cargo.* Es una bella frase, y expresa la *mentalidad correcta.*

Por lo tanto, efectivamente, entended bien, queridos amigos, que aunque tengáis ochenta y cinco años y estéis ahí sentados en vuestra confortable mecedora… creyendo que vuestra vida está a punto de acabar… nunca puede acabar. El cuerpo-mente será entregado al polvo del suelo, pero ya habéis entrado en una *vía rápida.* Eres, de hecho, un *místico.* Estás atravesando, efectivamente, el proceso de *transfiguración*, y *estás añadiendo algo al poder de este Linaje*, para llevar a cabo la restauración del Cielo en la Tierra y el restablecimiento de la Mente Crística a través de toda la Filiación. E incluso cuando el cuerpo caiga, permítenos decir que serás "asignado a un nuevo puesto" –y eso es todo–.

Vosotros –*vosotros* que escucháis esto– tenéis una *importancia infinita* en la expresión de esta obra que se llama Shanti Christo. Así pues, se trata de algo más que una organización, y es mucho más que una sagrada parcela de tierra a la que un día muchos vendrán y donde serán sanados –es decir, entrarán en la Mente Crística, simplemente al poder entrar en el *vórtice*[290] *de Pureza* que ha sido establecido ahí–. Ya estáis en ese proceso. Como esa Pureza está establecida en vosotros, estáis, literalmente, afectando la creación y la extensión y expansión del vórtice, en esa tierra que ha existido desde hace *mucho* tiempo. Es un portal, una entrada –se pueden usar muchos nombres– que toma la mente y la transporta a otros ámbitos. Simplemente el estar en esa tierra es transfigurador.

Por lo tanto, entended bien vuestra gran importancia. Muchos de vosotros habéis percibido que sois simplemente un *receptor* a través de esta organización. No obstante, a medida que recibís, estáis dando. Y conforme dais, recibís. Sois parte del Linaje, del campo de energía que crea un vórtice que tiene el poder de superar las ilusiones. Muchos de vosotros estáis comprobando esto en vuestras vidas personales. Muchos sois testigos del poder creciente que se expresa a través de dos que se unen como uno solo, en el ámbito físico, y esperáis la llamada para uniros conmigo, y habéis llevado a cabo[291] el nacimiento de Shanti Christo. Y no creo que sea necesario decir nombres aquí.

Aquellos que estáis presenciando este aumento de poder a través de cada uno de ellos, individual y colectivamente... estáis literalmente siendo testigos justo de lo que estoy hablando... que el *vórtice de energía* se expande y se intensifica. Sois testigos, literalmente, de los *efectos que presagian* lo que ha de venir, cuando llegue el día en que nadie necesite decir una palabra. Y no obstante, a través de la reunión del Linaje, los individuos que son atraídos se *sanarán* espontáneamente y se iluminarán de inmediato.

Todos formáis parte de esto. ¡Así de extraordinarios sois! Y esta es la invitación que continuamente os extendemos. No creáis que lo que se llama Shanti Christo es simplemente otra organización mundana. Los niveles más profundos de transfiguración *ya* están *ocurriendo* a través de este Linaje, a través de este Hilo o Rayo de Luz. Por lo tanto, efectivamente, aceptad lo que sois, honrad lo que sois, extended lo que sois. Id y enseñad a todas las naciones. Dejad que sepan que *he* venido de nuevo y que esta expresión, llamada Shanti Christo, se volverá cada vez más un *vehículo principal* a través del cual el Linaje está creando el vórtice, el portal, la iniciación –llámalo como quieras–, la energía de transfiguración que se avivará con la Iluminación, o con la Expiación, de la Filiación.

Por lo tanto, entended bien que lo que vendrá en nuestros futuros días, semanas, meses y años juntos... es un número cada vez mayor de aquellos que están madurando en la vía de la Mente Crística, que están madurando en su nivel de compromiso, porque llegarán a entender el extraordinario papel que están desempeñando en un marco mucho más amplio que el de sus propias vidas personales. La Familia, de hecho, crecerá. Y se han puesto en marcha muchos mecanismos para que esto ocurra. Así pues, el Linaje nunca cesa de trabajar para establecer la Luz que permite la expresión de dicha Luz –visiblemente– a través de este vehículo llamado Shanti Christo. Reconocemos bien que, a medida que vivís vuestras vidas personales, aparentemente a mucha distancia unos de otros, y a menudo con poco contacto tridimensional... es fácil que la mente se deje hechizar por la creencia de que no está pasando gran cosa. Y no obstante, en verdad os digo: Todo esto ocurrirá *–con o sin vosotros–*.

La invitación, entonces, es la de ocupar el lugar que os corresponde asumiendo el *total compromiso* de dar nacimiento a esta *extraordinaria expre-*

sión que, de hecho, alcanzará finalmente a todos los rincones de vuestro planeta. Este ha sido su propósito desde hace mucho, mucho tiempo. Así pues, el nacimiento de Shanti Christo constituye perfectamente la expresión de aquello que fue igual de importante… llamado mi nacimiento, y mi crucifixión y resurrección. *Todo forma parte del mismo guión.*

Algo en vosotros os ha atraído hacia mí. Algo en vosotros os ha atraído hacia el Linaje. Algo en vosotros *resonó* con Shanti Christo, pues esas palabras llevan la vibración de la llamada que os he expresado desde tiempos inmemoriales, y que un día "oiríais" cuando os convirtierais en alguien "despertado de entre los muertos"[292] (por usar una forma de hablar cristiana) –el despertar del alma, ante la llamada de vuelta al Hogar, a la Familia, al Linaje, al propósito de la Expiación–.

Así pues, de hecho, queridos amigos, ya no podéis tener un día ordinario. Podríais igualmente aceptar el hecho de que vosotros –y vamos a divertirnos aquí un poco con esto– habéis venido con una misión. Sois un portador de Luz, un portador de un Nuevo Día, o de un Nuevo Amanecer. Sois aquello que extiende la Luz y el Amor de Dios hacia la Creación mediante vuestra disposición a permitir que la Luz transfigure vuestra humanidad. Vuestra humanidad *se transfigura* cuando la *aceptáis* y la consideráis, *toda*, como algo *sagrado*.

Pues, como veis, el hechizo de la ilusión es creer que es un *error* vivir como un cuerpo-mente, creer que este es un mundo temible, que uno está limitado y es pequeño, que lo único que podéis hacer es poner toda vuestra energía en tratar de sobrevivir, que todo lo que podéis hacer es bloquear vuestros sentimientos y fingir que no están ahí, en un intento de negar el *poder* del Cristo que sois… el *poder* de llevar el milagro del Amor, del recuerdo y de la Expiación a cada instante.

De hecho, sois ilimitados *en todos los sentidos, para siempre*[293]. Y la mente que sirve al Espíritu Santo –que *es* la Mente Crística, que *es* la Mente de Abba, que es *el* Ser o el Yo de vuestra misma alma; son todos lo mismo– la mente que sirve al Espíritu Santo… es de hecho *ilimitada para siempre*, y forma parte de una extraordinaria familia, llamada el Linaje, que, efectivamente, puede rastrearse a través de la nación judía, por así decirlo, a través de las familias Judías… y que se remonta hasta incluso *antes* de la concepción de ese linaje, de esa familia, de esa nación. Se desarrolla a través de Egipto y de Persia. Tiene algunas raíces en la antigua India. Y de hecho tiene raíces más allá de esta Tierra física.

Así pues, no estáis solos. Y nunca deberíais subestimar vuestro papel. Y así, con todo esto, por favor, entended que la culminación del *Año del Conocimiento* ha consistido en el deseo y el intento de invitaros, cada vez más profundamente… y sí, sabemos que la mente alcanza sus cotas de miedo, y que debe estancarse durante una semana[294], o durante un año… o diez vidas… antes de estar dispuesta a dar el siguiente paso. Y no obstante, sois libres, incluso en medio de vuestros más profundos miedos… sois libres de decir "¡sí!" a la transfiguración. Pues la oscuridad no tiene poder sobre la Luz. Y a menudo… o de hecho *siempre* que estáis en un momento donde tenéis la mayor sensación de oscuridad, o la mayor sensación de que simplemente la Luz no puede llegar a vosotros, que de ninguna manera podríais ser iluminados nunca… es justo ahi, en ese momento, cuando tan solo necesitáis *invitar a la Luz*. Y la Luz comienza a transformar la oscuridad. Y cuando estáis en el límite de la oscuridad es cuando el amanecer está tan solo a un suspiro.

Cuando transfiguráis *vuestra* humanidad, estáis transfigurando el campo de energía de la *estirpe humana* –pura y sencillamente–. Estáis encarnando a Cristo en el mundo. Estáis resucitando y despertando al "muerto" a la Vida Eterna.

Así pues, ahora, a medida que continuamos, habrá a veces una guía de parte de esto que llamo El Linaje. Se pondrán en marcha muchas cosas. La aceleración va a dar un paso más. Y la invitación llegará a muchos, muchos más. Ocupa, entonces, el lugar que te *corresponde*, y comienza a dejar de esconder tu Luz bajo un cesto[295]. Si conoces a alguien que aún no conozca tu implicación en Shanti Christo, ahora es el momento de sentirte con el poder de ir más allá del miedo y de permitir que lo sepa. Es de hecho el momento de comenzar a levantarse para ser contado entre aquellos que están comprometidos en la transfiguración de la consciencia humana, a través del Linaje de la Mente Crística… pura y sencillamente.

Así es que sois *extraordinariamente importantes. Debes* comenzar a disciplinar la mente para no percibirte como una pequeña parte, para no percibirte separado de nadie… y comenzar a adoptar medidas de acción para crear líneas de comunicación, incluso en el ámbito tridimensional. Es el momento de que vosotros, como individuos, deis un paso más en la concepción de Shanti Christo, en vez de esperar y depender de sus fundadores o del puñado de personas que parecen estar un poco más adelantadas. Tú eres Aquel… tú… sí… el que escucha estas palabras. Y si quieres avanzar, todo el *poder del Linaje* te apoyará.

Entonces, la invitación es de hecho muy audaz. Y "lo que está en juego", por así decirlo, siempre ha sido mucho. Es todo un gran sueño transformar el sueño de la separación en el Sueño de un Recuerdo Perfecto. *No eres pequeño. Y no estás solo.*

Muchos de vosotros estáis comenzando a daros cuenta más profundamente de que también me oís. Permitid que ese proceso continúe y se intensifique. Convertíos en un *canal equivalente* que extiende la Expiación, a través de la Mente Crística, a través de eso que se llama Shanti Christo, a través de vosotros. Este, mi querido hermano, fue simplemente seleccionado hace mucho tiempo para ser el principal *iniciador* de este proceso, en el espacio y el tiempo. Y esa persona que ahora podríais considerar que es su alma gemela, también formaba parte de ese acuerdo; y no obstante, ese fue solo el primer paso. De hecho, ellos continuarán –con o sin vosotros–. Y no obstante, para que esta obra llegue a su cumplimiento en el tiempo más breve posible, se requiere la invitación que este Linaje te hace a ti, a una parte de este Linaje: ¿Cómo podrías avanzar con mayor audacia? ¿Cómo podrías encontrar tu límite de miedo, pedir el apoyo de la Luz, y superarlo? ¿Cuándo podrías tirar en el estanque la piedrita que irradia la vibración de este Linaje, a través de ti, hacia el mundo? Pues el mundo no tiene ningún poder sobre ti.

Espero que en este simple comentario que hemos hecho vuestra mente se haya visto ligeramente sacudida, y que hayáis sido llevados a una quietud más profunda; que vuestra mente haya sido devuelta a la Realidad de lo que os atrajo hacia esta vibración en un primer momento. Pues en ese momento, vuestro corazón *fue* abiertamente impulsado a través del portal de la iniciación. Vuestra *alma* es lo que os ha traído de vuelta hacia mí, pues vuestra alma siempre ha sabido la Verdad, y ella simplemente ha respondido a la llamada.

No obstante, se requiere *vigilancia* y *disciplina* para *recordar* siempre, cada día… y no quedarse dormido de nuevo. Pues la tentación del mundo es justo esa: comenzar a creer que todos esos que andan dormidos por el mundo tienen un mayor conocimiento que tú. Y pensar que, como hay tantos seres dormidos, esa es la forma de existir. ¡*No lo es*! Pues todos los dormidos serán transfigurados en un abrir y cerrar de ojos. Los durmientes claman, en su sueño profundo, para que alguien les sacuda en su sueño, para que alguien les sirva de *modelo* de... y les *exprese* y *comunique* la… *vibración vivificadora* de *Luz* que es la presencia de Dios.

Efectivamente, habéis elegido venir a esta dimensión como parte de una obra realmente grande, que está transcurriendo en la *multidimensionalidad*. Formáis parte, realmente, de una Familia ciertamente extensa.

En los próximos meses y años me oiréis de nuevo. Y muchos seguiréis profundizando en vuestra capacidad de comunicaros conmigo directamente. *Honraos y amaos, por lo tanto, los unos a los otros*. Reconoced que si os habéis reunido no es para vivir unas vidas ordinarias, sino para representar el drama más grande jamás realizado en el plano humano. Este es vuestro papel, vuestra función, vuestro propósito, y vuestra Vida.

Así pues, entended bien que en los próximos meses comenzaréis a ver y a atestiguar milagros y manifestaciones aún mayores. Aquellos que han estado observando con cuidado ya han visto muchos. De hecho, ellos continuarán siendo reforzados, estimulados. Los milagros parecerán más grandes para algunos. Pero aquellos que habéis estado vigilantes sabréis que no hay grados de dificultad en los milagros, y que no hay ninguno que sea mayor que otro. El vórtice de energía se está estableciendo. Han estado teniendo lugar ciertas purificaciones. Y es el momento de… lo que podríais llamar aquí… pasar a otro círculo de energía.

También oiréis a varios de los que llamáis miembros, por así decirlo, de este Linaje, que han estado trabajando activamente detrás del escenario, pero que no han tomado la iniciativa de hablar. Mencionamos esto ya antes. Algunos lo habéis olvidado. Y no obstante, el momento se acerca, *muy rápidamente*. De hecho vais a oír hablar de Aquella que he llamado mi Madre, y que conocéis como María. De hecho, también vais a oír hablar de Aquel que conocisteis como Moisés. E igualmente, habrá otros.

Vais a oír cosas de parte de quienes parecen ser unos seres humanos en unos cuerpos muy ordinarios, y todos ellos se verán atraídos hacia esta organización porque *resuenan* con la vibración que Ella está estableciendo en el planeta. *Escuchadles bien* a todos. No deis un valor especial a las comunicaciones que proceden de mí o del ámbito no-físico. Sino que escuchad el hilo de Verdad que os expresa la Realidad que *conocéis* dentro de vuestro corazón.

Realmente ha sido un gran honor ser el seleccionado por mi Padre para llevar a cabo esa purificación minuciosa, la de la crucifixión y la resurrección, como parte de un cuadro mucho más amplio. Ha sido un gran honor ser Aquel a través del cual habéis abierto vuestro corazón al Amor de Dios. Ha sido un honor servir como Salvador y Mesías. Pero, en Verdad, ese no es el final. Pues el final solo puede llegar cuando se establece una perfecta igualdad como Cristo en todos los corazones y todas las mentes. Uníos pues a mí, en esta gran obra. Uníos conmigo… no rehuyáis aquello a lo que vuestro corazón os llama. Más bien, ¡ahondad!

Nunca os abandonaré, y nunca retiraré mi mano de esta obra hasta que todo sea efectivamente completado. De hecho, tendréis noticias de mí en el futuro, muchas veces. Aunque puede que a veces os sorprenda el vehículo a través del cual eso va a suceder…

Así pues, estad en paz, queridos amigos… queridos hermanos… y hermanas… que por cierto, de hecho –las hermanas– comienzan a unirse más poderosamente en la expresión de la Mente Crística a través de la forma femenina. Ya hemos dicho bastante por ahora. Yo, realmente, os amo siempre. Y participo con todas las mentes que están llamadas a despertar. No soy sino vuestro hermano y amigo, siempre dedicado a revelar lo que mi Padre desea revelaros a través de mí –justo de la manera adecuada, en el momento preciso–. Sois como yo soy. Y juntos transfiguramos a la humanidad. Así pues, es así como yo fui un prototipo para lo que ha de venir… una expresión, en el espacio y el tiempo, de aquello que todos estáis destinados a ser. Y no obstante, ese destino no es más que el recuerdo de lo que siempre habéis sido, más allá del velo de las ilusiones.

La paz siempre está con vosotros. La paz está siempre con vosotros. Oíd la llamada. Aceptad la invitación, ¡y permitidnos continuar con el relato más grande jamás contado!

Amén.

Lección 10, sección de preguntas y respuestas

Pregunta: Ahora hay un libro que se llama *Los Códigos Bíblicos*. Y en la Torá se ha descubierto un código secreto que apunta a multitud de acontecimientos que han tenido lugar en estos días, en este marco temporal. ¿Podrías comentar algo sobre su validez?

Respuesta: Efectivamente, querido amigo, no es accidental –como nada lo es– que sea justo ahora cuando se plantea esta pregunta. Cualquiera que haya escuchado atentamente lo que acabo de compartir con vosotros debería estar sonriendo y riéndose a gusto, reconociendo que la pregunta sobre esos códigos está perfectamente sincronizada con lo que hemos hablado.

Efectivamente, en toda la Torá hay lo que se puede considerar un código secreto. No se descubre tan claramente en lo que se expresa en el Nuevo Testamento… salvo a través de *algunas líneas*[296] de mis enseñanzas. Ese código secreto es como un mapa de carreteras que *subyace* al campo de la Creación de la humanidad. Pues recuerda, desde el momento en que el sueño de separación fue concebido por la mente, el Padre creó la *corrección*. Y esa corrección es lo que se está representando en el campo del espacio y del tiempo. Eso que se llama "Torá" fue, efectivamente, escrito por *profetas*, por así decirlo –o *místicos* podría ser otra palabra; ¿o qué tal *canales*?–… que fueron guiados a contar historias. Algunas de esas historias son, por cierto, ficticias, y no obstante portan lo que llamáis un "elemento mítico". Son ficción, pero eso no significa que sean mentira. Son relatos diseñados para impulsar al alma a recordar la Verdad.

Dentro de los libros de la Torá ha existido, pues, un hilo de Luz… un hilo tejido a través de todo lo escrito, y que porta pequeñas moléculas, o pequeños átomos, de Verdad esencial, que revelan y llevan adelante el plan de Dios para la iluminación de Su Creación. Dentro de este hilo, sí, hay muchos acontecimientos que han ocurrido necesariamente. Y aunque muchos acontecimientos de vuestro mundo son secundarios, o bien, en nivel de importancia, son incluso menos que secundarios... algunos sí son bastante relevantes dentro de la globalidad de la expresión del plan de Dios. En la Torá se me menciona setenta veces. Y no me refiero a las palabras concretas que podéis leer en las escrituras de la Torá... sino que se me menciona a través de lo que se puede revelar mediante esos códigos bíblicos.

Lo que todo esto significa es que dentro del Linaje ya sabían que llegaría el día en que esta Familia, la llamada "nación Judía", daría nacimiento a un ser que sería como *el fruto entre los frutos*. Dentro de mí hay algo de Moisés, algo de Ezequiel, algo de cada profeta... cuando ese hilo de Luz, que emana de Abba, *culmina* en la expresión de la vida de Yeshua ben Joseph, y *refleja* la Verdad de cada alma de regreso a Sí Misma... aun si estaba muy profundamente dormida. Ya sea que hablemos de Judas, de Ester o de María... para todos los seres que alguna vez han oído hablar de mi Vida, sin importar lo dormidos que hayan estado, Abba creó a través de mí lo que modela la verdad de cada alma[297]. A eso me refería cuando dije que yo era simplemente un prototipo para lo que ha de venir, y eso es lo que quería decir cuando dije,

Obras mayores que estas haréis.

Pues hay un gran poder –un poder exponencial– cuando hay diez Cristos en vez de uno solo, o cincuenta mil Cristos, en lugar de diez. Eso es lo que llega a vuestro planeta *–un planeta de Cristos–*. Y así, tal como se dice en vuestro idioma, *¡atención!*[298]

Por lo tanto, efectivamente, el código es válido. No es accidental que solo se pueda desentrañar hoy en día, con vuestra avanzada tecnología. Se requería esa tecnología para siquiera poder comenzar a descubrirlo. Y ciertamente, predice muchos acontecimientos que ya han sucedido, pero es solo para recordaros que todo esto *ya* está en las Manos de vuestro Creador. La oscuridad *no puede* vencer a la Luz. El miedo *no puede* derrotar al Amor. El infierno *no puede* reemplazar al Cielo. El sueño de separación *no puede* reemplazar la Realidad de la unión perfecta. El hechizo o ilusión que llamaríais *maya* no puede llegar a ensombrecer la iluminación.

Hay muchas maneras de expresar esa dualidad, pero siempre se llega a lo mismo, y es exactamente lo mismo que he estado tratando con vosotros durante horas y horas... y horas... durante todos estos años. Se está representando algo en el plano humano. Es el despertar de la ilusión a la Realidad... representado en el campo del espacio y del tiempo, representado en el campo de vuestra propia consciencia, que refleja, o recapitula, el sueño que el Hijo de Dios ha elegido tener. Es solo un sueño. ¿Y adivina quién gana al final?

Sí, hay un código en la Torá. Resultará que finalmente también abarca mis enseñanzas, las que todavía son puras y que se recuerdan de forma pura en lo que se llama Nuevo Testamento. Pero no se encontrará en todos los libros bíblicos... sino solo en la Torá, en mis enseñanzas del Nuevo Testamento y en algunos pedazos dispersos por aquí y por allá.

Desafortunadamente, el código *requiere* que los individuos que lo usan estén dispuestos a hacerse preguntas *audaces*. Hasta ahora han hecho preguntas bastante conservadoras porque son personas de mentalidad conservadora. Pero bueno, todo está perfectamente bien. Lo único que importa aquí es que reconozcáis que simplemente se trata de más evidencias de la Verdad –la Verdad que he compartido con vosotros tantas veces–. Es decir, que en el momento en que se creó el sueño de la separación, el Padre creó la corrección, y que está ahí, en su lugar... está ocurriendo ya, está siempre ocurriendo... y ¡*no fracasará*! ¿Con esta respuesta basta para tu pregunta?

Respuesta: Sí.

Pregunta dos: ¿Podrías explicar más sobre el libre albedrío de los niños, ya que a menudo parece que están a merced de las elecciones de sus padres?

Respuesta: Recuerda que en el marco más amplio hay Una sola Mente, que representa el sueño de la separación y el despertar a la Realidad del Amor. Ahora bien, en la complejidad de esta travesía existe lo que se llama "karma" –esa sería vuestra palabra–. Es verdad que los pecados de los padres son trasladados hasta la tercera y cuarta generación. Es decir, que los *patrones energéticos de percepción* son traspasados, de una mente a otra, hasta que alguna comienza a despertar. Cuando estás dormido y perdido en la oscuridad te agarrarás de cualquier mano tendida hacia ti. ¿Por qué? Porque deseas sobrevivir.

Y por cierto, el deseo de sobrevivir en forma física no es más que un análogo, o una expresión, o una metáfora... del deseo que tiene el alma de *sobrevivir en Dios*, de despertar a la Verdad de Cristo. Os he dicho muchas veces que todo es solo un símbolo de la travesía espiritual. Así es que, por lo tanto, cuando contempláis a vuestros hijos, a todos los niños del planeta... *por supuesto* que hay una fase en la que parecen verse influidos por el campo psíquico de los padres, de los compañeros, de los profesores. Esto recapitula la caída en el sueño de la separación y la elección de cada alma de despertar. Pero para despertar se requiere abrazar el lado sombrío de la humanidad –la oscuridad–. No podéis abrazar algo si primero no os apropiáis de ello como una parte de vosotros. Por lo tanto, el alma *se pone* la sombra, *se viste* con el manto del sueño de la separación... y después *decide* si será una *víctima* de eso... o bien si será transfigurada *a pesar de ello*, y si, por lo tanto, vencerá al mundo.

Cada alma, en su expresión particular, tiene su propia dinámica en cuanto a cómo ha caído en el hechizo... y a cómo está eligiendo proceder con su necesidad de tener o de aprender las lecciones que desea, en su camino de liberarse poco a poco del miedo que tiene a la extraordinaria Verdad de su ser[299].

Así pues, desde cierta perspectiva, parece como si el niño fuera una pobre víctima. Pero esto forma parte de la obra de separación que se está representando. En Realidad, no es posible ser una víctima. *No es posible ser una víctima.* Nada puede llegar a menos que se pida.

La experiencia de cada niño se da por el poder soberano de esa alma[300]. Y las lecciones que se obtienen son ricas y variadas. Por eso no podéis comparar las travesías de nadie. Lo que sí podéis hacer es *honrar* la travesía de todo el mundo. Nunca mires a otro y digas,

Siento mucho que hayas tenido esa experiencia.

Más bien, aprende a preguntarle,

¿qué te ha enseñado esto? ¿Cómo vas a elegir responder a esta situación? ¿Vas a elegir victimismo o transfiguración?

Lo que supone decir,

¿Aceptarás el poder dentro de ti para sanar, o bien requerirás que, mediante la falta de perdón, continúe tu creencia en que eres un ser pequeño e indigno? ¿Qué eliges crear?

No digo que no seáis compasivos. Todo lo contrario, la *pasión* significa *tener pasión con otro*. Compasión, comunidad… unirse con… en pasión. Pero la empatía nunca debe ser conmiseración.

Confiad pues en vuestros niños y en los caminos que eligen. Efectivamente, aprended a amarlos como un aspecto de vuestra propia alma. Y no obstante, dadles libertad total para elegir. Esto es extremadamente importante. En la Creación, la soberanía del alma es sagrada por encima de todo.

¿Te ayuda esto con respecto a tu pregunta?

Respuesta: Sí.

Yeshua: Ves, a menudo, cuando un adulto contempla el apuro de un niño y se *siente* desconsolado, o *siente* que eso está mal, o *siente rabia*… todo lo que está haciendo con eso es expresar un punto sensible que no ha sido sanado dentro de *sí mismo* con respecto a sus propias experiencias en la infancia. Es un *límite* que se le revela *a ese adulto*, y que pide una sanación y un perdón más profundos dentro de *sí mismo*. Pues solo aquellos que pueden perdonarse a sí mismos, solo aquellos que han sanado dentro de sí mismos… pueden efectivamente ser de valor en el proceso de ayudar a otro ser en su sanación.

Una vez os dije que aquellos que hablan y trabajan por la paz, pero que no tienen paz en su propio corazón, no llegan a nada. Y no es distinto cuando se trata de trabajar con niños maltratados, o con los que están hambrientos, o con los que tienen conflictos con sus compañeros… lo que sea. Si eso activa *tus emociones*, entonces mira bien *dentro de ti* para ver qué hay ahí todavía por sanar. En otras palabras, sácate la viga de tu propio ojo antes de intentar ayudar a otro con la mota de polvo en el suyo –y si lo tuyo parece ser una viga, es porque tú estás proyectando lo que no está sanado dentro de ti mismo–. Solo la *mente sanada* puede ayudar en la sanación de otro ser.

Lo dejaremos por hoy con esta respuesta.

Respuesta: Gracias.

Yeshua: Ciertamente, de nada. Y de nuevo os digo a todos… paz y bendiciones… siempre con vosotros.

Lección 11

Ahora, comenzamos.

Y una vez más, saludos para vosotros, queridos y santos amigos. De nuevo vengo para morar con vosotros porque os amo. Siempre estamos unidos, y para siempre… en la morada del Amor. Siempre y eternamente estamos unidos en la morada de la Realidad. Siempre y eternamente solo soy vuestro hermano y amigo. En lo que llamáis "estado desencarnado" tenéis muchos hermanos y muchas hermanas que os conocen y os aman, y que no se acercan a vosotros más de lo que estáis dispuestos a permitir. Y ese permiso es siempre el resultado de vuestra decisión de reclamar vuestra *valía* para tener una comunicación que puede iluminaros.

Así pues, eres, efectivamente, completamente soberano en todo momento. Tú, y solo tú, creas los pensamientos, las creencias, las percepciones, que deseas experimentar. Luego, eso cristaliza en las formas de tu experiencia, incluso en la dimensión física. Así pues, recuerda, en la conclusión de este año de la *Vía del conocimiento*… que en ningún momento nada de lo que ves está fuera de ti. Todo lo que ves se origina dentro de ti, ya que lo único que *puedes* ver es la manera en que eliges encubrir o tapar[301] la misteriosa energía de la Creación.

Todo evento neutral, todo momento que surge, es simplemente energía que se te da en bandeja de plata, por así decirlo… que se te dada gratuitamente, para que tú, como consciencia, puedas elegir tener la oportunidad de *crear experiencia cubriendo esa energía*[302] que se te ha presentado, con las percepciones y creencias que has *elegido* para ti. Me has oído decir muchas veces que solo el Amor es Real. Me has oído decir muchas veces que no es necesario buscar el Amor, pero que sí es necesario buscar lo falso.

En estos últimos tres años, se os han dado muchas, muchas herramientas, y un vasto y muy profundo conocimiento, para ayudaros a tomar la simple decisión de asumir la total responsabilidad de cada momento de vuestra experiencia. Pues al final, solo os puedo dar esto. No puedo *aliviaros* de lo que quizá todavía percibáis como una *carga*, como la carga que supuestamente conlleva el hecho de *estar creando continuamente*... de ser, efectivamente, un Creador.

Igualmente, no desearía descargarte del increíble, del deslumbrante discernimiento, ni de la increíble y deslumbrante responsabilidad... de la libertad, de la diversión que conlleva saber que, como *maestro soberano* de tu dominio, eres libre de crear lo que tu corazón verdaderamente más desea.

Entonces, el secreto, como ya os he dicho muchas veces, está en *practicar primero la búsqueda del Reino*. Nunca dejes pasar un día en el que no reflexiones sobre el gran misterio de la Presencia de Dios. Nunca dejes pasar una mañana en la que no comiences el día de esta manera: entregando todo pensamiento sobre lo que sabes y sobre lo que has creído. Descansa en gratitud hacia Aquel Que te ha concebido. Tan solo pide que se te revele la Verdad más grande, la sabiduría más grande, la capacidad más grande de saber y de extender Amor perfecto, confianza perfecta, y perfecta paz.

En *La Vía del Conocimiento* llegamos a la gran culminación de que, efectivamente, eres como Yo Soy; de que en cada instante de la travesía de tu alma, tú has creado, literalmente, los mundos de tu experiencia... tal como lo hice yo, cuando caminé por vuestro plano, y tal como lo hago ahora. ¿Cómo, entonces, ha podido tener lugar esta forma de comunicación? No es que yo haya establecido astutamente un laberinto de portales para atraer a este, mi querido hermano, hacia un lugar en el que yo pueda conectar con él. Sino que más bien descansé en mi deseo de extender la Expiación.

Y al crear ese deseo, comencé a crear un campo vibratorio que emanaba de mi mente hacia y a través de la Creación. Solo con esta vibración no es suficiente. Pero cuando resonó fue con el deseo más profundo (y, en ese momento, bastante bien escondido) de este, mi querido hermano… su deseo de conocer la Mente Crística, para encontrar una manera de servir, de sanar y de despertar efectivamente de cualquier rastro de ilusión… Es como dos cables girando y bailando juntos, en una danza causada por el movimiento de la energía que pasa a través de ellos, hasta que esa energía se reúne, tocando y uniendo las puntas de ambos cables. Fue entonces cuando comenzó el flujo. Fue en ese momento cuando pude aparecer ante él en su sala de estar.

El mismo proceso debe haber tenido lugar entre mi mente y la tuya, pues si no fuera así, no estarías escuchando esto; nunca habrías oído hablar de Shanti Christo; y no habrías tenido noticias de mí. Reconoce, pues, *tu propio poder*. Pues me has atraído hacia ti, tal como yo te he atraído hacia mí. Y en cada momento de todas tus relaciones, ya sea con personas, lugares o cosas… aprende a detenerte lo suficiente (que tan solo lleva unos pocos segundos) para decirte, en tu interior,

> *Estoy en el momento de esta relación porque he invocado esto hacia mí. Así pues, hay algo dentro de mí que vibra o resuena perfectamente con el "otro".*

E insisto, ya sea una persona, lugar o cosa.

Es en ese momento cuando puede tener lugar el verdadero cambio, y no cuando reconoces que no te gusta la relación en la que estás, o la persona, lugar o cosa… lo cual supone tener que dar algunos pasos para sacarte de ahí. El verdadero cambio tiene lugar, más bien, cuando reconoces que la relación, y lo que está ocurriendo dentro de ella, debe ser necesariamente el resultado de algo dentro de tu propia consciencia. Y, por lo tanto, lo que no guste, en ese momento de relación, es simplemente el brote de un *potencial semilla*[303], o vibración, que has estado albergando en la profundidad de tu propio ser. Es entonces sencillo buscar primero el Reino, descansar en ese simple conocimiento… y pedir dulcemente al Espíritu Santo que te enseñe, te revele, la creencia que has albergado como verdadera, pero que efectivamente es falsa. Entonces, cuando entiendes por qué has estado albergando esa creencia y cómo se ha manifestado en el mundo de tu experiencia, eres perfectamente libre de elegir de nuevo.

Es justo en este punto cuando la mente se vuelve temerosa, muy a menudo,

Pero al menos esto lo conozco. Y no conozco lo que es desconocido.

Pero os aseguro que no hay nada *des*conocido. No hay *nada* desconocido para vosotros. Pues *nada existe* hasta que os decidís a *elegirlo*. Es por eso que el *deseo* es la primera llave del Reino. La libertad solo puede llegar a una mente que asume realmente completa responsabilidad por la creación de su experiencia. De modo que, en cualquier momento, reconoce que los pensamientos, las percepciones y los sentimientos que atraviesan el cuerpo emocional, están surgiendo dentro del dominio soberano del ser de esa alma. Son *incausados*... *no* tienen *causa*... salvo, insisto, la que tienen, en los pensamientos o percepciones que son las semillas que esa misma mente, o esa alma, ha elegido valorar por su cuenta.

La vida os ofrece, entonces, vuestra vía de escape. Cuando las cosas no parecen funcionar y os falta vuestra "parte", esto constituye, en realidad, un signo para vosotros de que debe haber alguna creencia o percepción a la que os estáis aferrando y que no funciona. Sois libres, pues, de intentar buscarla, preguntar, y luego cambiarla.

A menudo os he sugerido que no podéis trascender lo que primero no hayáis podido acoger. Por lo tanto, mirad bien vuestras propias creaciones... y bendecidlas. Si lo que pasa es que vuestro automóvil se acaba de romper en la autopista y las ruedas se han caído, el motor se ha parado y las puertas están hechas polvo... bendecidlo. Pues ese contexto de experiencia os llevará hacia vuestros días futuros.

Así pues, no hay ningún momento, y este es el punto al que estamos llegando... *no hay ningún momento* en el que hayas *fracasado*. Como maestro soberano, de hecho, como encarnación literal de la Mente de Dios... has usado tu libertad para crear experiencia. Acéptala. Agradece esa experiencia. Aprópiate de ella como algo completamente tuyo. Y luego simplemente pregunta,

¿Deseo continuar con esto, o me gustaría comenzar una nueva aventura?

Siempre estarás creando aventuras nuevas, eternamente. Pues no hay momento en el que la Creación termine. Y la *mente*, o el *alma*, es el *vórtice*, el *vehículo*, a través del cual la Creación se extiende a Sí Misma desde el campo de posibilidades infinitas hasta la realización de múltiples particularidades[304].

Queridos amigos, sois, de hecho, como Yo Soy. Yo disfruto bastante mi dominio. No estoy limitado por el espacio y el tiempo, y ya no tengo ninguna necesidad, de ningún tipo, de las formas únicas de experiencia que pueden surgir a través de la cristalización de lo que llamáis "cuerpo"... lo que algunos de vosotros todavía confundís considerándolo como *vuestro ser*... como *vosotros mismos*[305].

Tú, pues, estás en gran medida jugando en el Reino, como un niño en un cajón de arena. Y no es necesario juzgar cada uno de los eventos que te acontecen. He comentado con vosotros muchas veces que la mente egoica es la que compara y contrasta. Por lo tanto, nunca compares ni contrastes tu experiencia con la de otra persona. La tuya es única. Y aunque quizá el mundo te diga que tu experiencia no es tan valiosa porque solo vales veinte mil dólares mientras que hay alguien que vale cuatrocientos millones... y por lo tanto él se ha manifestado más poderosamente... eso simplemente no es cierto. Pues la manifestación es simplemente la expresión que revela dónde se ha enfocado la mente.

El *verdadero* poder es el misterio mismo de que *cualquier cosa* pueda siquiera manifestarse[306]. Y sois libres de elegir de nuevo, continuamente. Cultivad, pues, la actitud de un niño hacia toda vuestra experiencia. Aprended a ponderarla, a preguntaros con asombro sobre ella, a mirarla como un padre mira a un hijo, como vuestro Padre realmente os mira.

Mirad, ¡he creado todo esto, y es bueno!

En vuestra Biblia, en el relato de la creación que ahí se cuenta, se dice que Dios dijo algo así. Pues Dios contempló todo lo que había creado y dijo,

¡Mirad, es muy bueno!

Eres el padre de tus creaciones. Eres el padre de tus pensamientos, actitudes y elecciones. Contempla todo eso y di,

Mirad, es muy bueno.

Pues lo bueno engendra lo bueno[307]. El juicio engendra juicio. Ya que solo se puede producir lo que es semejante. Una bellota no puede dar un pez. Un hombre y una mujer no pueden producir una bellota. Los pensamientos que tienes sobre ti mismo se reproducirán a sí mismos. Cuando consideras todo como bueno, se engendrará lo bueno a partir de esa decisión.

Así pues, cada vez que has elegido albergar un pensamiento negativo sobre ti mismo, o sobre cualquiera, tan solo te has asegurado en tu mente el tipo de inconsistencia que interrumpe el poder de tu capacidad de crear, cada vez más, como lo hace un maestro viviente encarnado. Esto solo puede ser porque has albergado en lo profundo de la mente alguna creencia que dice,

Da igual lo que haga, no funcionará.

Hay alguna creencia en conflicto. Una creencia en el bien y otra en el mal crean un conflicto que atrapará necesariamente al alma.

Por lo tanto, queridos amigos, si vais a completar este año de La Vía del Conocimiento, entonces sabed esto: tal como piensas, así eres. Y la manera de pensar, el modo en el que elijas percibir y creer, determina lo que ves en el mundo. Y lo que crees ver determina tu modo de actuar. Determina los amigos que mantienes, el tipo de profesión que creas, el lugar donde vives, y cómo te sientes.

En otras palabras, si tienes el pensamiento de que no puedes confiar en que el Universo te apoye, vas a contemplar un mundo que parece revelarte, como una obviedad, que ese pensamiento es cierto. Entonces crearás comportamientos que te aíslen, y nunca permitirás que el mundo sepa lo que quieres. Y así, por supuesto, luego te preguntarás por qué la vida parece seguir igual que siempre.

Aprende siempre, pues, a preguntar esto… pero no al mundo, sino a ti mismo…

Si estoy teniendo esta experiencia… ¿qué debo haber creído que es cierto sobre mí mismo y sobre el mundo?

Y la verdad llegará, mediante la oración y la honestidad. Y cuando la descubras, la reconocerás. Y después, usa el poder soberano del libre albedrío que se te ha dado –y que es, de hecho, la Verdad del Reino– para elegir de otra manera.

Un maestro no puede *culpar*. Y un maestro, o una maestra, nunca puede percibirse como víctima. Y no obstante, esta maestría no se manifiesta a través de un poder espiritual especial. Solo procede de una elección simple y libre. Recuerda, dije antes que estás continuamente creando tu experiencia. Eres libre, en este y en todo momento, de decir simplemente,

Creo que voy a adoptar la perspectiva de un maestro… no tiene sentido acusar, no tiene sentido sentirse víctima. Lo que estoy experimentando es plenamente mío. Por lo tanto, debo haberlo deseado.

Así pues, ten siempre mucho cuidado de no juzgar lo que esté ocurriendo. Pues ese es el error[308] en el que cae la gente.

¿Por qué atraje esto hacía mí? Esta es una experiencia horrible.

Oh, ¿por qué he deseado esto?

Todo eso es juicio, y no gratitud. En la crucifixión aprendí que podía sentir y experimentar gratitud por mis opresores. Podía sentir gratitud por todo ese contexto de experiencia que *había elegido atraer hacía mí* para poder descubrir que no hay *ninguna* circunstancia lo suficientemente poderosa como para evitar que elija Amor.

Y al final, ¿puede haber alguna experiencia más poderosa, para atraer hacia ti, que esa?

(riendo) No la crucifixión, con clavos en tus muñecas... sino más bien el poder de ver que, en cada momento, de nacimiento y de muerte... de idas y venidas... nada te impide tener la intensa paz y el intenso gozo de elegir el Amor. Pues el Amor no está condicionado por las condiciones del mundo. ¿Cómo podría estarlo, si el mundo no existe? Solo tú existes, como un campo de discernimiento que elige crear percepción y creencia[309].

Queridos amigos, el mundo *es* irreal. Al final, el cuerpo es irreal, al menos tal como lo percibes ahora es irreal, pues el cuerpo no puede limitarte de ningún modo. Ya te extiendes tan lejos, más allá de él, que esto te parece totalmente increíble e inimaginable. Eres, de hecho, el Pensamiento de Amor en la forma. Pero esa forma no es el cuerpo. Es simplemente el Pensamiento o la Realidad que es Cristo. Cristo es la esencia de tu Ser o Yo superior. Cristo es la Verdad de Quien tú Eres. Y entonces, el papel del cuerpo solo puede ser el de bendecir, reconfortar, y extender Amor.

Dos amantes encuentran la plenitud en la actividad de sus relaciones sexuales, en vuestro plano físico, cuando cada uno se deleita solo en bendecir, reconfortar y extender Amor. Cada uno aprende así a recibir ese deseo del otro, y como un acto de Amor hacia el otro.

Oh, permíteme masajear tus hombros.

¡Vale!

Pues la relación *es* el medio para tu salvación. Y la relación santa es siempre una sencilla danza gozosa de dos personas que reconocen verdaderamente que solo el Amor es Real y que no quieren nada más.

Eres efectivamente un maestro soberano de tu dominio. No puedes fracasar en ningún momento. Y cualquier forma de experiencia que se despliegue ante ti es simplemente el fruto de las semillas de pensamiento que has plantado en el interior de tu mente. Observa el resultado para descubrir ese pensamiento. Y luego simplemente pregunta, diciendo primero...

Qué chico (o chica) más majo soy. Esa fue una valiosa experiencia.

Mmm, me pregunto qué es lo que más desearía experimentar ahora.

Pues ten por seguro que lo *experimentarás.*

Así pues, o bien puedes reclamar el dominio sobre tu vida y convertirte en el director consciente de tu experiencia de vida… o bien puedes abdicar y dejárselo a alguien… como a tu gobierno, a tu empleador, o a lo que sea. Eres totalmente libre de hacer eso, si recuerdas reclamar ese acto como soberano.

Me paso dos horas de viaje en esta autopista para ir a un trabajo que no me gusta, y otras dos horas para volver a casa todos los días. Pero debido a la soberanía de mi maestría total… elijo hacer esto.

Pues esa es la única razón por la que te puedes encontrar a ti mismo en cualquier lugar en cualquier momento.

Como maestro soberano, eres libre de seguirme. Eres libre de *elegir solo* tus pensamientos amorosos. Eres libre de *recordar solo* tus pensamientos amorosos. Eres libre de acoger cualquier cosa que surja diferente al Amor… y simplemente aceptarla como una vieja semilla que se está cocinando… y que eres libre de abrazar con Amor. Por eso no puede haber ningún *sentimiento* que deba ser juzgado ni evitado. Los sentimientos de desesperación, o de tristeza… esas cosas son simplemente restos de un pensamiento del pasado. Y en el acto de abrazarlos, ya has decidido con Amor. Y el Amor, por sí solo, sana todo.

Y así, piensa solo en esto. Como maestro soberano, elegiste, y sin levantar un dedo, atraer al dominio de tu experiencia una forma de comunicación con un viejo amigo… Yeshua ben Joseph. A partir del campo de tu dominio soberano como maestro viviente, has elegido eso que se llama Shanti Christo hacia tu dominio. *Debe* haber una razón para ello. Debe haber un deseo de ello. Y ¿no es acaso el deseo de descubrir, cada vez más profundamente, si hay algo que posiblemente te impide experimentar mayor gozo, mayor paz, mayor sabiduría y mayor Consciencia Crística?

Pues efectivamente, queridos amigos, un maestro nunca deja de crecer. Un maestro no termina nunca. No creas que puedes llegar al final de alguna forma de experiencia, incluso quizás la muerte del cuerpo-mente… y encontrarte repentinamente en la línea de meta. Pues no hay ninguna línea de meta. Solo hay ámbitos en los que puedes crecer, y en los que la Creación es de hecho mucho más dichosa que en el dominio físico. Pero la Creación continúa. Tu responsabilidad, tu soberanía y tu dominio, continúan.

Pues cuanto más vayas hacia Dios, mayor es la responsabilidad, ya que estás tratando con un gran poder. Así pues, la necesidad de vigilancia y de disciplina no desaparece, sino que *se incrementa*, y un maestro la *acoge*. Ya que a través de ese poder pueden fluir creaciones todavía mayores… a través de su santa mente. ¿Sabías que es posible concebir lo que llamarías "un sistema solar completo" con tan solo un pensamiento?

Ahora bien, si alguna vez has horneado un buen pastel de chocolate, ya sabes algo sobre lo que significa crear. Si alguna vez has escrito un poema, si alguna vez has concebido un niño, si alguna vez has plantado una semilla y la has visto crecer… entonces sabes y entiendes la gran satisfacción de crear. Imagínate simplemente albergando un pensamiento en la mente, y luego experimentando el nacimiento efectivo[310] de todo un sistema solar por entero. Es, de hecho, ¡un gran deleite!

Imagina concebir algo como Shanti Christo simplemente emanando una vibración que resuena con el deseo de esta mente, la mente de mi querido hermano, por ejemplo… y la mente de aquella, su "alma gemela". Imagina concebir lo que se llama *Un Curso de Milagros* simplemente sosteniendo el pensamiento de ello, en su forma completa, y luego permitir que esa onda emane y se reúna con otra mente… otra mente que resulta que está en el dominio físico, y que hace todo el trabajo.

Ese es el poder que está disponible para ti. Y cuando eliges aceptarte como maestro, cuando eliges contemplar todos y cada uno de los momentos de tu experiencia como plenamente autocreados… como aquello que espera recibir *tu* bendición… cuando llegas a ver que hay poder y libertad en elegir bendecir con gratitud *toda* tu creación y luego decir,

Ha sido tan fantástico... ¡Sería divertido que ahora sucediera algo todavía más grande! Fue genial estar con ese amante... pero qué demonios, acaba de morirse, así es que creo que me abriré a algo aún mayor.

Ese es el tipo de actitud que expande el Reino, el dominio de tu consciencia[311]... hasta que llega el día en que el universo físico ya no puede contenerte. Y simplemente eclipsarás al propio cuerpo[312].

Esto, por cierto, ha ocurrido. Algunas mentes han eclipsado al cuerpo antes de que dicho cuerpo estuviera preparado para morir. Ellas simplemente se disolvieron en la Luz, y ese fue el final. Sin embargo, no es necesario hacer eso. Pues la experiencia de lo que se denomina "muerte", en vuestro mundo, *solo es otra experiencia más.* Si llevas tu discernimiento[313] a ella, descubrirás, en el día de lo que llamas "muerte"... que en realidad es bastante agradable. Cuando tu atención se retira del cuerpo, te vuelves testigo de las bocanadas de los pulmones, del ascenso de los fluidos, y lo miras con desinterés. Pues ya estás vibrando en la energía de la dicha, que es la esencia de tu alma. Así pues, la muerte es, simplemente, nada.

Queridos amigos, entonces, en la culminación de este año de *La Vía del Conocimiento,* os pido como vuestro igual, como vuestro hermano, y como vuestro amigo eterno... que en esta hora reclaméis una *completa maestría soberana*[314] sobre vuestro dominio. Descubre aquello que todavía no ha sido acogido y de lo cual no te has apropiado, no has hecho tuyo. Pues esas cosas disociadas –si lo decimos en vuestro lenguaje psicológico–, es decir, aquello que no ha sido *acogido* por ti... te *aprisiona.* Y ahí está el portal hacia la libertad perfecta. Ahí está el portal hacia lo que parece ser desconocido, salvo que no existe lo desconocido. Pues nada existe hasta que lo atraes hacia ti.

Así pues, en este año de *La Vía del Conocimiento*, permite que su culminación ocurra cuando esta hora acabe, y cuando apagues esto, o dejes esta lectura... permite que sea el *último acto que hagas* con una mente que piensa así,

Todavía intento llegar ahí. Todavía soy la víctima del mundo que veo.

Cuando termines, permite que esas actitudes se apaguen también por completo. Tan solo se requiere la disposición a decir, en cada instante,

Esto debe ser lo que he atraído hacia mí. ¿Deseo continuar así, o elegiría otra cosa?

Así pues, el mundo que has hecho es solo una ilusión. Nada que haya sido fabricado debe permanecer necesariamente, *a no ser que lo desees.* Si continúas con las estructuras de tu vida...profesión, relación, lo que sea... admite que lo estás haciendo por el puro deleite de desear esa experiencia. Y si lo prefieres, puedes dejar que se derrumbe y comenzar de nuevo. Eres libre de vaciar tus cuentas bancarias, entregar todas tus posesiones materiales, darle tu casa a alguien, darle las llaves del coche a alguien... y simplemente comenzar a caminar por la carretera sin nada más que algo de ropa a tus espaldas. Eres totalmente libre de hacer eso. Y a partir del poder de tu deseo atraerás situaciones que te proveerán de un lugar para dormir, de comida para comer, de nuevas experiencias y de nuevos amigos.

En ningún momento puede *nadie* ser una víctima. Y no obstante, en todo momento, la consciencia es libre de percibirse *como una víctima.* Esa es simplemente la elección de crear una forma de experiencia. Podríamos comentar con vosotros que la victimización es uno de los "premios de consolación" que son elegidos, en masa, por la humanidad: el juego de la víctima. Muchos están muy comprometidos en constatar lo bien que pueden jugar a eso. Se podría decir que ese juego ha afectado prácticamente a todas las mentes del dominio humano.

No eres una víctima. Si, de hecho, mañana tu médico te dice,

Tienes cáncer y te quedan quince días de vida. Ojalá hubieras venido antes, pues entonces probablemente te podría haber dado cuarenta y cinco días.

Entonces, di simplemente esto en tu interior,

Oh, qué buena experiencia puede ser esta. Tengo quince días para acercarme a la muerte del cuerpo con una consciencia plena, con comple-

to perdón y una paz perfecta. Guau, ¡qué oportunidad tan increíble he atraído hacia mí!

Pues el cáncer no es un fracaso. De hecho, podemos observar que, en gran parte de lo que llamáis movimiento Nueva Era... hay mucho juicio *–mucho juicio–*, mucho aborrecimiento... de cualquier cosa que no sea manifestar riqueza, tener unas caderas perfectamente curvas... y una multitud de amorosos amigos. Esa actitud es ingenua.

Pero la soberanía del alma es rica, rica más allá de toda medida. *Donde sea que te encuentres ahora, mientras escuchas estas palabras... ya estás viviendo la maestría soberana, ahora.* Y eres libre de crear de nuevo, en cualquier momento en que así lo desees. Pero entiende que la experiencia que estás teniendo, cuando es abrazada, amada y aceptada totalmente como algo que solo está causado por tu propio discernimiento... cuando puedes *deleitarte con eso*... eres libre... ¡eres libre! Y ya te has alzado y has llegado mucho más allá de lo que han llegado los seres más exitosos que la *humanidad* dice que han tenido éxito.

Así pues, no sucumbas ante las resplandecientes luces del mundo, los grandes oropeles de adorno. Pues lo único que importa es esto:

¿Estoy en paz? ¿Llevo Amor a cada momento? ¿Acepto (riendo) con gran humor, que todo lo que he experimentado ha sido, por mi propio designio, un juego interesante, y quizá una broma, que me hice a mí mismo?

Contemplar el mundo y decir,

No hay nada aquí que necesite. Pero elijo estar aquí, para ver a quién puedo amar, cómo puedo amar, y qué disfrute podría crear.

La paz es pues siempre la meta de la travesía espiritual... la Paz que sobrepasa todo entendimiento. Pues si has escuchado bien lo que hemos comentado contigo en esta hora, al mundo le parece que el noventa y cinco por ciento de todo ello es mera palabrería:

¡Eso no puede ser así!

Pone el mundo del revés, lo desgarra desde dentro y lo torna *sin valor*. Pero a *ti* te hace valioso. Te coloca a la diestra de Dios. Para esto es para lo que has nacido. Aquí es donde tú permaneces. Pues el Amor te espera para darte la bienvenida.

Así pues, os saludo, de hecho, queridos amigos, como mis iguales. Os saludo como maestros soberanos, cocreadores, expresiones divinas perfectas de creatividad… creando sin cesar todo lo que queréis experimentar. Nunca lamento el dolor que experimentáis. Nunca siento pena por vuestro sufrimiento. Simplemente espero, en Amor, la Verdad de vuestro ser, y os ofrezco ayuda cuando estáis dispuestos a crecer, a sanar, a perdonar, a expandiros, y a iluminar vuestro ser.

Puede llegar una gran libertad cuando, en medio de algo que sentís como un gran sufrimiento, elegís reír y decir,

> *¡Mira esto! Qué guión más increíble he escrito aquí. Debería ganar –¿se dice así?– un óscar por esta representación. ¿Quién podría haberlo hecho mejor?*

Y ten por seguro que estás hablándole a alguien que ha tenido cierta experiencia a la hora de escribir guiones de sufrimiento bastante interesantes.

Queridos amigos, contemplad *amorosamente* el mundo que habéis creado. Contemplad con perfecto perdón, *ahora*, la simplicidad de vuestro dominio físico. Pues la vida del cuerpo-mente surge y desaparece en unos pocos segundos cósmicos. Podéis deleitaros en la experiencia sensorial, de hecho… en la "cruel belleza del paso del tiempo", sin nunca creer que debería ser diferente de lo que es. Es simplemente sombra. Es simplemente un disfraz que habéis puesto sobre una misteriosa energía. Pues de hecho vosotros habéis concebido el dominio físico, en sí mismo. Podríais igualmente *relajaros y disfrutarlo.*

En todos y cada uno de tus días, pues, vive y compórtate como un maestro vive y se comporta. Cuando al comenzar el día te des cuenta de que estás despierto en el dominio físico, elige Amor. Elige relajar el cuerpo-mente en un estado de profunda oración y da gracias a tu Creador.

Mantén en el ojo de la mente todo tu dominio… tus relaciones, ocupaciones, objetos físicos, y di,

Mira [risas], bien, ¡ha sido un placer!

Luego simplemente pregunta,

Me pregunto si hay algo que me gustaría empezar a cambiar, para experimentar mayor gozo, mayor paz, una sabiduría más certera, y una relación más amorosa.

Si algo llega a tu mente, no lo culpes, no lo juzgues… sino simplemente comienza a *pensar*[315] cómo te gustaría que cambie. Mantén ese deseo en lo profundo de tu consciencia. Y si su energía aumenta durante el curso del día, comienza simplemente a decirlo, escríbelo, imagínalo… mantén el deseo en tu corazón. Y, de hecho, vas a hacer que suceda. Pues ves… la manifestación ocurre *instantáneamente* en el campo de una mente que ya no está en conflicto, albergando tipos opuestos de pensamientos.

Entonces, si algo te parece que se manifiesta lentamente para ti, en principio sencillamente puede ser que eso forme parte de tu guión. Esa es la travesía que estás haciendo. Ir caminando de un pueblo al siguiente permite tener una experiencia mucho más rica que tomar un taxi. También puede ser porque tienes alguna creencia conflictiva en tu mente, y por lo tanto en las células de tu cuerpo… y no está en alineamiento con lo que deseas. Por ejemplo, la mente humana dice a menudo esto,

Deseo una relación perfectamente amorosa.

Pero, en lo profundo de la serenidad de la mente se encuentra este pensamiento,

Salvo que no me lo merezco. Soy odioso. No soy digno de amor.

Cuando eso se ha reprimido o disociado, entonces te dirige, y entra en conflicto con –o te arrebata– el poder de crear o de atraer el deseo. Por lo tanto, cuando deseas, mira bien y vigila con una sutil atención qué *pensamientos opuestos* parecen surgir también en la mente. Luego sigue tales pensamientos opuestos, para que se vuelvan muy claros. Incluso puedes descubrir dónde comenzaron. Siente lo que quizá puedan llevar asociado, y luego regresa a lo que deseas, hasta que sientas que todo tu ser está en perfecto alineamiento con ello. Pues entonces comienzas a crear por ti mismo una emisora resonante hacia la cual serán atraídas aquellas cosas que te ayuden a alinear tu mundo externo, en el dominio físico, para *expresar* el deseo que has creado.

Por ejemplo, alguien que crea un estilo de vida de independencia financiera tras veinte o treinta años, desde cierta perspectiva ha logrado mucho... pero desde otra, ha recorrido un camino muy largo y muy lento para llegar ahí. Todo el mundo es libre de crear lo que desea. Todo el mundo es libre de hacerlo... porque lo están haciendo ya, ahora. Observa bien, pues, el sentimiento y el pensamiento que transcurren a través de ti. Mira bien el ambiente físico en el que te encuentras. Mira bien los objetos con los que te has rodeado, y simplemente di,

Todo esto me demuestra lo que he elegido desear. ¡Y está muy bien!

Esa declaración de Amor y de aceptación es el portal para la expansión de tu maestría. Pues en Verdad, cuando el maestro despierta a lo que ya ha estado haciendo todo el tiempo, lo más natural del mundo es crear un gozo mayor.

Y el nivel más elevado de gozo es manifestar servicio a la Expiación. Es por eso quizá por lo que alguien deja un trabajo en una multinacional y empieza a hacer vídeos que pueden ayudar a extender un buen mensaje al mundo. Por eso alguien deja de trabajar en la consulta de un médico y se vuelve canal para Yeshua. Por eso alguien deja lo que esté haciendo en alguna profesión empresarial y se convierte en ministro o pastor... porque en su interior el alma ha dicho,

Vale, ya tengo suficiente de esa experiencia. Quiero mayor gozo. Y el camino hacia un mayor gozo es unirme con mentes parecidas, que están creando y extendiendo situaciones en las que otras mentes pueden despertar.

Por eso muchos de vosotros os habéis visto atraídos a Shanti Christo, para uniros, para usar vuestra monedas doradas, para usar la voz, los labios, las manos, los pies… ayudando en la creación de situaciones en las que la Expiación pueda suceder.

El servicio es pues lo que surge de forma natural de un corazón que está repleto de la gratitud de la Gracia. Los maestros nunca se encuentran luchando por sobrevivir haciendo algo que no les guste. Francamente, prefieren sentarse en una esquina a pedir una o dos monedas a los viandantes, para poderse tomar una taza de café. Y mientras tanto están muy ocupados sonriendo, saludando y bendiciendo a todo el mundo que pase, porque prefieren el amor antes que tener buena apariencia ante el mundo. Un maestro no tiene otra elección que servir… pero no desde el *deber*, sino desde el *gozo*. Pues el mayor de los gozos está en extender lo *bueno*, lo *santo* y lo *bello*.

Por lo tanto, cuando eliges tener una participación activa en el servicio de la Expiación, descubres que de hecho vas a estar bien apoyado. Y todos los eventos que ocurren son simplemente oportunidades para intensificar tu capacidad para la sabiduría, la paz y el Amor… para crear dentro de ti un canal para la extensión de un Amor mayor hacia el mundo… y no porque lo *debas* hacer, sino porque has elegido servir. Y has *elegido* servir porque esa es la mayor fuente de gozo. Así pues, si te resistes al servicio, eso debe significar que hay algún pensamiento semilla dentro de ti que está en conflicto con el deseo de servir, y eso es todo.

Y así, de hecho, amados amigos, llegamos pues, muy suavemente, y a modo de resumen, a la culminación de este año de *La Vía del Conocimiento*. La Verdad es que habéis sido maestros todo el tiempo. No podéis evitar ser uno, pues estáis creando continuamente vuestra experiencia. Y sois libres, ahora mismo, para crear de forma *diferente*. ¿Cómo hacéis eso? No os levantéis de la silla y salgáis corriendo... Sino más bien… por qué no decidir, ahora mismo, experimentar felicidad, experimentar paz… y experimentar el conocimiento de que *sois* maestros.

¿Cómo hacéis eso? *Eligiéndolo*. Simplemente decide ahora mismo, durante los siguientes treinta segundos, ser feliz. Y luego elige estar en paz otros treinta segundos, y luego, otros treinta, simple y tranquilamente… elige mirar a tu alrededor y decir,

He aquí, yo soy, de hecho, el maestro de mi dominio. Y todo ello ha estado muy, muy bien.

Agradece la silla donde te sientas por llegar a tus dominios. Agradece el jarrón de flores en tu mesa. Agradece la factura de la luz que llega al correo. Agradece *todas* las cosas como bendiciones que han llegado hasta ti.

Pues si no consigues hacer esto, restringes tu poder de continuar expandiendo y creando lo que disfrutas. Si te *crees* en carencia, en cualquier momento, *creas* carencia en tu futuro. Elige, por lo tanto *sentir* ahora una abundancia y un gozo perfectos. Y luego *compórtate* como alguien que *sabe* que vive en abundancia.

Os amo. Me amáis. Esta comunicación no cesará nunca. ¿Y por qué? Porque no tengo la intención de retirarme nunca de extender la Mente Crística hacia quien quiera recibirla.

Estamos de hecho unidos en la morada del Amor Perfecto. La Creación es simplemente un juego inofensivo, realizado por el simple disfrute de crear. Vuélvete, de nuevo, pues, como un niño pequeño, porque todo maestro *es* un niño pequeño que se deleita en el gran misterio y en las aparentes sorpresas que trae el descubrir el poder que se puede mover a través de él, de ella.

Dirígete siempre hacia lo que disfrutes. Sigue siempre tu corazón.

No sigas al ego reactivo que dice,

Oh, no, no quiero ir ahí, pues resulta incómodo.

Nada es incómodo. Es tan solo otra oportunidad para tener la experiencia de ensanchar tu capacidad de amar. ¿Y cómo puedo yo asegurar eso? Qué tal si recordamos la crucifixión. No fue incómoda una vez que la acepté. Es por eso, por cierto… y algunos habéis practicado esto…

es por eso que los seres humanos pueden caminar sobre el fuego y no quemarse los pies. ¿Por qué? Porque eligen hacerlo y tener una buena experiencia. Y no hay nada en ellos que esté en conflicto por lo menos durante el minuto que más o menos lleva dar esos pasos por el fuego. Eso les da una idea de lo que *siempre* es posible.

Usa pues el tiempo para cultivar el jardín de una Mente Sanada. Nunca creas que no tienes poder para cambiar la energía que sientes en tu cuerpo emocional, para cambiar los pensamientos que albergas en la mente. Eres libre de concebir lo que desees. Y nada puede interponerse *ante ti* como límite.

¡La paz, pues, esté con vosotros hoy! Así pues, que la paz esté con vosotros, siempre.

Estamos, de hecho, anhelando que llegue vuestro próximo año, en el que igualmente habrá otros seres que se comuniquen con vosotros, ya que tratamos de *magnetizar*, de *dirigir*, de *sugerir*… a esas otras mentes… con y sin cuerpos … que os transmitan mensajes de Verdad y de sabiduría… y habilidades… que pueden ayudaros a perfeccionar vuestra maestría en el mundo.

Sois libres. Estáis en Casa. Sois, como yo soy.

Así pues, que la paz esté siempre con vosotros, preciados, preciados amigos.

Amén.

Notas del traductor

1.- *"formal information"*

2.- *sought*

3.- *"movie screen".*

4.- *"where your end will be found".*

5.- *"something else is living you".*

6.- *"etch into the mind".*

7.- *"learned".*

8.- *"surrender".*

9.- *"completion".*

10.- *"Keys".*

11.- *"to even allow allowance".*

12.- "realized".

13.- "...or within the body-mind, itself".

14.- "That One".

15.- "strive".

16.- "a second".

17.- "apprehends and knows Itself".

18.- "to birth through...".

19.- "...time and form that which cannot be contained within it".

20.- "modality". Usa esta palabra a secas, que al parecer en teología se refiere a modalidades de cristianismo... y que es quizá más usada en el ámbito anglosajón ("modality"), o sobre todo en él. Ver por ejemplo: https://en.wikipedia.org/wiki/Modality_(theology)

21.- "is the presence of God awakening Itself to that which has never been lost".

22.- Aquí usa el género femenino aposta en el original en inglés para referirse a Dios ("Dios Misma").

23.- "rests in Love".

24.- "in your own".

25.- “at some point”.
26.- “gotten”.
27.- “turn”.
28.- “formulate shapes of experience”.
29.- ...suponemos que habla de “experimentar el amor”.
30.- “to be”.
31.- “non-being”.
32.- “something or someone from which something can be acquired for you to gain in your journey”.
33.- “get it”. Aquí se referiría –suponemos– a conseguir ser amado (y recordemos: ya somos amados infinitamente –o bien, ya somos Amor infinito– sin que tengamos que hacer nada para conseguirlo, para “ganarlo”).
34.- “sky”.
35.- “present”.
36.- “the One”.
37.- “ought”.
38.- “grand”.
39.- “the one”.
40.- “And yet, though, ...”
41.- “That One alone”.
42.- “will have your desire”.
43.- “rescind”.
44.- “rescinding”.
45.- “Keys”.
46.- “Allowance”.
47.- “Surrender”.
48.- “subservience”.
49.- “faucet”.
50.- “living fluids”.
51.- “...to replace for you that which you’ve always wanted, have known in the ancient past, and are calling back to you now”. Entendemos quizá este párrafo, por ejemplo, así: con la Intención nos devolveremos a nosotros mismos, de alguna manera, lo que siempre deseamos. Así, en cierta manera de hablar, esa Intención volverá a emplazar, a colocar… “reemplazará”… para nosotros... por nosotros... aquello que más deseamos y que siempre hemos sido/conocido… reemplazando “lo vie- constantemente –por así decirlo–.

52.- "taste".
53.- "a rescinding".
54.- "descent into"
55.- "cultivation *in time*".
56.- "reshape"
57.- "*every single moment*".
58.- "look at".
59.- "edges".
60.- "you have made in error".
61.- "would live".
62.- "cruise".
63.- "*active*".
64.- "bring up questionings".
65.- "not something that you do for yourself".
66.- "much like".
67.- "*Choosing*".
68.- "Cultivating turning over each decision".
69.- "seat".
70.- "For a while".
71.- "push down out of yourself".
72.- Por si hay algún problema con esta frase podemos comentarla un poco: Proyectar nuestros miedos, como sabemos –por ejemplo gracias a lo que expone *Un Curso de Milagros–,* hace que dichos miedos aparentemente crezcan en "poder". Es decir –como también ya sabemos–, hay una forma de "librarse" de las cosas que en realidad no es librarse de ellas en absoluto: la proyección, en vez de la integración o "entrega" que realmente nos libera.
73.- https://es.wikipedia.org/wiki/Supresión
74.- "your greatest reactivity": así pues, entendemos que aquí "reacción" (la palabra que utilizamos en este caso como traducción) se referiría más bien a la "cualidad de reaccionar"... es decir, al ser "reactivo", a la "reactividad" (que es una palabra inventada que usaremos a veces –"reactividad"–).
75.- "emocionality".
76.- "edge". Haciendo una excepción, usamos aquí dos palabras (filo, límite) para traducir una sola palabra, "edge", del inglés.
77.- "realization".
78.- "cultivation".

79.- "support you".

80.- "dropped in your lap".

81.- "edge".

82.- "There is the place you need to *turn back* and *embrace*".

83.- "*avoidance*"

84.- "doorway".

85.- "unknown".

86.- "And one cannot necessarily see the causal connection of all that has gone before with the sweet nectar of perfect remembrance". Interpretamos pues esta frase así (y se admiten comentarios y sugerencias): No necesariamente entendemos, captamos, vemos... qué conexión pueda haber entre lo que nos ha sucedido antes del despertar... con respecto a todas las cosas "dulces" que acompañan o que son ese despertar en el presente (que es lo importante: el presente)... en el presente... de ese despertar en el recuerdo perfecto de nuestro verdadero ser –tal como esto puede suceder "teniendo" todavía un cuerpo–.

87.- "Intend".

88.- "*Allow purification to occur*".

89.- "Where am I committed to my image in the world?".

90.- "Where am I in denial?". En esta pregunta utiliza solamente la palabra "denial" en inglés, que traducimos en este caso por dos: "rechazo", "niego".

91.- "*structuring*". Podríamos poner quizá también "diseño" o "conformación".

92.- "device".

93.- "possessiveness".

94.- "*be right*". Como esta expresión "be right" está enfatizada con letra cursiva hemos optado por sugerir dos expresiones en nuestro idioma para traducirla: "tener razón" y "estar en lo cierto".

95.- "rescinded or surrendered".

96.- "It breathes you".

97.- "slipped between the cracks of the world".

98.- "your own living true Reality".

99.- Tipo o género de plantas con flor, oriundo de América, pero dispersado y cultivado por el mundo: https://es.wikipedia.org/wiki/Plumeria

100.- "lay the head of a loved one down". Traducimos literalmente lo que es una frase hecha del inglés.

101.- "disengagement".

102.- "little shudder of tears come through".

103.- "taste".

104.- "conditionality". Suponemos que esta "condicionalidad" va en contraposición a la "incondicionalidad" del amor incondicional.

105.- "surrender".

106.- "with celebration".

107.- "can't know about it".

108.- "by BEING".

109.- "has an *immediacy*".

110.- "looks around him and sees to infinity".

111.- "Unformed".

112.- "Created".

113.- "and the Creating".

114.- "opens Itself".

115.- "concern".

116.- "worry".

117.- Lógicamente, a las alturas en las que ya estamos, en este tercer libro, hemos de entender (más allá de las palabras) que este "desinterés" no se trata de un mero descuido, negligencia o cinismo... sino del tipo de "desinterés" que procede de cierta seguridad relativa a un auténtico cambio de percepción de "nosotros mismos", de los demás y del mundo... un cambio que es lo que *realmente* nos "sirve" a nosotros y al "mundo".

118.- En esta frase emplea la construcción "to shock... into", en el sentido de impactar "forzosamente", es decir, en este caso, de impactar con algo que fuerza al mundo a tener en cuenta que hay algo más aparte de la "mera supervivencia".

119.- "If you're asked to take a simple picture that I placed in the mind of a certain artist and distribute it to fifteen million people".

120.- "chant".

121.- "pervades".

122.- "tasting".

123.- "receive the parachute". Entendemos esta idea en cuanto a que para acoger o "recibir" la ayuda espiritual, hay que atreverse a saltar, y confiar en poder "acoger" el paracaídas como sostén que impide que nos matemos –si la muerte en realidad no existe–.

124.- “catch me”. Entendemos que nunca le dejaría caer del todo y “matarse”, ya que la vida es eterna o digamos que “Vida” es sinónimo de “eternidad”.

125.- “mother and father issues”.

126.- “embodiment”.

127.- “of their very Beloved”.

128.- “Ideas are what words are symbols of”.

129.- “Reality is unmediated”.

130.- “artful attempt”.

131.- “the art-filled, art-guided way”.

132.- “beingness”.

133.- “blocks”.

134.- “glee clubs”. Pondremos también a veces “corales o estratagemas”. Entenderíamos aquí esta formación de “corales” como la formación de pandillas, o incluso sectas, en torno a procesos más bien “mental-intelectuales” antes que de superación real de la creencia de la percepción de la separación en general.

135.- “*misuse*”.

136.- “field of illusion”.

137.- “entranced with”.

138.- “foundational structure of belief”.

139.- Recordemos que en los años 80-90 del siglo XX el soporte técnico utilizado para grabar y distribuir estas palabras fue la cinta magnetofónica, un modo de “registro magnético”, podríamos decir, ya casi desaparecido en gran parte del mundo del siglo XXI.

140.- Ver el primer volumen, *La Vía del Corazón*, para leer algo más sobre esta fundación que hizo Jayem, el autor o transmisor de esta obra. Seguramente fue por estos conflictos y esta “formación de corales”, de “pandillas” (de las que habla aquí) que Jayem mismo tuvo que separarse de esta organización inicial (pues ya sabemos que el “ego espiritual” puede ser muy variado en sus manifestaciones, perverso… como cualquier “tipo de ego”).

141.- “the crux”.

142.- “the crux of their obstacle”.

143.- A esta frase le viene bien, quizá, por ahora, un comentario explicativo (en inglés es: “it means the more you will probably find people coming and going, find yourself being projected on”). Este vernos “proyectados” podría querer decir que es seguro que seremos sujetos de proyecciones intensas. O también, que cuando estamos en ese proceso de encontrar gente que viene y va… estamos siempre "proyectando" de alguna manera, pues como ya "sabemos", ahí "fuera" no hay nadie más… ya que somos una unidad-espíritu, una sola relación más allá de toda forma.

144.- "enjoin".

145.- "certain".

146.- "unchanging, unchangeable, and unchanged".

147.- "awareness".

148.- "...its decision to extend only that which is Loving".

149.- Aquí, y en varios párrafos más a continuación, utilizará estas expresiones: "Mismo", "Misma", "la Realidad Misma", "el Universo Mismo"… que aconsejo leer recordando también alternativas como estas: "la Realidad en Sí Misma", "el Universo en Sí", "el Universo en Sí Mismo"… etc.

150.- "beingness".

151.- "completed".

152.- "Self".

153.- "medium".

154.- "–where it comes from, what it is enveloped within, and that to which it eternally returns".

155.- "Christ Eternal".

156.- "*Self*".

157.- "conform".

158.- "unencumbered".

159.- "It means quite actively to learn and master the art you do need to do nothing".

160.- "Beloved".

161.- "wrong".

162.- "the whole of Creation".

163.- "earned".

164.- "Heavenward".

165.- "Self-love".

166.- "In 'The Way of Knowing', there is Knowing".

167.- "Time to be beamed up". Entendemos esta por ejemplo como sigue (aunque tampoco es demasiado complicada, creo):

Aquí se estaría hablando de que no es "obligatorio" ni necesario sobrevivir más allá del momento siguiente si no se está extendiendo amor. Y además, podemos "morir" literalmente transportados por luz... por un "rayo" de luz en un sentido no directamente físico de "luz", claro está (y esta es por cierto una posible forma de "muerte" –de transición– que ya se ha revelado en este mundo).

Otras traducciones posibles serían quizá estas: "Es hora de transmutar..."; "Es hora de ser teletransportado..."; "Es hora de trascender o irradiar...", etc.

168.- "the energetic wholeness of the physical system itself".

169.- "Scotch".

170.- "You are free to 'juice yourself'".

171.- "Beloved".

172.- "shoeness". La "zapateidad", deberíamos poner, pues es una palabra inventada en inglés –pero sucede que en ese idioma tienen más facilidad para inventarlas, al menos en lo que se refiere a inventar palabras que designen cualidades, por lo que parece–.

173.- "*Hold not one love for your self*".

174.- "music maker".

175.- Recordemos esta especie de nuevo significado de "informar", o nuevo énfasis en el significado etimológico de "informar"... que se nos sugiere aquí: una "formación" o "conformación" desde adentro, "in"-formar (y recordamos que el prefijo "in" alude de cierta forma a ese "adentro").

176.- "ultimate".

177.- "rattle".

178.- "namby-pamby": podríamos poner también, para traducirlo, "ñoña", "remilgada".

179.- "enact": podríamos poner también, como otras posibles traducciones aparte de "representes": "promulgues"; "apruebes".

180.- "self-love".

181.- "*physical occurrence*".

182.- "trough".

183.- "deny".

184.- "input".

185.- "dowsing rods".

186.- "condensed".

187.- "wicked".

188.- "outrageous".

189.- "cosmic mate". Aquí, con este compañero o compañera, no sabemos a quién se referiría en ese momento.

190.- "potentiality".

191.- "Self".

192.- "realm".

193.- "unlimitedness".

194.- "So Great Rays of Light also refer to the ideas that liberate the mind, the ideas that are eternal and are found in every form of the Universal Curriculum".

195.- "Knowingness": como una cualidad de Conocimiento, –podríamos traducir más literalmente–.

196.- "know": conocer, o reconocer una cosa, podríamos decir también.

197.- "awareness".

198.- "...that you have an awareness that it is not *another thing*". Esta parte es suficientemente curiosa o relevante como para anotar algo sobre ella. La interpretamos así, por ejemplo: Nosotros no podemos darnos cuenta de algo… no podemos ser conscientes de algo (en ningún nivel, en realidad), a menos que de cierto modo tengamos ya un profundo "preconocimiento", o "pre-ser", con respecto a ese algo (una "awareness")… Es decir, que si "conocemos" o "somos conscientes de" algo… es porque en cierto modo ya somos ese "algo"; y eso es debido a que ese "algo" no es *en realidad* diferente de nosotros. (Como vemos, aquí usamos las palabras "diferente" y "distinto" como sinónimos (dos palabras que, como conceptos –o bien digamos que en el ámbito de la "filosofía"– serían dos cosas distintas, y de forma muy relevante distintas); y si hacemos esta indistinción es porque, digamos, estamos en un nivel "metafísico" muy abstracto, ya que, como espíritu, la unidad es la realidad –aparte de que la unidad sea "incomprensible" para nosotros, cuando estamos identificados tanto con el "habitar de la consciencia" que llamamos "ser cuerpo", etc.–).

199.- "twist".

200.- "spell".

201.- "conform itself to be".

202.- "shallow".

203.- Esta fundación, como vimos, es llamada así, y como fundación, nos referimos a ella en femenino. Recordemos que este trabajo fundamental lo sigue realizando básicamente la persona que sirvió de canal para el texto y las ideas en sí… que es *Jayem*, Jon Marc Hammer –y lo realiza a través de la web enlazada bajo el título de este libro, y de sus libros y demás actividades–.

204.- "discern".

205.- "drops".

206.- "*fault*".

207.- "self".

208.- "in which magic".

209.- "awareness".

210.- "make". Recordemos siempre que leamos esto que este "hacer" es por ejemplo sinónonimo de "fabricar", etc.

211.- "mistake".

212.- "awareness".

213.- Como cualidad de ser único: "uniqueness".

214.- "the one who gets to".

215.- "awareness".

216.- "Knowingness".

217.- "pertain".

218.- "to birth".

219.- "Self".

220.- "guessing".

221.- "striving".

222.- "clash of dreams".

223.- "Knowingness".

224.- "that which is unshakable, unchanging, unchangeable, and unchanged, forever".

225.- "one turning".

226.- "unfulfilling".

227.- "disentangle".

228.- "maze".

229.- "prior".

230.- "emanating".

231.- "shapes".

232.- "own".

233.- "fulfilling"

234.- Entendemos: la experiencia de ese discernimiento ("awareness").

235.- "dread".

236.- "awareness".

237.- "settle into".

238.- "beingness".

239.- "*permeates and pervades*".

240.- "nudge".

241.- "Holy One".

242.- "construct": se puede traducir también con "concepto", "conceptualización", "idea"…

243.- "be *other*": podríamos decir, "el intento de ser *distinto* de la Verdad del Reino", o más literalmente: "el intento de ser *otra cosa que no sea* la Verdad del Reino".

244.- "rightness".

245.- Aquí nuevamente utiliza el cambio de género en "Misma" aposta.

246.- "dynamics".

247.- "awareness", que normalmente traducimos por "discernimiento" para detectar bien su aparición.

248.- "Power of Awareness".

249.- "the domain and the dominion".

250.- "Is like (what you call) the Coke". Al parecer, en los EEUU, e igual que por ejemplo sucede en España, se puede llamar "coca" tanto a una bebida de tipo refrescante, como a la cocaína. Podríamos entonces entender esta expresión, quizá, como una exclamación de sorpresa grata ("es como la Coca", "es la Coca"… "es la leche", "está padre o padrísimo", etc.).

251.- "except into the furtherance of their destiny and yours".

252.- "sovereignty".

253.- "Nothing you create can arise by accident".

254.- "*consumed*".

255.- "And the gap between a thought about things and the feeling nature of experiencing things is exactly the same gap...".

256.- "beingness": la cualidad de ser ("beingness of your soul": "la cualidad de ser de tu alma").

257.- "facing the stark reality of the body's perfect vulnerability [laughs]".

258.- "...arises in the *field* of this *spaciousness* of *awareness* which is God's gift to you as your very existence".

259.- "infused".

260.- "break through the chains of fear".

261.- "is ok".

262.- "love the hell out of it".

263.- "as One".

264.- "your hearts *in Mind*". Como vemos, habla en el sentido de "tener en cuenta", o tener presentes, todos nuestros corazones.

265.- "garnered".

266.- "*conjured up*".

267.- "*rightness*".

268.- "spell".

269.- "You abide, then, in the only place ever created for you".

270.- "all Ones arise". Entendiendo "los Uno", o "los Únicos", o "todos Ellos"... surgen… Vale pues la expresión que más os inspire para traducir esa expresión que traduciríamos literalmente quizá por: "todos los Uno", o simplemente "Todos".

271.- "That One is One with me, and I am That One. That One is One with you, and You are That One".

272.- "to reveal Myself *to* Myself". Observar el segundo "to" subrayado en letra cursiva.

273.- "Knowingness".

274.- "eyed".

275.- "*be*".

276.- "Perfect Power".

277.- "*Child*".

278.- "uncaused".

279.- "your Self". Este final de frase también lo podemos escribir así: "separarte a ti mismo de Ti Mismo".

280.- "uncaused".

281.- "by your Self".

282.- "*demonstrate*".

283.- "*demonstrate*".

284.- "Self".

285.- "*ultimate transfiguration*".

286.- "Messiahship".

287.- "beingness".

288.- "*Abba, you are the only thing that exists. Therefore, it makes no sense even to say, "Not my will, but Thine," for Yours, alone, Is. How shall we spend this one day?*".

Made in the USA
Las Vegas, NV
23 March 2025

289.- https://es.wikipedia.org/wiki/Anasazi

290.- "*vortex*".

291.- "enacted".

292.- "quickened from the dead".

293.- "in *all ways, forever*".

294.- "must plateau out for a week".

295.- "under a bushel" (una expresión que ha usado varias veces, y que hallamos en las traducciones del evangelio de Mateo en inglés).

296.- "*certain strands*".

297.- "Whether it be Judas, or Esther, or Mary — all of them, every being who has ever come to hear of my Life, no matter how asleep they've been — Abba, through me, created that which models the Truth of every soul".

298.- "look out!".

299.- "and how it is choosing to go about requiring or learning the lessons it desires in its way of releasing, bit by bit, fear of the extraordinary Truth of its being".

300.- "*The experience of every child is by the sovereign power of that soul*".

301.- "cloak or drape".

302.- "*cloaking that energy*".

303.- "*seed potential*".

304.- "realization of manifold particularities".

305.- "you still mistakenly call *yourself*".

306.- Podemos quizá parafrasear así esta frase (que coloco en versión original al final): El verdadero o auténtico poder… es simplemente que algo, algo en absoluto, cualquier cosa en absoluto… que siquiera algo, una cosa cualquiera… pueda ser manifestada…: "The *real* power is the very mystery that *anything* can be manifested *at all*".

307.- "goodness".

308.- "fault".

309.- "to create perception and belief".

310.- "actual birthing".

311.- "consciousness".

312.- "outshine the body itself".

313.- "awareness".

314.- "*complete sovereign mastery*".

315.- "*wonder*".